Innovative Ansätze der Lehrerbildung im Ausland

Studien zur International und Interkulturell Vergleichenden Erziehungswissenschaft

Band 19

Waxmann 2014
Münster • Berlin

Hans Döbert,
Botho von Kopp,
Horst Weishaupt
(Hrsg.)

Innovative Ansätze der Lehrerbildung im Ausland

Waxmann 2014
Münster • Berlin

Bibliografische Informationen der Deutschen Nationalbibliothek
Die Deutsche Nationalbibliothek verzeichnet diese Publikation in der Deutschen Nationalbibliografie; detaillierte bibliografische Daten sind im Internet über http://dnb.d-nb.de abrufbar.

Studien zur International und Interkulturell Vergleichenden Erziehungswissenschaft, Bd. 19

ISSN 1612–2003
Print-ISBN 978–3-8309-3102-7
E-Book-ISBN 978–3-8309-8102-2

www.waxmann.com
info@waxmann.com

Umschlaggestaltung: Plessmann Design, Ascheberg
Druck: Hubert & Co., Göttingen
Satz: Sven Solterbeck, Münster

Gedruckt auf alterungsbeständigem Papier,
säurefrei gemäß ISO 9706

FSC www.fsc.org
MIX
Papier aus verantwortungsvollen Quellen
FSC® C016439

Printed in Germany

Inhalt

Vorwort

Im letzten Jahrzehnt hatten Fragen der Reform der Lehrerbildung in der bildungs- und hochschulpolitischen Diskussion in Deutschland einen hohen Stellenwert. Durch die Ergebnisse der internationalen Leistungsstudien, Gutachten der sogenannten Terhart-Kommission (2000) und des Wissenschaftsrats (2001) zu dieser Frage und die Diskussionen im Zusammenhang des Bologna-Prozesses gab es zahlreiche Herausforderungen für eine Neustrukturierung der Lehrerbildung. Bis heute ist die Suche nach überzeugenden Lösungen für die Ausbildung und die berufsbegleitende Fort- und Weiterbildung von Lehrkräften, die den zunehmenden Anforderungen an den Lehrerberuf gerecht werden, von kontroversen Debatten begleitet. Eine aktuelle Situationsanalyse der Lehrerbildung an deutschen Universitäten durch die Deutsche Gesellschaft für Erziehungswissenschaft zeigt eine zunehmend diffuser und unübersichtlicher werdende Landschaft von Ausbildungsmöglichkeiten und Qualifizierungswegen in den Lehrerberuf.

In dieser Situation erscheint es hilfreich, die internationalen Ansätze der Lehrerbildung heranzuziehen, um aus ihnen möglicherweise Impulse für die weitere Entwicklung in Deutschland abzuleiten. Dies war jedenfalls der Ausgangspunkt für das BMBF, an die Autoren mit der Bitte heranzutreten, innovative Ansätze aus der internationalen Diskussion zur Lehrerbildung zu ermitteln, die Denkimpulse für die deutsche Diskussion zu Reform der Lehrerbildung geben könnten.[1] Nicht ganz überraschend dürfte sein, dass auch in anderen Staaten die Gestaltung der Wege in den Lehrerberuf kontrovers diskutiert wird. Deshalb war es notwendig, eine Fülle von Material zu sichten, um daraus die hier vorgestellten innovativen Maßnahmen und Überlegungen zu gewinnen. Wir hoffen, damit Denkimpulse geben zu können.

Auch im Namen der Autorinnen und Autoren der Beiträge dieses Bandes danken wir allen, die an seinem Zustandekommen mitgewirkt haben.

Berlin/Frankfurt am Main, im August 2014
Hans Döbert
Botho von Kopp
Horst Weishaupt

---

1 Dieser Publikation liegt ein Gutachten für das BMBF zugrunde, dass im Sommer 2012 vorgelegt wurde und an dem neben den Herausgebern auch Prof. Dr. Hans-Peter Füssel (DIPF) mitgewirkt hat. Datenrecherchen hat zudem Christoph Herrmann (DIPF) durchgeführt.

1. Innovative Ansätze in der Lehrerbildung im Ausland – eine thematische Einführung

Hans Döbert und Horst Weishaupt

Die Geschichte des öffentlichen Schulwesens wird begleitet von Kontroversen über den Lehrkräftebedarf, die Ziele der Lehrerbildung und die Qualität der fachlichen und pädagogischen Tätigkeit der Lehrkräfte. Trotz mannigfacher Reformen im Verlauf der letzten 150 Jahre, die zur Annäherung der Lehrämter an den niederen und höheren Schulen in Ausbildung und Status geführt haben, blieben die Grundstrukturen und Grundmuster der Lehrerbildung in Deutschland, also die Zweiteilung nach Ausbildungsinhalt und -dauer, Stundendeputat und Entgelt bis heute erhalten.[1] Neu ist in letzter Zeit, dass die Lehrer(ausbildungs)kritik nicht länger vor dem Hintergrund behaupteter, sondern empirisch belegter unbefriedigender Schul- bzw. Schülerleistungen stattfindet. Insbesondere die Befunde der Leistungsvergleichsstudien (IGLU/PIRLS, PISA, TIMSS) haben Fragen an die Unterrichtsarbeit und Lehrerausbildung aufgeworfen. Dies hat dazu geführt, dass sich Bildungspolitik und Universitäten seit einigen Jahren wieder intensiver mit der Lehrerausbildung beschäftigen (zusammenfassend Terhart/Bennewitz/Rothland 2011).

1.1 Organisation der Lehrerbildung in Deutschland

Die Ausgestaltung der Lehrerbildung[2] obliegt den Bundesländern. Dabei werden einheitlich in der Praxis heute drei zeitlich aufeinander folgende Phasen unterschieden: das Studium an einer wissenschaftlichen Hochschule, die praktische Ausbildung (Vorbereitungsdienst) an einer Schule und zugleich einem staatlichen (Studien-)Seminar (zusammen als Lehrerausbildung bezeichnet) sowie schließlich die Fort- und Weiterbildung im Beruf (vgl. auch Abs 2011 und Lipowsky 2011). Diese Phasen werden dabei an in jeweils voneinander unabhängigen Institutionen absolviert, ihre Inhalte beziehen sich vor allem auf einzelne Lernbereiche bzw. Unterrichtsfächer und ihre jeweilige Didaktik, auf spezielle Aufgabengebiete[3] sowie auf übergreifende Themen-

1 Dies gilt übrigens für die meisten Staaten; vgl. OECD 2000.

2 Dabei wird an dieser Stelle auf nähere Ausführungen zu den gegenüber den Lehrämtern anderen Formen der Ausbildung des pädagogischen Personals im Vorschulbereich sowie von Fachlehrern und Lehrkräften für Fachpraxis verzichtet.

3 Vgl. z. B. Umwelterziehung, interkulturelle Erziehung oder Sexualerziehung, aktuell auch Fragen einer inklusiven Pädagogik.

felder der Schulpädagogik und der Psychologie. Die beiden ersten Phasen werden jeweils mit einer Staatsprüfung abgeschlossen, das Erste Staatsexamen am staatlichen Lehrerprüfungsamt unter Beteiligung der Hochschullehrer oder als Hochschulprüfung mit staatlicher Beteiligung, das Zweite am (Studien-)Seminar ohne Mitwirkung der Hochschule; die dritte Phase kennt Prüfungen nur beim Erwerb zusätzlicher Berechtigungen[4]. Das Zweite Examen ist im Regelfall Voraussetzung für eine Anstellung als Lehrkraft.

Mit Ausnahme von Baden-Württemberg (BW)[5], wo die institutionelle Zweiteilung der Ausbildung der Lehrkräfte für Grund-, Haupt-, Real- und Sonderschulen an Pädagogischen Hochschulen und für die Gymnasien an Universitäten fortbesteht, werden die Studierenden für alle Lehrämter universitär ausgebildet[6]. Zulassungsvoraussetzung für ein Lehramtsstudium ist in der Regel die allgemeine Hochschulreife (Abitur). Von wenigen Versuchen abgesehen[7] gibt es keine unmittelbar auf das Lehramtsstudium bezogene Selektion beim Zugang zu einem Lehramtsstudium, weder leistungsgesteuert auf der Grundlage des Abiturzeugnisses noch aufgrund einer Aufnahmeprüfung oder eines Berufsbefähigungstests vor oder während der Ausbildung (vgl. auch Rothland 2011).

Das Studium ist auf Schularten (z. B. BW) oder einzelne Schulstufen (z. B. HB) oder eine Kombination von beiden (z. B. HH) bezogen. Die Kultusministerkonferenz (KMK) unterscheidet sechs verschiedene Lehramtstypen mit einer Regelstudienzeit von sieben (120 Semesterwochenstunden [SWS]), acht (140 SWS) und neun (160 SWS) Semestern:

Typ 1 ist das Lehramt für die Grundschule bzw. Primarstufe;
Typ 2 sind die übergreifenden Lehrämter der Primarstufe und aller oder einzelner Schularten der Sekundarstufe I;
Typ 3 sind die Lehrämter für alle oder einzelne Schularten der Sekundarstufe I;
Typ 4 umfasst die Lehrämter für die Sekundarstufe II (allgemein bildende Fächer) oder für das Gymnasium;

---

4 Überblick auch bei Füssel 2010.

5 Es werden die in der Bundesstatistik üblichen Länderabkürzungen verwendet; vgl. Grund- und Strukturdaten 2000/2001. Bonn, Berlin: BMBF, 2001, S. 4.

6 Dabei sind gegenwärtig auch Entwicklungen beobachtbar, die auf eine stärkere Bedeutung von (Bachelor-)Studiengängen an Fachhochschulen für zukünftige Lehramtskandidaten hinweisen, indem beispielsweise nach einem technischen oder sozialpädagogischen Bachelor-Abschluss an einer Fachhochschule der Übergang in ein universitäres Lehramts-Masterstudium gewählt und so insgesamt eine Zugangsberechtigung für den Eintritt in die zweite Phase der Lehrerausbildung erreicht wird.

7 Vgl. zu Ansätzen entsprechender Eignungstests und- beratungen für Studienbewerber an den Universitäten Hamburg und Potsdam: Lehberger & Schaarschmidt 2009.

Typ 5 sind die Lehrämter für die Sekundarstufe II (berufliche Fächer) oder für die beruflichen Schulen und
Typ 6 die sonderpädagogischen Lehrämter[8].

Das Studium in der ersten Phase umfasst in der Regel zwei (Unterrichts-)Fächer oder einen Lernbereich ([Grundschul-]Anfangsunterricht) bzw. ein Fachgebiet (Berufsschule) und ein bzw. zwei Fächer, die Fachdidaktiken, die Bildungswissenschaften (Erziehungswissenschaft, Schulpädagogik, pädagogische Psychologie, z.T. auch [Erziehungs-]Soziologie und Philosophie) und die schulpraktischen Elemente. Diese Grundstruktur ist auch auf das Bachelor-Master-System entsprechend übertragen worden. In der Regel stimmen die Unterrichtsfächer in den Schularten bzw. -stufen überein, nicht jedoch in jedem Falle die zugelassenen Fächerverbindungen. Auch bei den berufspraxisbezogenen Elementen gibt es länderspezifische Unterschiede in Bezug auf Art, Zahl und Dauer der Schulpraktika sowie den Umfang des pädagogischen Studiums (8 bis über 30 SWS, vgl. Bellenberg/Thierack 2003, auch Bellenberg/Reintjes 2010). In der zweiten Phase, die länderweise und lehramtsspezifisch unterschiedlich 12, 18 Monate oder 24 Monate dauert[9], wird die theoretische Ausbildung in Pädagogik, pädagogischer Psychologie, Didaktik und Methodik der Unterrichtsfächer, Schulrecht und „Schulkunde" fortgesetzt; gleichzeitig werden die für die Erziehungs- und Unterrichtstätigkeit erforderlichen Fähigkeiten und Fertigkeiten an der dem Studienabschluss entsprechenden Schulart vermittelt; diese schulpraktische Ausbildung besteht aus Unterrichtsbeobachtung sowie aus angeleiteter und auch aus selbständiger Unterrichtstätigkeit.[10]

Status, Berufstätigkeit und Professionalität

Die universitäre Ausbildung und Einstufung wie vor allem das Bachelor-Master-System haben zur Statusannäherung der Lehrämter beigetragen. Dass und inwieweit die Statusdifferenzierung indes fortbesteht, zeigen die Unterschiede in Stundendeputat, Besoldung und Aufstiegschancen. Die Besoldung der unteren Lehrämter ist geringer

8 Vgl. Studienstrukturreform für die Lehrerbildung, Stellungnahme der KMK v. 12.5.1995, in: KMK-Beschlusssammlung Nr. 813; Gegenseitige Anerkennung von Lehramtsprüfungen und Lehramtsbefähigungen, KMK-Beschluss v. 22.10.1999, in: ebd. Nr. 715 sowie die Beschlüsse zu den einzelnen Lehramtstypen Nr. 743, 745, 748, 751, 781 u. 775.

9 Eine einphasige, die Ausbildung an der Universität und Seminar verbindende Lehrerbildung ist zeitlich befristet erprobt, jedoch nicht realisiert worden; vgl. Ewert/Furck/Ohaus 1981.

10 Die KMK-Rahmenvereinbarungen zu den Lehramtstypen 1 bis 6 enthalten Vorgaben für alle drei Ausbildungsphasen; vgl. KMK-Beschlusssammlung Nr. 813.

als in den höheren, ihr Stundendeputat ist höher,[11] nur Gymnasial- und Berufsschullehrer verfügen über gewisse Karrierechancen innerhalb des Berufs. In allen Lehrämtern bestehen Möglichkeiten des Aufstiegs in wiederum unterschiedlich dotierte Schulleitungs-, Ausbildungs- und Schulverwaltungspositionen, allerdings finden leistungsbezogene Steuerungsinstrumente in nur sehr geringem Maße Anwendung. Faktisch ist gegenüber der rechtlich begründeten Dienstaufsicht die Kontrolldichte im Berufsalltag eher gering; Verfahren schulinterner und -externer Evaluation der Lehrkräfte sind – außerhalb des dienstrechtlichen Beurteilungssystems – gegenwärtig noch wenig entwickelt.[12]

Die bestehende Ausbildungsstruktur und die Form der Examina begrenzen berufliche Perspektiven außerhalb des Schulbereichs. Zwar haben die Absolventen von Lehramtsstudiengängen sich letztlich erfolgreich in das Beschäftigungssystem integrieren können; doch war dies Konjunkturen zwischen „Lehrerschwemme" und „Lehrermangel" unterworfen. Gegenwärtig ist der Ersatzbedarf an Lehrkräften hoch und in näherer Zukunft ist eher von einem Mangel an Lehrkräften in einzelnen Lehrämtern und für bestimmte Unterrichtsfächer auszugehen (Autorengruppe Bildungsbericht 2010, 2012; Sekretariat der KMK 2011), so dass für Absolventen eines Lehramtsstudiums die Notwendigkeit eines Ausweichens auf Arbeitsfelder außerhalb der Schule zukünftig eher die Ausnahme darstellen dürfte.

Mit Blick auf die Kriterien professionalisierter Berufe, die durch Dauer, Spezialität und Wissenschaftlichkeit der Ausbildung, monopolisiertes Tätigkeitsfeld, dienstleistungs-orientierte Motivation, Berufsethos, Sozialstatus, berufliche Autonomie und berufs-verbandliche Organisation gekennzeichnet werden können, hat sich der Lehrerberuf erst im Zuge seiner sozialgeschichtlichen Entwicklung anderen professionalisierten Berufen erheblich angenähert (vgl. Schwänke 1988; Terhart 2001; Böllert/Gogolin 2002; Helsper 2011). Allerdings erfüllt der Lehrerberuf die Professionalisierungskriterien in unterschiedlichem Maße. Das verringerte soziale Ansehen (vgl. Etzold 2002), die Zweiteilung der Lehrämter, die Feminisierung und das Ausmaß von Teilzeitbeschäftigung, die durch den bürokratischen Kontext begrenzte Autonomie der Institution Schule , die von „Konjunkturen" abhängige Bedeutung alternativer Zugangswege (Fachlehrer, Quereinsteiger), die Kritik an der Qualität der Lehrkräfte und die Unschärfe des pädagogischen Mandats stützen die verbreitete Einschätzung von einem semiprofessionellen Beruf oder – positiv gewendet – von einem noch nicht abgeschlossenen Prozess der Professionalisierung (vgl. Blömeke 2002, auch Helsper

11 Grundschullehrer: 27–28 Unterrichtsstunden, Gymnasial- und Berufsschullehrer: 23–26 Unterrichtsstunden.

12 Berlin beispielsweise hat nunmehr mit seiner „Verordnung über schulische Qualitätssicherung und Evaluation" (v. 29. November 2011, § 6) Lehrkräfte verpflichtet, alle zwei Jahre an einer von Schülerinnen und Schülern durchzuführenden Evaluation teilzunehmen,

2011; Kemnitz 2011). Die gemeinsame Erklärung von KMK und Lehrerverbänden anlässlich der Veröffentlichung des Kommissionsberichts „Perspektiven der Lehrerbildung in Deutschland" unterstreicht den Professionsanspruch für den Beruf der Lehrer als „Fachleute für das Lernen"; auf diese „Kernaufgabe" werden andere Aufgaben bezogen.[13] Die Schule als Institution und die Lehrerschaft als Berufsgruppe sind zugleich einer Inflation von Erwartungen ausgesetzt, die von Unterricht und Bildungsberatung über Betreuung und Animation bis zu Familienberatung, Therapie und Sozialarbeit reichen und deren Umfang je nach politischer Opportunität wächst (vgl. Terhart 2001; Kiel 2011).

Kompetenzen der Lehrkräfte

Unter „Kompetenzen", welche die Lehrer in den verschiedenen Ausbildungsphasen erwerben sollen, wird verstanden, dass sie über Kognitionen (Wissensbestände), Handlungsroutinen (Fertigkeiten) und Reflexivität (Analysefähigkeit) verfügen. Im Mittelpunkt des Diskurses über das Lehrerleitbild stehen die folgenden Kompetenzen (vgl. Bildungskommission NRW 1995; Weinert 1999; Terhart 2001; vgl. auch Frey/Jung 2011; Maag Merki/Werner 2011):

(1) disziplinäre Kompetenz, d.h. das für den systematisch-kumulativen Wissensaufbau bei Schülern erforderliche fachliche Wissen;
(2) (lern-)bereichsspezifische Kompetenz, d.h. die Fähigkeit, transdisziplinäre praxisnahe Projektarbeiten anzuleiten;
(3) didaktische Kompetenz, d.h. Fähigkeiten, den Unterricht klar und strukturiert, verständnis- und lernorientiert, begabungsdifferenziert und methodisch variabel zu gestalten;
(4) (Klassen- und Lerngruppen-)Führungskompetenz, d.h. soziale Fähigkeiten zur Bestimmung und Gestaltung von Lernumwelt und Gruppenprozessen;
(5) diagnostische, beratende und evaluative Kompetenzen, d.h. Fähigkeiten zum Erkennen von Lernpotentialen, Lernvoraussetzungen und Lernhemmnissen, zum Anleiten selbstgesteuerter Lernprozesse, zum Entwickeln von Lernhilfen, zur Entwicklung, Anwendung und Interpretation von Lernerfolgskontrollen;
(6) Medienkompetenz, d.h. Vertrautheit mit der Anwendung und Nutzung von Medien und entsprechende Urteilsfähigkeit;
(7) metakognitive Kompetenz, d.h. reflexiv verarbeiteter Wissenserwerb über die eigenen Denk-, Lern- und Handlungsprozesse.

13 Vgl. Aufgaben von Lehrerinnen und Lehrern heute – Fachleute für das Lernen, KMK-Beschluss v. 5.10.2000, in: KMK-Beschlusssammlung Nr. 44.

So sehr Konsens zu bestehen scheint, dass diese Kompetenzen für eine professionelle Lehrertätigkeit notwendig sind, so wenig werden sie im Regelfall in der derzeitigen Lehrerausbildung systematisch herausgebildet.

Zugespitzt formuliert: Die fachliche Qualifizierung erfolgt nach den Standards der jeweiligen Disziplin, die fachdidaktische Ausbildung ist marginalisiert, und die schulpädagogisch-psychologische Qualifizierung ist traditionell durch ein großes Maß an Beliebigkeit bestimmt. Im Zuge der Reformbestrebungen des letzten Jahrzehnts wurden jedoch zunehmend Maßnahmen ergriffen, um diese Situation nachhaltig zu verändern.

Reformbestrebungen der Lehrerausbildung in den letzten Jahren

Das Forum Bildung (1999–2001) empfahl für die Lehrerbildung („Schlüsselfunktion in der Bildungsreform") die Berücksichtigung neuer Methoden, die Verzahnung von Theorie und Praxis sowie von Aus- und Weiterbildung, die Verbesserung der Qualifizierung der Weiterbildner und die Nutzung der Weiterbildung im Rahmen der Personalentwicklung (vgl. Forum Bildung 2001).

Die im Lehrerbildungsdiskurs derzeit entwickelten Konzepte gehen von zwei gegensätzlichen Ausgangspunkten aus:
(1) Reformen sollten im bestehenden Modus der Lehrerbildung erfolgen;
(2) gerade dieser Modus sei angesichts der Internationalisierung der Studienabschlüsse (Bologna-Erklärung von 1999) veraltet und zugunsten gestufter Konzepte aufzugeben; dabei unterscheiden sich die Befürworter in der Favorisierung polyvalenter (lehramtsunspezifischer) bzw. grundständiger (Lehrer-) Bachelor-Studiengänge (BA).

„Lehrerbildung als übergreifende berufsbiographische Aufgabe" ist Leitidee der Gemischten Kommission Lehrerbildung (GKL) der KMK, die 1998 in Reaktion auf die TIMSS-Befunde eingesetzt wurde (vgl. Terhart 2000). Die GKL favorisierte die erste Alternative und empfahl, das Fachstudium, die Fachdidaktik der Unterrichtsfächer, die Bildungswissenschaften und Schulpraktika stärker als bisher auf das spätere Berufsfeld auszurichten und die Beliebigkeit der Studienangebote durch Kerncurricula zu überwinden. Die Ausbildungsinhalte der ersten beiden Phasen sollten aufeinander abgestimmt, die Koordination von Studienseminar und Ausbildungsschule verbessert und das Ausbildungspersonal im Vorbereitungsdienst zielgerichtet qualifiziert und ausgewählt werden.[14] In der Berufseingangsphase sollten systematisch berufliche Kompetenzen aufgebaut und hierzu geeignete Unterstützungssysteme geschaffen

14 Vgl. Reform der Lehrerbildung, KMK-Sekretariat a.a.O.

werden; an diese müsse sich ein System verbindlicher Fortbildungsmaßnahmen anschließen. Schließlich sollte der Aufbau professioneller Kompetenzen mit der Entwicklung der beruflichen Karriere verknüpft werden; leistungs- und kompetenzbezogene Elemente müssten deshalb in die Lehrerbesoldung integriert werden.

Die Hamburger Kommission Lehrerbildung (HKL) griff diese Vorschläge auf und empfahl die Entwicklung von Kerncurricula und Festlegung prioritärer Themen, die inhaltliche und thematische Sicherung des Berufsfeldbezuges, die Entwicklung von Standards professionellen Handelns, die Kürzung der Ausbildungszeit,[15] die Profilierung der Berufseingangsphase und ein Obligatorium für die Fortbildung (vgl. Keuffer 2001).

Mit dem Vorschlag polyvalenter BA-Studiengänge empfahl der Wissenschaftsrat (vgl. Wissenschaftsrat 2001) demgegenüber die völlige Trennung der fachlichen, schulpädagogischen und schulpraktischen Studien; an die Stelle des integrierten grundständigen Lehramtsstudiums sollten ein rein fachwissenschaftliches, für unterschiedliche Berufsfelder qualifizierendes BA-Studium und ein zwei- bis viersemestriges, auf den Lehrerberuf vorbereitendes Master-Studium (MA) treten. Dieses Modell in seiner konsequenten Variante wurde bislang in keinem Bundesland eingeführt; die bisherigen Reformversuche[16] sehen in unterschiedlicher Form berufsorientierende Studienelemente auch für das Berufsfeld Schule bereits im BA-Studium vor.[17]

Im Jahre 2007 legte eine Expertenkommission auch Empfehlungen zur ersten Phase der Ausbildung von Lehrerinnen und Lehrern in Nordrhein-Westfalen vor (Ministerium für Innovation, Wissenschaft, Forschung und Technologie 2007). Sie empfiehlt Zentren für die Organisation der Lehrerbildung an den Hochschulen, die für die Vermittlung des berufsfeldbezogenen fachlichen Wissens und eines konzeptuell-analytischen Verständnisses der Berufstätigkeit verantwortlich sind und über eigene finanzielle Ressourcen verfügen. In einem geordneten Nacheinander der Ausbildungsphasen soll die Zweite Ausbildungsphase zur beruflichen Handlungssicherheit verhelfen. Die Praxisphasen in der universitären Ausbildung sollen verbessert und nicht ausgeweitet werden. Sie lehnt ein schulstufenübergreifendes Lehramt für die Grundschule und Sekundarstufe I ab, damit die Lehrkräfte besser auf die altersstufenspezifisch unterschiedlichen fachlichen und fachdidaktischen Anforderungen vorbereitet werden können.

Ergänzend zu den Beschlüssen der KMK zur Reform der Lehrerbildung im letzten Jahrzehnt wurden von ihr Standards für die Lehrerbildung in den Bildungswissen-

15 Acht bis zehn Semester Studienzeit; 18 Monate Vorbereitungsdienst.

16 Vgl. insb. Universitäten Bielefeld, Bochum, Erfurt, Greifswald, Magdeburg.

17 Vgl. Arbeitsgruppe Lehrerbildung der Wissenschaftlichen Kommission Niedersachsen 2002, die neben der Reform der grundständigen Lehrerbildung (S. 14–30) auch Modellversuche zur konsekutiven Lehrerbildung im Rahmen von BA/MA-Studiengängen vorschlägt (S. 84–90).

schaften (Beschluss der KMK vom 16.12.2004) und ländergemeinsame inhaltliche Anforderungen für die Fachwissenschaften und Fachdidaktiken in der Lehrerbildung (Beschluss der KMK vom 16.10.2008) verabschiedet. Damit hat die KMK nicht nur die strukturelle Weiterentwicklung der universitären Lehrerbildung im Zusammenhang der Bologna-Reform unterstützt, sondern auch eine curriculare Vereinheitlichung der Ausbildung und einheitliche Standards der Ausbildung vorangetrieben.

Dennoch haben die Reformbestrebungen an den Universitäten zu keiner Vereinheitlichung sondern zu einer gesteigerten Heterogenität der Lehrerbildung zwischen den Ländern und den Hochschulen innerhalb der Länder geführt (Wigger/Ruberg 2012). Dies ist auch eine Folge unterschiedlicher Konzepte der Umsetzung der Bologna-Reform und der Berücksichtigung von Praxisphasen in der Lehrerbildung. Eine verbesserte Verzahnung und Verbindung der Phasen der Lehrerbildung bleibt weiterhin eine noch zu lösende Aufgabe.

1.2 Zielsetzung und Gegenstand der Analysen sowie methodisches Vorgehen

Alle Reformbestrebungen und Diskussionen zur Lehrerbildung der letzten Jahre haben eins gemeinsam: entsprechende internationale Entwicklungen und Erfahrungen werden – wenn überhaupt – nur partiell berücksichtigt (vgl. z. B. Döbert 2010; Schleicher 2011). Die Analyse entsprechender Entwicklungen in anderen Staaten als mögliche Ansätze für die Diskussion und für innovative Weiterentwicklungen der Lehrerbildung insgesamt in Deutschland stellt ein offensichtliches Desiderat dar (Blömeke 2011).

Lehrerinnen und Lehrern als den wesentlichen Trägern von Veränderungen und Verbesserungen in einem Schulsystem gebührt besondere Aufmerksamkeit, wenn es darum geht, den Reformbedarf und die Reformmöglichkeiten in einem Bildungssystem abzuschätzen. Insofern haben faktisch alle Staaten auf ihre Belange und Erfordernisse zugeschnittene Systeme der Lehrerausbildung wie der Lehrerbildung insgesamt geschaffen. In diesem Sinne messen alle Staaten der Lehrerbildung besondere Aufmerksamkeit zu.

Grundlage der Analysen in diesem Band ist eine Gutachten, dass die Herausgeber gemeinsam mit Prof. Hans-Peter Füssel (DIPF) im Sommer 2012 vorlegten. Die dabei praktizierten und bewährten Herangehensweisen in anderen Staaten wurden im Rahmen des Gutachtens kriteriengeleitet analysiert, auf aus deutscher Perspektive innovative Ansätze hin betrachtet und verortet. Das Projekt diente somit dem Ziel, Analysen zu relevanten Inhalts- und Themenbereichen durchzuführen, die international oder in anderen Staaten erfolgreich praktiziert werden. Der vordringliche Blick lag dabei auf inhaltlichen Fragen, gewissermaßen im Sinne von „Querschnittsthemen“, und weniger auf den Staaten selbst. Gleichwohl wurden alle zu analysierenden Aspekte stets in konkrete gesellschaftliche Rahmenbedingungen eingebettet, die es zu berücksichtigen und mit zu bedenken gilt.

Zu zentralen gesellschaftlichen (und rechtlichen), pädagogischen und bildungspolitischen Fragen und Themenbereichen, die sich als innovative Ansätze für die Weiterentwicklung der Lehrerbildung erweisen könnten (etwa das Verhältnis von Fachwissenschaft und Fachdidaktik, das Verhältnis von Theorie und selbst gestalteter Praxis usw.), wurde die internationale und nationale Fachdiskussion sowie der „Alltag“ der Lehrerausbildung aufgearbeitet und analysiert. Insbesondere wurde analysiert, welche Voraussetzungen, Maßnahmen und Bedingungen für diese relevanten Themenbereiche in den jeweiligen Staaten konstitutiv sind und was über die Wirkungen und Folgen ihrer praktischen Umsetzung bekannt ist. Zudem wurden entsprechende Reform- und Innovationsstrategien in anderen Staaten dokumentiert (vgl. Beitrag v. Kopp in diesem Band). Diese Analysen erfolgten auf der Grundlage deskriptiver Hintergrunddaten zu Struktur und Funktionsweise der jeweiligen Lehrerbildungssysteme sowie ihrer kulturellen und rechtlichen Rahmenbedingungen.

Diese Analysen aus deutscher Perspektive unter Berücksichtigung der verfügbaren Publikationen (einschließlich Internetrecherchen) wurden durch eine Reihe kriteriengeleiteter staatenübergreifender wie staatenspezifischer Analysen von externen Experten ergänzt:

- für die skandinavischen Staaten und Großbritannien (Tobias Werler),
- für die west- und südeuropäischen Staaten (Wolfgang Hörner et al.),
- für Österreich (Ferdinand Eder),
- für Polen (Inetta Nowosad),
- für Lettland (Inetta Nowosad et al.),
- für Australien (David Beckett).

Durch die Kontrastierung der Analysebefunde aus deutscher Perspektive mit einer kompetenten „Außensicht“ wurden die jeweiligen Analyseergebnisse im Interesse der Fundiertheit, der Handlungsorientiertheit und der Systematisierung qualifiziert.

Um eine gewisse Systematik zu erreichen und eine vergleichende Betrachtung zu ermöglichen, wurden den staatenübergreifenden und staatenspezifischen Analysen Leitfragen vorgegeben, die jedoch eine relativ offene Orientierungsgrundlage für die jeweilige Analyse darstellen sollten; sie wurden nicht Frage für Frage systematisch von den Autorinnen und Autoren abgearbeitet. Viel wichtiger war es, die jeweiligen spezifischen Ansätze, Maßnahmen und Erfahrungen zu erfassen.

Leitfragen für die kriteriengeleiteten Analysen:

1. Rahmenbedingungen und Vorgaben für die Lehrerbildung
    - Welche Genese bzw. „Geschichte“ haben Struktur und Reformen der Lehrerbildung?
    - Was ist das Verständnis von Professionalität im Lehrerberuf und wie bildet sich dies in der Lehrerbildung ab?
    - Welche materiellen und personellen Ressourcen sind für die verschiedenen Phasen und Stufen der Lehrerausbildung und der Lehrerbildung insgesamt verfügbar?
    - Wer bezahlt die Ausbildung der zukünftigen Lehrkräfte?
    - Wie ist die Einkommenssituation der Lehrkräfte im Verhältnis zu vergleichbaren Berufsgruppen?
    - Wie ist das Verhältnis von Lehrkräften und sozialem Hintergrund?
    - Welches öffentliche Ansehen hat der Lehrerberuf?

2. Struktur und Organisation der Lehrerbildung
    - Was sind die Ziele der Lehrerausbildung?
    - Welche Zugangsvoraussetzungen müssen von den Bewerbern/innen erfüllt werden? Welche Rekrutierungsmuster für künftige Lehrkräfte gibt es?
    - Wie ist die Ausbildung der Lehrkräfte grundlegend strukturiert?
    - Welche Phasen/Stufen innerhalb der Lehrerbildung gibt es?
    - Wie sind die ersten beiden Berufsjahre neu ausgebildeter Lehrkräfte gestaltet und welche Unterstützung (support) erhalten sie dabei?
    - Gibt es spezifische Maßnahmen, um Lehrkräfte für Mangelfächer (z. B. Naturwissenschaften, Musik) zu gewinnen? Welche Rolle spielen sogenannte Seiteneinsteiger in den Lehrerberuf und wie werden sie qualifiziert?

3. Inhaltliche Charakteristika der Lehrerbildung
    - Wie ist das Verhältnis von Fachwissenschaft und Fachdidaktik gestaltet?
    - Welchen Anteil an der Ausbildung haben Erziehungswissenschaft, Pädagogik und Psychologie (die Bildungswissenschaften)?
    - Wie erfolgt die Einbeziehung von pädagogischer (Alltags-)Praxis in die Ausbildung?
    - Wie wird die diagnostische und die didaktische Kompetenz der Lehrkräfte gefördert?
    - Wie werden (künftige) Lehrkräfte auf den Umgang mit besonders schwierigen Themen der pädagogischen Praxis (z. B. Inklusion, Heterogenität, Disziplin, Schulverweigerung usw.) vorbereitet?

- Wie kommen Lehrkräfte mit neuen bildungspolitischen Anforderungen (z. B. Inklusion, Evaluationen usw.) zurecht und wie werden sie darauf vorbereitet?
- Welche Formen der beruflichen Fortbildung sind vorgesehen, welche Inhalte werden vermittelt? Ist Fortbildung verpflichtend vorgesehen?
- Welche beruflichen Entwicklungsperspektiven bestehen für Lehrkräfte? Welche Selektionsschritte gibt es in der weiteren Berufskarriere, und welche Kriterien (insbesondere bei der Auswahl für Leitungsfunktionen) gelten dabei?

Aus Zeit- und Ressourcengründen war eine analoge Darstellung für ausgewählte außereuropäische Saaten, von einer kurzen Problemskizze zu Australien abgesehen, nicht möglich. Allerdings wurden im Rahmen der eigenen Suche nach Reform- und Innovationsstrategien im Ausland auch außereuropäische Entwicklungen mitberücksichtigt.

Als innovativ (im Sinne von *innovare*=erneuern) wurden solche Ansätze, Maßnahmen und Vorgehensweisen bei der Aus- und Fortbildung von Lehrkräften angesehen, die aus deutscher Perspektive nicht nur neue Ideen darstellen, sondern in den jeweiligen Staaten auch erfolgreich umgesetzt werden.

Literatur

Abs, H. J. (2011): Programme zur Berufseinführung von Lehrpersonen. In Terhart, E., Bennewitz, H. & Rothland, M. (Hrsg.). *Handbuch der Forschung zum Lehrerberuf* (S. 381–397). Münster: Waxmann.

Autorengruppe Bildungsberichterstattung (2010). *Bildung in Deutschland 2010. Ein indikatorengestützter Bericht mit einer Analyse zu Perspektiven des Bildungswesens im demografischen Wandel.* Bielefeld: WBV. Verfügbar unter www.bildungsbericht.de [2.1.2014].

Autorengruppe Bildungsberichterstattung (2012). *Bildung in Deutschland 2012. Ein indikatorengestützter Bericht mit einer Analyse zur kulturellen Bildung im Lebenslauf.* Bielefeld: WBV. Verfügbar unter www.bildungsbericht.de [2.1.2014]

Bellenberg, G. & Reintjes, C. (2010). Chancen zum Professionalisierungsgewinn durch die Bolognareform der Lehrerbildung. Vom großen Wurf zur kleinen Reform. *Die Deutsche Schule* 102(1), 7–20.

Bellenberg, G. & Thierack, A. (2003). *Ausbildung von Lehrerinnen und Lehrern in Deutschland. Bestandsaufnahme und Reformbestrebungen.* Opladen. Leske & Budrich.

Bildungskommission NRW (1995). *Zukunft der Bildung – Schule der Zukunft. Denkschrift der Kommission „Zukunft der Bildung – Schule der Zukunft“ beim Ministerpräsidenten des Landes Nordrhein-Westfalen.* Neuwied.

Blömeke, S. (2002). Wissenschaft und Praxis in der Lehrerausbildung. Ein Beitrag zur Debatte in „Die Deutsche Schule". *Die Deutsche Schule* 94(2), 257–261.

Blömeke, S. (2011). Forschung zur Lehrerbildung im internationalen Vergleich. In Terhart, E., Bennewitz, H. & Rothland, M. (Hrsg.), *Handbuch der Forschung zum Lehrerberuf* (S. 345–361). Münster: Waxmann.

Böllert, K. & Gogolin, I. (2002). Stichwort. Professionalisierung. *Zeitschrift für Erziehungswissenschaft* 5(3), 367–383.

Döbert, H. (2010). Deutschland. In Döbert, H., Hörner, W. von Kopp, B. & Reuter, L. R. (Hrsg.). *Die Bildungssysteme Europas* (S. 175–203). Baltmannsweiler: Schneider Verlag Hohengehren.

Forum Bildung (2001). Empfehlungen des Forum Bildung, Ergebnisse des Forum Bildung I, Bonn: BMBF.

Frey, A. & Jung, C. (2011). Kompetenzmodelle und Standards in Lehrerbildung und Lehrerberuf. In Terhart, E., Bennewitz, H. & Rothland, M. (Hrsg.). *Handbuch der Forschung zum Lehrerberuf* (S. 540–572). Münster: Waxmann.

Füssel, H.-P. (2010). Lehrerbildung. In Avenarius, H. Schulrecht (8. neubearbeitete Aufl.). Kronach: Carl Link.

Helsper, W. (2011). Lehrerprofessionalität – der strukturtheoretische Professionsansatz zum Lehrberuf. In Terhart, E., Bennewitz, H. & Rothland, M. (Hrsg.). *Handbuch der Forschung zum Lehrerberuf* (S. 149–170). Münster: Waxmann.

Kemnitz, H. (2011). Forschung zur Geschichte und Entwicklung des Lehrerberufs vom 18. Jahrhundert bis zur Gegenwart. In Terhart, E., Bennewitz, H. & Rothland, M. (Hrsg.). *Handbuch der Forschung zum Lehrerberuf* (S. 34–51). Münster: Waxmann.

Keuffer, J. (Hrsg.) (2001). *Reform der Lehrerbildung in Hamburg. Abschlussbericht der von der Senatorin für Schule, Jugend und Berufsbildung und der Senatorin für Wissenschaft und Forschung eingesetzten Hamburger Kommission Lehrerbildung*, Weinheim: Beltz.

Kiel, E. (2011). Forschung zum Lehrerhandeln. In Terhart, E., Bennewitz, H. & Rothland, M. (Hrsg.). *Handbuch der Forschung zum Lehrerberuf* (S. 748–756). Münster: Waxmann.

Lehberger, R. & Schaarschmidt, U. (2009). Eignungsberatung für Lehramtsstudierende. Rückmeldungen und Angebote zum Kompetenzausbau. *Journal für Schulentwicklung* 4, 46–53.

Lipowsky, F. (2011). Theoretische Perspektiven und empirische Befunde zur Wirksamkeit von Lehrerfort- und -weiterbildung. In Terhart, E., Bennewitz, H. & Rothland, M. (Hrsg.). *Handbuch der Forschung zum Lehrerberuf* (S. 398–417). Münster: Waxmann.

Maag Merki, K. & Werner, S. (2011). Erfassung und Bewertung professioneller Kompetenz von Lehrpersonen. In Terhart, E., Bennewitz, H. & Rothland, M. (Hrsg.). *Handbuch der Forschung zum Lehrerberuf* (S. 398–417). Münster: Waxmann. S. 573–591.

Ministerium für Innovation, Wissenschaft, Forschung und Technologie (Hrsg.) (2007). *Ausbildung von Lehrerinnen und Lehrern in Nordrhein-Westfalen. Empfehlungen der Expertenkommission zur Ersten Phase*, Düsseldorf: MIWFT.

OECD (2001): Bildung auf einem Blick. OECD-Indikatoren. Paris: OECD.

Rothland, M. (2011). Risikomerkmale von Lehramtsstudierenden. Empirische Befunde zu berufsbezogenen Eingangsvoraussetzungen angehender Lehrkräfte. *Zeitschrift für Bildungsforschung*, 1 (3), 179–197.

Schleicher, A. (2011). Building a High-Quality Teaching Profession. Lessons from around the World. Paris: OECD.

Schwänke, U. (1988). *Der Beruf des Lehrers. Professionalisierung und Autonomie im historischen Prozeß*. Weinheim: Juventa.

Sekretariat der KMK (2011). *Lehrereinstellungsbedarf und -angebot in der Bundesrepublik Deutschland. Modellrechnung 2010–2020.* (Statistische Veröffentlichungen der Kultusministerkonferenz, Dokumentation Nr. 194 – Juli 2011), Berlin: Sekretariat der KMK.

Terhart, E. (Hrsg.) (2000). *Perspektiven der Lehrerbildung in Deutschland. Abschlussbericht der von der Kultusministerkonferenz eingesetzten Kommission*. Weinheim: Beltz

Terhart, E. (2001). *Lehrerberuf und Lehrerbildung. Forschungsbefunde, Problemanalysen, Reformkonzepte.* Weinheim: Beltz.

Terhart, E., Bennewitz, H. & Rothland, M. (Hrsg.) (2011). *Handbuch der Forschung zum Lehrerberuf*. Münster: Waxmann.

Weinert, F. E. (1999). Qualität und Leistung in der Schule – brauchen wir eine neue Lernkultur? *Forum E*, 52(2), S. 8–12.

Wigger, L. & Ruhberg, C. (2012). Lehramtsstudiengänge. In Thole, W. u.a. (Hrsg.). *Datenreport Erziehungswissenschaft 2012* (S. 52–64). Opladen: Budrich.

Wissenschaftsrat (2001). *Empfehlungen zur künftigen Struktur der Lehrerbildung*, Bonn: WR.

2. Lehrerbildung im Ausland: Aktuelle und innovative Tendenzen der Lehrerbildung in internationaler Perspektive

Botho von Kopp

Dem Text liegt eine Grundgliederung in die zwei Hauptpunkte Rahmenbedingungen sowie Struktur und Organisation der Lehrerbildung zugrunde. Diese zwei Hauptpunkte untergliedern sich hier weiter in einzelne Unterpunkte, deren inhaltliche Ausgestaltung von den vorgenannten Leitfragen ausging. Die folgende Betrachtung greift vor allem die gesamteuropäischen und globalen Entwicklungen, bildungspolitischen Diskussionen und Empfehlungen auf. Da in dem Überblick die Vielfalt der einzelnen Fragepunkte nicht systematisch vergleichend aufgearbeitet werden konnte, wird hier auch charakteristischen Beispielen breiter Raum gegeben.

2.1 Rahmenbedingungen und Vorgaben für die Lehrerbildung

2.1.1 Genese, Grundlagen und Hauptpunkte der gegenwärtigen Reformen der Lehrerbildung

Die Reforminitiativen für Europa sind vor allem über die Bologna Erklärung und über OECD-Initiativen einschließlich inhaltlicher und zeitlicher Vorgaben definiert. Hier sollen die im vorliegenden Zusammenhang wichtigsten Punkte der *Gesamtstrategie der übernationalen Bildungsreformgremien* hervorgehoben werden:

Das *ECTS*-European Credit Transfer and Accumulation System ist das neue Hochschul-Vergleichs-Standard- und Studienanrechnungssystem in Europa. Einem akademischen Jahr entsprechen in der Regel 60 Credits – Kreditpunkte (in deutschen Publikationen auch gelegentlich als „Anrechnungspunkte" bezeichnet), die ihrerseits einem Studienaufwand von rund 1.500 bis 1.800 Stunden entsprechen, d.h. der Erwerb eines Kreditpunktes erfordert den Einsatz von 25–30 Studienstunden.

Im Studienjahr 1999/2000 hatten noch 31 europäische Länder erklärt, dass sie das ECTS bis zu diesem Zeitpunkt noch nicht anwenden. Zwischenzeitlich hat sich die Situation grundlegend geändert. Ein Jahrzehnt später berichten 24 Länder von der Nutzung des ECTS als Instrument zur Akkumulierung und Übertragung von Studienleistungen in mehr als 75% der Hochschuleinrichtungen. Insgesamt in 29 Ländern findet es für zumindest einige Studiengänge Anwendung. In den meisten Ländern war das ECTS bis 2008 durch nationale Rechtsvorschriften eingeführt, aber noch nicht vollständig umgesetzt (EACEA P9 Eurydice 2010, S. 21).

Im Jahr 2003 vereinbarten die europäischen Bildungsminister in Berlin die automatische und gebührenfreie Ausstellung des *Diploma Supplement* für alle Hochschulabsolventen ab 2005. Zu diesem Zeitpunkt wurde es schon in acht Bildungssystemen (Belgien – Flämische Gemeinschaft, Estland, Finnland, Frankreich, Lettland, Liechtenstein, Luxemburg und Slowenien) automatisch für alle Absolventen ausgestellt. Der Eurydice-Bericht zur Hochschulbildung aus dem Jahr 2009 zeigte, dass die Forderung von 2003 zwischenzeitlich in den meisten Unterzeichnerstaaten umgesetzt wurde und das Diploma Supplement zu diesem Zeitpunkt in Englisch und/oder der Unterrichtssprache in 25 Unterzeichnerstaaten ausgestellt wurde (ibd.).

Die Erstellung *Nationaler Qualifikationsrahmen* soll der Beschreibung und eindeutigen Benennung der Unterschiede zwischen den im Rahmen aller Studienzyklen und Bildungsstufen zu erwerbenden Qualifikationen (definiert als „knowledge, skills and competences") dienen: „Idealerweise werden die nationalen Qualifikationsrahmen eng mit dem vorstehend genannten ECTS und dem Diploma Supplement abgestimmt. Die Entwicklung von nationalen Qualifikationsrahmen wurde in den vergangenen Jahren durch eine Reihe von Initiativen und Prozessen gefördert." Allerdings war die Einführung des nationalen Qualifikationsrahmens in allen EU-Ländern bis 2010 geplant gewesen, doch „wurde dieser Termin als ‚zu ehrgeizig' bezeichnet und die Einrichtung nationaler Qualifikationsrahmen in allen Ländern als eine der größten Herausforderungen für die kommenden Jahre benannt." (ibd., S. 22–23).

Die folgende Aufstellung spiegelt den Stand der Studienstrukturreformen der beiden Zyklen *Bachelor- und Masterstudium* nach dem Bologna Modell in Europa im Jahr 2009:

> „Das mit 180 + 120 ECTS-Leistungspunkten dotierte Modell (3 + 2 Studienjahre) wurde in 18 Hochschulsystemen eingeführt.
> Das mit 240 + 120 ECTS-Leistungspunkten dotierte Modell (4 + 2 Studienjahre) wurde in sechs Ländern (Armenien, Aserbaidschan, Georgien, Litauen, Russland und Türkei) eingeführt.
> Das mit 240 + 90/60 ECTS-Leistungspunkten dotierte Modell (4 + 1/1,5 Studienjahre) wurde in vier Hochschulsystemen (Bulgarien, Spanien, Ukraine und Schottland) eingeführt.
> Die übrigen Hochschulsysteme weisen kein einheitliches vorherrschendes Modell aus. In einigen dieser Länder haben die Bachelor-Studiengänge eine festgelegte Dauer, während die Dauer der Master-Studiengänge unterschiedlich ist. In anderen Ländern sind bei beiden Studienzyklen Variationen festzustellen. Wiederum in anderen Hochschulsystemen bestehen zwei gleichermaßen verbreitete Model-

> le, die in verschiedenen Arten von Hochschuleinrichtungen eingeführt wurden. Bei anderen Strukturen der Studiengänge liegt die Verantwortung für ihre Dauer größtenteils bei den betreffenden Einrichtungen und Fachrichtungen." (EACEA P9 Eurydice 2010, S. 19).

Die Reformen haben auch mit sich gebracht, dass in nahezu allen Ländern inzwischen die Lehrerbildung aller Schulstufen in Universitäten angesiedelt ist. Die schottische Donaldson-Studie hebt die Bedeutung dieser Entwicklung beispielhaft hervor und betont, dass gerade die Verbindung mit der Wissenschaftsatmosphäre einen Grund dafür geliefert habe, die Ausbildung aller Lehrer in Universitäten zu verlagern:

> „One of the major, but as yet not fully realised, benefits of placing initial teacher education within universities ... was that students on teaching programmes should benefit from belonging to the wider community of academic inquiry across the university. This broader academic experience would also enable them to work with students within other professions, including those with the closest links with education." (Donaldson 2011, S. 41).

Zusammenhang zwischen der Qualität der Lehrer/Lehrerausbildung und der Qualität der Schule

In nahezu allen zentralen übergreifenden Stellungnahmen der letzten Jahre wird auf diesen Zusammenhang vermehrt hingewiesen. Das Fazit des entsprechenden McKinsey-Reports von 2007 lautete, dass die Qualität des Lehrpersonals für das schulische Leistungsgefälle ursächlich sei (Europäisches Parlament 2008, S. 15). Im Report wurden Daten von 25 Schulsystemen untersucht, „wozu zehn der erfolgreichsten Staaten wie Belgien, Finnland und die Niederlande aus dem Kreis der EU-27 gehörten. Sieben weiteren Systemen, darunter dem englischen, wurde eine starke Aufwärtstendenz bescheinigt. ... Leistungsstarke Schulsysteme mögen sich zwar von der Gestaltung und den Rahmenbedingungen her deutlich unterscheiden, doch legen sie durchweg den Akzent auf die Verbesserung des Unterrichts, weil sich dies unmittelbar auf die Leistung der Schüler auswirkt." (Europäisches Parlament 2008, S. 15). Eine ähnliche Einschätzung der Lehrerrolle findet sich in einer jüngeren OECD-Studie: „More recently, a study of the common characteristics of the most successful school systems highlights the central role of teachers, asserting that ‚the quality of an education system cannot exceed the quality of its teachers' ... and that ‚the only way to improve outcomes is to improve instruction ..." (Scheerens 2010, S. 13). Etwas vorsichtiger formuliert: „Die jüngsten Untersuchungen der OECD deuten darauf hin, dass ein höheres pädagogisches Niveau vermutlich am ehesten zu einer deutlichen Verbesserung der schulischen Leistungen führt. Eine Reihe neuerer Untersuchungen weist auf einen Zusammenhang zwischen langfristigen Investitionen in die Qualität der Lehrkräfte und Verbesserungen der schulischen Leistungen hin (Europäisches Parlament 2008, S. 15).

In einer österreichischen Publikation heißt es: Vor wenigen Jahren noch musste man sich bei der Diskussion, was wirksame Lehrerbildung ausmacht, auf subjektive Eindrücke und sporadische empirische Befunde verlassen. Inzwischen hat sich die Befundlage auch im deutschen Sprachraum deutlich verbessert. Aktuelle, auch für Österreich relevante Studien lassen folgende Aussagen zu:

„(a) Das Fachwissen der Studierenden wird durch die inhaltliche Breite der fachlichen Ausbildung stärker bestimmt als durch ihre Lernvoraussetzungen
(b) Längere Ausbildungszeiten schlagen sich in höherer Fachkompetenz nieder
(c) Fachliche und fachdidaktische Kompetenzmängel können im späteren Beruf kaum mehr aufgeholt werden
(d) Hohes Fachwissen (in Mathematik) geht mit schüleraktivierendem, kognitiv anspruchsvollerem und störungsärmerem Unterricht einher, während geringeres Fachwissen mit einer stärkeren Engführung der Schüler/innen, einer intellektuellen Verflachung des Unterrichts und mehr Disziplinproblemen assoziiert ist
(e) Fachdidaktisches Wissen steht in hohem Zusammenhang mit Unterrichtskompetenz, sofern auch die fachliche Ausbildung auf hohem Niveau ist
(f) Das Studium der Bildungswissenschaften (Schulpädagogik, Pädagogische Psychologie und Bildungssoziologie) auf akademischem Niveau gewinnt an Bedeutung, weil die Ansprüche an die Lehrer/innen heute weit über die Vermittlung von Fachwissen hinaus gehen. Ein forschungsorientiertes institutionelles Klima fördert zudem eine Ausprägung einer kritisch-evaluativen Haltung gegenüber dem eigenen Unterricht
(g) Dem berufsbegleitenden Lernen kommt entscheidende Bedeutung für den Aufbau und die Erhaltung von Kompetenz zu. Längerfristig angelegte Fortbildungen, die Informationsinputs, reflektierte Erprobungen in der Praxis und kollegialen Austausch vorsehen, sind besonders wirksam“ (Meyr & Posch 2012, S. 4).

Pädagogische Grundideen und Technologien

Die genannten Zusammenhänge sind zwar höchst plausibel, und können offenbar auf einige empirische Belege verweisen. Dennoch können weder für den Bereich pädagogischer Grundideen, noch den von reform- und handlungsanweisenden Technologien, die Lehrern zur Verfügung gestellt werden, kurzfristige oder gar eindeutige Schlussfolgerungen gezogen werden. Vor allem seit den 1990er Jahren beschäftigt sich die empirische Forschung verstärkt mit dieser Frage. Zum Beispiel wurde in einer Studie in holländischen Primarschulen untersucht, wie die Lernerfolge der Schüler bestimmter Lehrer von denen anderer Lehrer abweichen (Scheerens 2010, S. 21). Andere Untersuchungen befassten sich mit der Suche nach typischen Charakteristika erfolgreicher bzw. weniger erfolgreicher Lehrer.

Für die Evaluierung und Validierung von Lehrerbildung sind diese Ergebnisse, soweit sie sich auf persönliche Unterschiede beziehen, jedoch nicht vorrangig relevant, denn hier steht die Frage im Vordergrund, inwieweit sich gemessene höhere Unterrichtseffektivität auf den Faktor formaler Qualifikationsmuster der die entsprechenden Schüler unterrichtenden Lehrer zurückführen lässt. Entsprechende Zusammenhänge ließen sich unter bestimmten Bedingungen zwar aufzeigen, aber es scheint, dass auf jeden Fall noch weitere Studien notwendig sind, um diesen Zusammenhängen näherzukommen. Auf einer sehr allgemeinen Vergleichsebene (wobei Testergebnisse von Schülern auf der einen, mit Qualifikationsmerkmalen von Lehrern andererseits verglichen wurden) hat sich zunächst einmal gezeigt, dass formale Qualifikationen, wie unterschiedlich gestufte Abschlüsse und der Nachweis ihrer fachlichen Kompetenz zwar eine Rolle spielen, diese jedoch in den industrialisierten Ländern relativ gering sind, während sie in Entwicklungsländern noch vor den Ausgaben per Schüler, der Erfahrung des Lehrers gemessen in Unterrichtsjahren, dem Lehrergehalt und dem Lehrer-Schüler-Verhältnis an erster Stelle stehen. In hochindustrialisierten Ländern zeigen sich laut US-Studien deutliche Zusammenhänge zwischen Lehrerqualifikation und Lernerfolgen vor allem in bestimmten Fächern (wie Mathematik) (Scheerens 2010, S. 22).

Jüngere Konzepte der Effektivitätssteigerung in der Lehrerqualifizierung unter der vorliegenden Fragestellung konzentrieren sich auf die Variablen eines interaktiven Konstrukts von pädagogischer Meisterschaft und fachlicher Kompetenz, z. B. unter der Bezeichnung „pedagogical content knowledge“ (Scheerens 2010, S. 21–22). In diesem Zusammenhang wird in letzter Zeit das Wissen um den Kontext des Unterrichtens und der pädagogischen Arbeit – „knowledge of the teaching context“ – hervorgehoben. Das oben angesprochene „interaktive Konstrukt“ kann je nachdem, eher als miteinander interagierendes aber unabhängiges, vom Lehrer zu integrierendes, oder als neues integratives pädagogisches Konzept interpretiert werden. Als Konsequenz für die Lehrerbildung ergibt sich aus dem ersteren Verständnis ein Schwerpunkt, der auf Kursarbeit liegt; beim zweiten kommt dem Vor-Ort-Lernen, Praxissimulationen und Beobachtungen sowie Evaluierungen tatsächlicher Unterrichtsabläufe eine zentrale Bedeutung zu. Allerdings ist die Zahl der Studien über komplexe, interaktive Konstrukte noch gering und ihre Organisation anspruchsvoll und abhängig von intensiver Leitung durch Experten. Sie scheinen vorläufig eher realisierbar im Bereich der permanenten Weiterbildung (in-service training) als in den Bereichen der zum Beruf führenden Erstausbildung (ibd., S. 23).

Insgesamt weisen empirische Studien der Wirkungsforschung zwar auf Zusammenhänge zwischen innovativen Ausbildungsinhalten und -strukturen hin, lassen sich aber wegen ihrer teilweise singulären Bedingungen (vgl. Schleicher 2007, S. 12; Scheerens 2010, S. 21 und die in beiden Quellen jeweils erwähnten Studien) nicht einfach vergleichen und verallgemeinern, und umfassendere internationale Datensammlungen sind (noch) nicht in ausreichender Dichte vorhanden. Daher besteht hinsichtlich der empirischen Evidenz sicherlich noch deutlich weiterer Forschungsbedarf: „‚Teachers matter' seems to be the number one truism in educational discourse. Yet, surprisingly, when it comes to explaining how teachers matter, the evidence-based picture is far less clear" (Scheerens 2010, S. 20).

Praktische Empfehlungen zur Optimierung der Lehrerqualifikation

Die finnische Studie zu Inhalt und Qualität der Lehrerbildung gab 2007 auf Basis zeitnaher Studien und Reformevaluationen sowie unter Bezug auf die generellen Vorgaben der EU-Bildungspolitik als erfolgreiche Ansätze folgende Empfehlungen für die Erstausbildung der Primarstufenlehrer:

- „Ein Vorpraktikum vor der Lehrererstausbildung;
- ein Vorpraktikum als Bestandteil der Lehrerausbildung;
- eine Phase der schulpraktischen Ausbildung unter sachkundiger Anleitung;
- die erfolgreiche Ablegung einer Prüfung oder sonstiger Tests zur Leistungsmessung;
- eine Probezeit mit Beurteilung;
- eine Einarbeitungsphase mit Betreuung." (Europäisches Parlament 2008, S. vii).

Diese Liste lässt sich durch eine weitere, inhaltliche (etwas weniger präzise) ergänzen, die einige weitere Punkte benennt:

- „Systems of continuing professional development
- the school as a learning community for it's teachers
- school leadership
- partnerships between teacher education institutions and schools
- preparing teachers for culturally diverse classrooms
- induction of new teachers
- partnerships between schools and companies" (ebenda).

Die angeführten Vorschläge bzw. Forderungen sind nicht unbedingt vollständig aber sie gehören zu den zentralen Eckpunkten der als notwendig erachteten Reformen und Innovationen, die von den Hauptakteuren des gegenwärtigen Umbruchs im Bildungswesen als Voraussetzungen für eine verbesserte Qualität der Lehrerausbildung angesehen werden. Im europäischen Rahmen sind sie unterschiedlich geplant, in Angriff genommen oder schon (meist teilweise) umgesetzt. In vielen Ländern waren einige Punkte schon traditionell enthalten, bedürfen jedoch der Innovation bzw. der Anpassung an die neuen Vorgaben. Die zitierten Listen können im vorliegenden jedenfalls als allgemeine Leitpunkte zur Einschätzung, Erörterung oder Bestimmung des Standes der bisher erreichten (oder nicht erreichten) Umsetzung der Reformvorhaben dienen (Scheerens 2010, S. 15).

Die genannten und weitere vom Reformkonzept implizierte Inhalte, Prinzipien und Methoden sind auch unter den Begriff der „Wissensgesellschaft“ und der „Europäischen Bildungslandschaft“ subsumiert worden. Vorab ist aber auch hier festzuhalten, dass angesichts teilweiser Erfolge und teilweise erheblicher Reformbemühungen die Realität der Reformumsetzungen dennoch deutliche Defizite aufweist: „The results from TALIS suggest that, in many countries, education is still far from being a knowledge industry in the sense that its own practices are not yet being transformed by knowledge about the efficacy of those practices.“ (OECD 2009, S. 3). Diese Aussage dürfte sich in den wenigen Jahren seit Publikation der ersten TALIS-Studie[1] kaum geändert haben. Die Bezeichnung des angestrebten Bildungswesens im Zitat als „Industrie“ dürfte in vielen europäischen Pädagogik-Traditionen allerdings auf große Skepsis stoßen (wobei aber das breitere Bedeutungsfeld des Wortes im Englischen, das auch den Aspekt der Kunstfertigkeit enthält zu berücksichtigen ist). Die inhaltliche Aussage aber, dass die Reformen nach der permanenten Professionalisierung und Verwissenschaftlichung ihrer eigenen Voraussetzungen und Praktiken streben muss, um als System eine bessere Leistung zu generieren, und in seiner ihm angemessenen Relevanz wahrgenommen zu werden, ist wohl kaum anzuzweifeln.

Insgesamt kann festgehalten werden: Trotz zum Teil rasanter Reformen sind viele Ziele auf dem Weg zur angestrebten „Europäische Bildungslandschaft“ auch im Bereich der Lehrerbildung nicht oder nur teilweise erreicht. Es wird deutlich, „... dass die Lehrererstausbildung trotz bereits bestehender Formen der länderübergreifenden

1 Die erste TALIS-Studie wurde 2008/09 abgeschlossen. Die zweite Studie wird 2012 begonnen und die ersten Ergebnisse werden für 2014 erwartet. „What is TALIS about? Participating countries determine the policy focus of TALIS. TALIS 2013 has a strong focus on teachers’ professional environment, teaching conditions and the impact on school and teacher effectiveness. TALIS 2013 will investigate: Teacher training and professional development. Teachers’ appraisal and feedback. School climate. School leadership. Teachers’ instructional beliefs. Teachers’ pedagogical practices.“ (Talis 2013).

Zusammenarbeit erhebliche Unterschiede aufweist und es dringend notwendig ist, einen EU-weiten Erfahrungsaustausch zu erfolgreichen Lösungskonzepten zu organisieren. Durch verbesserte Kommunikation und Erfahrungsaustausch lässt sich die Qualität der Lehrerausbildung erhöhen" (Europäisches Parlament 2008, S. 17).

Bei der Untersuchung verschiedener, mit der vorliegenden Fragestellung verknüpfter Aspekte von pädagogischen Modellen und Unterrichtsmethoden zeigten sich aber auch Tendenzen, wonach – trotz aller Vereinheitlichungskräfte struktureller und inhaltlicher europäischer Transformationsprogramme in der Lehrerbildung – der Variablenbeeinflussung durch die nationalen Schulsysteme, pädagogische Traditionen, Kultur und Politik eine große Bedeutung zugeschrieben werden muss (vgl. OECD 2009, S. 101).

2.1.2 Status des Lehrerberufs

Überblick

Die traditionellen (epochen- und landestypisch diversifizierten) Prestigemuster des Lehrerberufs sind im Zuge des gesellschaftlichen Umbruchs mehr oder weniger entwertet worden. Selbst in den konfuzianisch geprägten ostasiatischen Ländern, in denen das Bewusstsein und teilweise noch überlieferte hohe Prestige des Lehrers (in Japan „sensei" auch generell als Anrede für ältere, hochgestellte, besonders gebildete Personen) noch vorhanden ist, hat sich das Bild deutlich gewandelt. In Japan haben vor allem die Gewerkschaften schon in den 60er und 70er Jahren des letzten Jahrhunderts über den Wandel der Kultur des „Senesei" zu der des „Salaryman", des Büroangestellten, Andererseits ist diese Entwicklung gleichzeitig als Beleg der Professionalisierung (und damit nicht zuletzt als Legitimierung der Gewerkschaft als Berufsvertretung) begrüßt worden.

Ein weiterer Gesichtspunkt des Status des Lehrerberufs ist in seiner historischen Rolle als Vehikel des sozialen Aufstiegs für die unteren Gesellschaftsklassen einerseits und in der prestigeträchtigen akademischen Ausbildung der Sek-II-Lehrer andererseits zu sehen. Diese Rolle ist meist schon allein aufgrund des gesellschaftlichen Wandels und nicht nur wegen jüngster Entwicklungen oder spezifischer Reformmaßnahmen (aktueller Gehaltspolitik usw.) geschwächt worden. Dieses Faktorengefüge hebt eine Studie am Beispiel der schwedischen Reformen (insbesondere der sog. „Kommunalisierung") deutlich hervor: Das Massenbildungssystem bietet seit langem breitere Aufstiegschancen und der gewachsene allgemeine Wissensstand der Gesellschaft brachte für die Lehrer einen Verlust der „besonderen Stellung und Position in der Gesellschaft. Der professionelle Status der Lehrerschaft war also bereits im Sinken begriffen, als die Diskussion um die Kommunalisierung begann. Die Reform ist deshalb nicht als Auslöser für die Deprofessionalisierung der Lehrerschaft anzusehen, sondern als weiterer Schritt auf dem Weg zur Angleichung der Arbeitsbedingungen, der Gehälter und des Status zwischen den früheren, historisch unterschiedlichen Lehrergruppen." (Ringarp 2011, S. 31). Die besonderen Bedingungen jedes Landes zeigen freilich unterschiedliche Ausmaße und ein unterschiedliches Tempo dieser Entwicklungen. Für Österreich wird z. B. konstatiert, dass der Lehrerberuf nach wie vor ein „Vehikel für den sozialen Aufstieg" aus den unteren Schichten sei, wobei diese Berufswahl allerdings für junge Menschen aus Familien mit höherem Bildungsstatus zunehmend an Attraktivität verliere (vgl. Eder in diesem Band).

Auch in Frankreich ist die Funktion des sozialen Aufstiegs noch virulent, hat sich jedoch auch hier geändert; Der Beruf „ist ein ‚Mittelschichtberuf' geworden, eine Aufstiegsmöglichkeit für die Arbeiterkinder oder ein Nebeneinkommen für die Frauen." (Hörner & Many 2009, S. 241). Befunde über den sozialen Status und die Anerkennung sind angesichts komplexer Wirklichkeit jedoch oft widersprüchlich: Bezeichnenderweise wurde für Frankreich festgestellt: So hat „der Lehrerberuf paradoxerweise ein geringes Prestige bei einer Bevölkerung, die der Schulbildung doch einen so hohen Wert beimisst." (ibd.). Eine weitere situationsspezifische „Paradoxie" zeigt sich in Belarus nach dem Ende der Sowjetzeit, wo wider eigentliches Erwarten das „Ansehen und der soziale Status des Lehrerberufes ... im Vergleich zur sowjetischen Zeit stark gesunken" sind und sich eine Abwanderung aus dem Beruf – üblicherweise ein deutliches Unzufriedenheitssymptom – in diesem Land nicht in größerem Ausmaß beobachten lässt (Malerius 2009, S. 85). Dies dürfte – prüft man diese Situation genauer – damit zusammenhängen, dass die alte Lehrerschaft aus der sowjetischen Zeit an ihren Stellen festhält und ein nostalgisches Bild ihrer Selbstbestätigung hochhält.

Eine gewisse „Widersprüchlichkeit" ergibt sich vor allem aus dem Nebeneinander „alter", „traditioneller" und „neuer" Anforderungen an Prestige und Status. Virulent werden Spannungen zwischen beiden in der forcierten Umsetzung „moderner" Leitbilder und Strukturen in Ausbildung und Beruf. Das „moderne" Prestige des Berufs hängt von „modernen" Kriterien, wie der finanziellen Einträglichkeit und der anerkannten wissenschaftsbasierten Professionalität des Berufsstandes ab, wobei letztere aber nicht mehr wie früher als ständisch gegeben und in relativer Eigenkontrolle intern bzw. als „Staatsdiener" hoheitlich, sondern zunehmend extern und unter Bezug auf empirische Daten legitimiert und ständiger Überprüfung ausgesetzt ist. Moderne Professionalität ist weniger stabil als traditionelle, gleichzeitig leitet sich allmählich aus der von nationalen und internationalen Bildungsagenturen vorangetriebenen neuen Professionalisierung die Verknüpfung eines empirisch objektivierten und damit stark legitimierten professionellen Prestiges mit hoher finanzieller Belohnung und einem hohen Anspruch an die Ausbildung ab, der sich unter bestimmten Rahmenbedingungen in einer hohen Selektivität des Zugangs zum Lehrerstudium ausdrückt. Auch in den PISA-Erfolgsstaaten Singapur und Südkorea hält sich das hohe Prestige des Lehrers – neben einer sehr guten Bezahlung – nicht nur in einem nostalgischen Bezug auf konfuzianische Werte, sondern vor allem deswegen, weil eine gezielte Studien-Zulassungspolitik von Talentsuche und -förderung mit strenger akademischer Auslese verbunden wird und der Nachweis der auf diese Weise gestärkten Professionalität im modernen Sinne sich in den Ergebnissen der internationalen schulischen Leistungsmessung niederschlägt.

Das Beispiel Finnland

Finnland hat es vermocht, das Ansehen von Lehrerstudium und Lehrerberuf durch hohe Zulassungshürden wesentlich zu maximieren – und dabei offenbar traditionelles hohes Ansehen des Berufs relativ bruchlos in moderne Statusmodi zu überführen. In Finnland „zählt die Ausbildung von Grundschullehrern zu den populärsten Studiengängen, und das Niveau der zugelassenen Bewerber ist hoch. Die Studienplätze sind bei einem strengen Auswahlverfahren hart umkämpft, und nur 10–15% der Bewerber erhalten eine Zulassung zum Lehrerstudium. Das berufliche Engagement ist stark ausgeprägt." (Europäisches Parlament 2008, S. 45 ff.). 2010 bewarben sich mehr als 6.600 Personen um 660 Studienplätze im Bereich Primarschullehrer an den 8 Universitäten, die Lehrer ausbilden (Schleicher 2012, S. 62). Mit ausschlaggebend für das hohe Prestige ist jedoch nicht nur die Selektivität der Zulassung, sondern auch die hohen Anforderungen an den Beruf und die Übertragung eines hohen Maßes an Verantwortlichkeit und Autonomie, die den Lehrern bei ihrer Arbeit in der Schule zugestanden wird und die höher liegt als in vielen vergleichbaren Berufen, die für Hochschulabsolventen offenstehen. Ein weiterer Faktor der Anerkennung liegt in der gesamtgesellschaftlichen Bedeutung, die Bildung zugestanden wird. Bei der Zulassung zum Studium spielt unter anderem auch eine Rolle, wie überzeugend die Bewerber diese Bedeutung und die Leitideen der finnischen Bildung vertreten können. Nicht zuletzt trägt der hohe Anspruch an die Kombination pädagogischer Fähigkeiten mit ihrer Rolle als wissenschaftlich-fachlicher Kompetenz, die sich schon im Studium ausdrückt und auch weiterhin gefordert wird, zum Prestige dieses Berufs in Finnland bei (Schleicher 2012, S. 62).

Auch in *Irland* entspricht dem hohen Prestige des Lehrerstudiums eine hohe Selektivität bei der Studienzulassung und das hohe Anspruchsniveau des Studiums. „25% der Schüler mit den besten Abschlusszeugnissen, die sich für den tertiären Bildungssektor entscheiden, absolvieren eine Lehrerausbildung. Dies hat entscheidend dazu beigetragen, das sehr hohe Qualifikationsniveau von Referendaren zu erhalten, die den Beruf ergreifen. In den letzten Jahren hat die Zahl der Studenten, die einen „Bachelor of Education" mit guten Noten („honours grade") für die Unterrichtspraxis besitzen, beträchtlich zugenommen und macht 60% bis 85% aus“ (Europäisches Parlament 2008, S. 57).

2.1.3 Alters- und Genderstruktur der Lehrerschaft

Die *Altersstruktur der Lehrerschaft* ist stark diversifiziert. In der TALIS-Untersuchung von 2008 kommt dies deutlich zum Ausdruck: In Italien waren lediglich um die 2% der untersuchten Lehrer unter 30 Jahre alt, in Spanien, Portugal, Dänemark, Bulgarien, Litauen, Österreich und Norwegen waren es jeweils unter 10%. Den höchsten Anteil junger Sek.-I-Lehrer verzeichnete die Türkei mit über 40%, es folgten mit Abstand Malta mit etwas über 30%, das Flämisch-Belgien (knapp unter 30%) und Irland mit etwas über 20% (Creating effective teaching 2009, S. 27).

Die Altersstruktur der Gesamtlehrerschaft der über 6 Millionen europäischen Lehrer aller Schulstufen unterscheidet sich in manchen Details von den obigen Zahlen, abermals zeigen sich jedoch generell große Unterschiede sowie Länder mit einem sehr niederen Anteil an jungen Lehrern, wobei wiederum Italien mit lediglich 2,7% den ersten Platz hält. Darauf folgen Deutschland, Österreich, Griechenland und Schweden (jeweils unter 10%). An der Spitze der EU-Staaten liegt auch hier Malta mit 32,3%. Bei der Reihenfolge der Länder mit den höchsten Anteilen der älteren Lehrer ergibt sich nicht unbedingt eine entsprechende Umkehrung: Mit dem Anteil der ältesten Altersgruppe, der Lehrer mit über 60 Jahren, liegt Schweden (12,5% der Lehrerschaft) eindeutig an der Spitze, es folgen Deutschland (9,3%), Island (8,3%), Litauen (7,9%), die Slowakei (6,4%) und Irland (6,1%).

Insgesamt kann man von einer deutlichen Überalterung sprechen, was u. a. Konsequenzen für den künftigen Nachwuchsbedarf hat. „Von den 6,25 Mill. Lehrern in der EU sind rund 30% älter als 50 Jahre d. h. es besteht innerhalb der nächsten 15 Jahre ein Bedarf von ca. 2 Mill. neuen Lehrern“ (Scheerens 2010, S. 15). Die Gewinnung eines ausreichenden Nachwuchses ist aber nicht nur ein quantitatives, sondern angesichts der anspruchsvollen Zielvorgaben der europäischen Bildungsreform und der erhöhten Ansprüche an die Auswahl der Bewerber und an die Ausbildung insgesamt, vor allem auch ein qualitatives Problem.

Traditionell gibt es deutliche Unterschiede bei der Verteilung der Lehrerschaft nach Geschlecht. Das bisherige traditionelle Muster zeigte grob gesagt deutlich mehr Frauen in der Vorschul- und Primarerziehung, dagegen mehr Männer in der allgemeinbildenden Sekundarstufe II. Dieses Muster, abhängig auch von sozioökonomischen Charakteristika und Entwicklungen zeigt sich bis heute in der Mehrzahl der europäischen Schulsysteme. Der Anteil der Lehrerinnen in den von TALIS erfassten Ländern war 2008 mit knapp über 50% am niedrigsten in der Türkei. Es folgten Spanien, Dänemark und Norwegen (knapp unter 60%), Österreich und Irland (knapp

70%). Er war deutlich höher in Italien sowie den meisten Mittel-Osteuropäischen Ländern (Estland, Litauen, Bulgarien, Polen und Slowakei, Slowenien, Ungarn) mit knapp unter oder über 80%. Der Anteil der Schulleiterinnen war (abgesehen von der Türkei mit rund 10%) mit rund 30% in Österreich am niedrigsten und lag in Irland, Flämisch- Belgien, Spanien und Dänemark mit knapp unter oder um 40% unter dem Gesamtdurchschnitt der TALIS-Länder (Creating effective teaching 2009, S. 27). Bei den Zahlen für Schulleiterpositionen zeigen sich also traditionelle Muster, nach denen Frauen zu noch geringeren Anteilen als in der Sek-II in Leitungspositionen insgesamt zu finden sind, besonders deutlich. In manchen Ländern wurden (werden) traditionell die hohen Zahlen von Frauen im Lehrerberuf (vor allem im Primar- und Sek-I-Bereich) mit einer geringen Bezahlung und einem geringen Berufsprestige in Zusammenhang gesetzt – entgegen der offiziellen Propaganda von der hohen Bedeutung des Lehrerberufs in den letzten Jahrzehnten, vor allem in einer Reihe osteuropäischer ehemals sozialistischer Staaten, wo dieses Muster teilweise weiterwirkt. Auch hier trifft ein geringes Prestige mit eigentlich hohen Erwartungen zusammen. Das Bild der Lehrer in den Medien ist äußerst komplex und nach einer Studie in Tschechien, je nach Medienbereich (Printmedien, Fernsehen, Rundfunk) sehr unterschiedlich (Syřiště 2002). Auffällig ist die „Feminisierung“ auch für die Mathematiklehrerinnen, deren Anteil selbst noch auf der Sek-I im Jahr 2007 (außer in Italien) vor allem in den mittel- und osteuropäischen Ländern Bulgarien, Litauen, Russland, Slowenien, Ungarn und der Ukraine bei teilweise deutlich über 80% lag (Mullis et al. 2007*)*. Da diese Länder meist in TIMS-Studien gut in Mathematik abschnitten, wurde die „Feminisierung“ schon zu Zeiten der kommunistischen Regimes in der wissenschaftlichen Literatur dieser Länder häufig thematisiert, jedoch nicht unter etwaigen Qualitätsaspekten des Unterrichts, sondern unter dem sozialpolitischen und dem psychologischen Aspekt einer Unausgewogenheit der (Lehrer-)Rollenvorbilder.

2.1.4 Weitere Rahmenbedingungen

Die *schulische Autonomie* ist ein wichtiger Aspekt der beruflichen Rahmenbedingungen des Lehrers, der sowohl die Entscheidung zur Studienbewerbung wie auch die, den Beruf später tatsächlich aufzunehmen stark beeinflussen kann. Die TALIS-Studie untersuchte schulische Autonomie fokussiert auf einzelne Aspekte, wie die Entscheidungsbefugnisse der Schule bzw. externer zentraler Behörden hinsichtlich verschiedener Typen professioneller Entwicklung der Lehrer. Im Vergleich gesehen zeigen sich hierbei große Variationsmuster. Insgesamt arbeiteten lediglich 60% der Lehrer in den von TALIS erfassten Ländern in Schulen, in denen die Schulleiter eine beträchtliche Eigenverantwortung der Schule für die Allokation der Mittel für die professionelle Entwicklung der Lehrer nannten. Länder, in denen große Anteile der

Lehrer in solchen Schulen arbeiteten, waren Australien (d. h. hiervon berichteten die Schulleiter von Schulen, in denen insgesamt 98% der Lehrer beschäftigt waren), Dänemark (90%), Estland (87%), Island (94%), Irland (86%), Norwegen (98%), Polen (97%), die Slowakei (86%) und Slowenien (96%). Auf der anderen Seite war die so definierte schulische Autonomie mehr oder weniger gering in Österreich (18%), Portugal (23%), und Spanien (17%) (OECD 2009, S. 38).

In der Studie wurde schulische Autonomie anhand von weiteren 4 Kriterien untersucht: Einfluss der Schule auf Lehrereinstellung, auf Kündigung, auf die Bestimmung der Einstiegsgehälter und auf Gehaltserhöhungen. Die Daten beruhen auf Befragungen von Schulleitern der Sek-I. Demnach gibt es eine Reihe von Ländern mit hoher Autonomie was die Einstellung und Entlassung von Lehrern angeht. Völlige Autonomie fand sich in dieser Hinsicht in Bulgarien, Estland, Litauen, Norwegen und Polen. Meistens sind die Möglichkeiten für Entlassungen mehr oder weniger eingeschränkt, und in der Regel sind sie (meist nur wenig, in einigen Fällen sehr viel) geringer als bei den Einstellungen. Lediglich in Italien und der Slowakei ist dies umgekehrt, d. h. die Einstellungsautonomie ist etwas niederer als die Entlassungsautonomie. Völlige Autonomie bei Einstellungen mit leicht eingeschränkter Autonomie bei Entlassungen findet sich in Dänemark, Belgien (Flämische Gemeinschaft), Island, Slowenien und Ungarn. Eine immer noch hohe Autonomie, vor allem bei Einstellungen, findet sich in Irland, Portugal und Australien.

Bei der Festlegung der Höhe der Einstiegsgehälter liegt laut der TALIS-Studie die Mitgestaltungsmöglichkeit am höchsten in Estland und Norwegen (mit einer nahezu vollständigen Autonomie), wobei sie in Estland (und der Slowakei mit einigem Abstand auf dem dritten Platz) höher ist als die Gestaltungsmöglichkeit der Gehaltserhöhungen, während dies in den meisten Ländern umgekehrt ist. Es folgten Ungarn, Polen, Bulgarien und (mit Abstand) Dänemark. Eine nur marginale finanzielle Autonomie im vorliegenden Sinne (sowohl bei den Eingangsgehältern wie den Gehaltserhöhungen) fand sich in den befragten Schulen Österreichs, Italiens, Irlands und Spaniens. Die belgischen Schulen, die eine maximale Autonomie bei Einstellung und Entlassung aufweisen, haben bei Einstiegsgehältern und Gehaltserhöhungen überhaupt keine Entscheidungsbefugnisse (OECD 2009, S. 37).

Als einer der Indikatoren für *Schulklima* wurde in der TALIS-Untersuchung die Beziehung zwischen Schulleitung, Lehrerschaft und Schülern von Sek-I-Schulen nachgefragt. Das Schulklima im vorgegebenen Sinne wurde anhand von 14 Einzelaspekten überprüft, wie sie sich in den Aussagen der Schulleitung über negatives Lehrerverhalten, gemessen an Mangel an pädagogischer Vorbereitung, Zuspätkommen zum Unterricht, (häufige) Abwesenheit usw, spiegelten. Die unter diesem Aspekt gesammelten Daten dürften sowohl konkrete Anlässe für Kritik von Seiten der Schulleitung, aber auch die psychologische Atmosphäre an der Schule widerspiegeln.

Jedenfalls scheint gesichert, dass ein negatives Schulklima die Effektivität des Unterrichts bzw. insgesamt der Arbeit der Lehrer beeinträchtigt. Die Varianz der Klage von Seiten der Schulleiter über mangelnde pädagogische Vorbereitung der Lehrer ist hoch und bewegt sich auf einer Skala von ca. 4% in Polen bis hin zu 70% in Mexiko. Der Durchschnitt lag insgesamt bei 24%. Europäische Länder, in denen die Schulleiter überdurchschnittlich häufig diese Klage anführten, waren Irland (rund 30%), Spanien (rund 38%) und Italien (an zweiter Stelle insgesamt hinter Mexiko) mit 52%. Was die zwei anderen Aspekte angeht, so ist gelegentlich ihre Verteilung auf der Skala sehr homogen (d. h. z. B. werden alle drei Kriterien in einem jeweiligen Cluster gleichermaßen sehr selten (z. B. Slowakei), relativ wenig häufig (z. B. Dänemark), häufig (z. B. Spanien) oder sehr häufig genannt (Mexiko). In anderen Ländern gibt es – besonders bei unentschuldigter Abwesenheit (*absenteeism*) – eine Reihe von „Ausreißern", vor allem im Bereich der Länder, in denen die Klagen über mangelnde pädagogische Eignung sehr oder relativ selten waren. Insgesamt wird jedoch festgestellt (oder bestätigt), dass negatives Verhalten von Schülern das Schulklima stärker beeinträchtigt als das nach den vorliegenden Kriterien definierte negative Verhalten von Lehrern (OECD 2009, S. 39).

Schließlich bleibt hier noch zu erwähnen, dass die traditionell hohe *Arbeitsplatzsicherheit* des Lehrerberufs im Wandel begriffen ist. Sie hatte lange dazu beitragen, die Attraktivität dieser Laufbahn zu garantieren. Andererseits ist das Modell praktisch unkündbarer öffentlicher Beschäftigter nicht nur seit langem als zu unflexibel kritisiert worden (OECD 2009, S. 29), sondern es ist – am deutlichsten in den angelsächsischen Ländern (s. u. über Schottland und die USA: Mintrop 2006) – mehr oder weniger stark erschüttert worden. Im Durchschnitt der Länder, die an der TALIS-Studie teilnahmen, waren 85% der Sek-I-Lehrer permanent beschäftigt. Am geringsten war dieser Anteil in Portugal (70%) gefolgt u. a. von Irland und Island (unter 75%). Die Zeitvertragslehrer hatten (außer in Europa in Italien und Litauen) meist Kurzzeit-Verträge von unter einem Jahr.

2.1.5 Das Verständnis von Professionalität im Lehrerberuf und seine Abbildung in der Lehrerbildung

Der weiteste Rahmen innerhalb dessen sich die Professionalität der Lehrerschaft identifizieren lässt, wird von einer übergreifenden *gemeinsamen Identität der Lehrerschaft* gebildet:

> „While teachers in different parts of the world come with differing aspirations and conceptions of what it means to be a ‚teacher', there does appear to be a fairly common core of defining characteristics. Professional identity, it is found …

> is not a static once-and-for-all concept but is an on-going and dynamic process which evolves from ‚provisional professional identities' through rehearsal and experience. There is a continuous strand, which runs through teachers' professional identity, maintained through explicit ways of talking about the job, through routinized personal behaviour and influenced by cultural and historical factors, but it is also reshaped by the context in which a teacher functions at specific times and in response to particular events. Teachers develop an ‚interpretative framework' during their career, one that is shaped and reshaped through interaction with the social, cultural, structural and political conditions which impact on their day-today work ..." (MacBeath 2012, S. 8–9).

Dieser Prozess einer Identitätsherstellung oberhalb der Ebenen technologischer Professionalisierung, kann, wie das folgende Zitat aus Finnland zeigt, durchaus zu einem bewusst wahrgenommenen und möglichst steuerbaren Kriterium der Ausbildung werden. Es betrifft den für das Land wichtigen Aspekt von kultureller Einheitlichkeit und Einheitlichkeit bestimmter Bildungsideen:

> „Durch die pädagogischen Studien erhalten Lehrer ihre Lehrbefähigung für alle Bildungseinrichtungen. Deshalb müssen diese Studiengänge einheitliche Studien zur Stärkung der Lehreridentität enthalten, so auch spezielle Fachstudien, die auf verschiedene Lehraufgaben ausgerichtet sind. Im Hinblick auf lebenslanges Lernen ist es wichtig, dass Lehrer den Gedanken eines einheitlichen Lehrerbildes teilen und verinnerlichen. Dies ist unabdingbar für eine gute Zusammenarbeit zwischen den Bildungseinrichtungen" (Mikkola o.J., S. 9–10).

Auch für das vorliegende Thema muss konstatiert werden, dass die Situationen in den einzelnen Ländern oft eine Mischung (hier in den Vordergrund gestellter) allgemeiner wie auch spezifischer Entwicklungen darstellt. Diese Situationen sind oft scheinbar widersprüchlich. So wird z. B. in Österreich darauf verwiesen, dass es – wie in vielen anderen Ländern auch – keine einheitliche, sondern fragmentierte Standesorganisationen gibt, und daher seien

> „in ihrem beruflichen Selbstverständnis ... österreichische Lehrpersonen in zumindest mittlerem Ausmaß durch ein Denken charakterisiert, das dem ‚Autonomie-Paritätsmuster' zuordenbar ist: Sie verstehen sich überwiegend als berufliche Einzelkämpfer/innen mit einem hohen Paritätsanspruch, sind aber tendenziell für Kooperation im Lehrkörper offen ..." (Eder in diesem Band).

Konzepte von Professionalität

Der Begriff „Professionalität" bzw. „Professionalisierung" wird unterschiedlich verwendet und teilweise geben auch die international scheinbar identischen Bezeichnungen nicht immer identische Konzeptionen wieder. Dies wurde z.B in einer Vergleichsstudie zur Professionalisierung an einer deutschen und an einer amerikanischen Universität in einem eigenen Kapitel herausgearbeitet (Roters 2011, S. 17–29; vgl. auch Mintrop 2006). Abgesehen von der begrifflichen, oft kulturell bestimmten Definition, lässt sich z. B. auch eine Unterscheidung vornehmen zwischen „äußerer und innerer Professionalisierung" (Ringarp 2011, S. 20). Zu dem äußeren Professionalisierungsbegriff gehören „abstraktes Wissen, Autonomie, Handlungsspielraum und Selbstkontrolle. Die Macht liegt in den Händen der Berufsgruppe selbst. Ihre Mitglieder bestimmen, wer ihr angehören darf, entweder durch Legitimierung (Ernennung, Zuwahl) oder durch Entwicklung einer speziellen Ausbildung, womit zugleich festgelegt wird, über welches Wissen ein vollwertiges Mitglied zu verfügen hat" (ibd.). Allerdings stoßen heute unterschiedliche Konzeptionen, beharrende Tendenzen und unterschiedliche Standesinteressen in einem Kontext radikalen, schnellen Wandels aufeinander und oft ergeben sich auch daraus unterschiedliche Einschätzungen von Professionalisierung und Deprofessionalisierung. Als traditionelles Professionsverständnis gilt, neben der Absicherung eher durch „Erfahrung" als durch empirische Nachweise, die Erlangung und Anwendung vordefinierter Qualifikationen, die im Rahmen einer berufsständischen Identität (und standesinternen Identitätsselbstkontrolle) weitergegeben werden.

Hinsichtlich des Verlusts einer gewachsenen, stabilen Professionalität sind in vielen Ländern Vorbehalte und Befürchtungen ausgedrückt worden. In der Schweiz z. B. ging dies einher auch mit dem Verlust einer primär lokalen und kantonalen Einbettung, die für die jeweilige Lehrerschaft auch eine identitätsstiftende Funktion hatte:

> „Allerdings ist mit diesen Entwicklungsprozessen auch die Gefahr verbunden, dass sich die autonome und stärker als früher an der Wissenschaft orientierte Lehrerinnen- und Lehrerbildung vom Berufsfeld entfernt. Solche Befürchtungen sind von Seiten der Berufspraxis und der Bildungspolitik, aber auch im öffentlichen Diskurs seit der Reform immer wieder geäußert worden … Dass die Lehrerinnen- und Lehrerbildung nicht einfach mehr Teil eines kantonalen Schulsystems ist, sondern ebenso – und in Zukunft wahrscheinlich noch viel stärker – Teil eines internationalen Entwicklungsdynamiken ausgesetzten Hochschulsystems, verstärkt diese Befürchtungen" (Criblez 2012, S. 6; vgl. auch Lehmann 2006).

Der heutige reformistische Ansatz hat diesen und anderen Verlust noch nicht vollständig ersetzt und er ist eher ein Prozess denn eine in Bälde zu erreichende Zielvorgabe. Dennoch scheint sich zunehmend klarer eine auf festen Prinzipien beruhende neue Professionalisierung (und Identität) herausbilden, die als permanente selbstqualifizierende, höher- und weiterbildende Tätigkeit im Hinblick auf eine dynamisch verstandene kontextbezogene, vor allem auf wissenschaftlichen Prinzipien beruhende Qualitätsverbesserung der eigenen Profession entstehen kann. In diesem Sinn ergibt sich ein unmittelbarer Bezug zum konstruktivistischen Modell als einem Leitbild der neuen Professionalität, von dem erwartet wird, dass es Professionalisierung im Verlauf von Erstausbildung, Weiterbildung und permanenter Selbstbildung realisiert:

Das konstruktivistische Modell

> „The role of constructivist teaching is an interesting one. The more teachers use instructional strategies based on constructivist approaches to teaching the more they participated in different professional development activities and the more they collaborate in different activities at their school. A possible explanation might be that constructivists teaching is a relatively new approach, as compared with more structured or traditional (direct instruction) teaching methods and that teachers have only recently started to change their classroom practice. Moreover it is not easy to adopt a constructivist approach to teaching. It requires teachers to focus on the learning and thinking activities of students, gradually transfer control of the learning process from instructors to students, stimulate the development of students' mental models and take into account the learning orientation of students … It often takes years to master a new way of teaching effectively that can positively affect student learning and motivation. Changing teaching in this direction thus requires a lot of training and opportunities for teachers to work together to solve problems, to provide feedback and information, and to assist and support. This may explain the association found between constructivist teaching, on the one hand, and the number of professional development activities and amount of collaboration, on the other. The literature offers much evidence to show that teachers' collaboration has strong positive effects on their professional learning and can, if focused on student learning, help to improve classroom practices. The relation between collaboration and the number of professional development activities in which teachers participate corroborates these findings" (Scheerens 2010, S. 117).

Die bildungspolitischen und pädagogischen Reformen der letzten Jahrzehnte sind geprägt vom Gegensatz zwischen strukturiertem, traditionalistischem („direct transmission", „frontalunterrichtlichem") Unterricht einerseits und dem konstruktivistischen Verständnis von Unterrichten und Lernen andererseits. Sehr grob lassen sich einige hier relevante Aspekte als Gegensatz zwischen Unterrichtsfachorientiertheit versus Betonung des Prozesscharakters von Lernen, Strukturiertheit vorgegebener Lernschritte und Lernziele versus der Betonung selbstregulierten Lernens in einem dichten Lernmilieu sowie von abstrakt generalisierbarem Wissen versus situationsspezifischem Wissen und fallbezogenem Lernen benennen (Scheerens 2010, S. 26). Dabei hat der pädagogische Konstruktivismus mit seiner Assoziiertheit mit Erneuerung und Fortschrittlichkeit sowohl die Vorstellungen von Unterricht revolutioniert als auch die Anpassung an die empirische Wende von Forschungs-, Technologie- und Praxisentwicklung in der Pädagogik und in der Lehrerbildung mitvollzogen und mitgestützt.

Trotz des überwiegenden Bekenntnisses zum konstruktivistischen Modell ist dessen Akzeptanz und Umsetzung aber in die Praxis sowohl im Mikrobereich der einzelnen Schulen als auch im internationalen Vergleich unterschiedlich ausgeprägt und koexistiert oft in spezifischen Maßen mit traditionalistischen Modellen. Eine Zusammenfassung erster Ergebnisse aus der TALIS-Studie von 2009 konstatierte, dass in allen untersuchten Ländern, außer in Italien, die befragten Sek-I-Lehrer mehrheitlich überzeugt von den Vorteilen der konstruktivistischen Methode sind. In besonders hohem Maße gilt dies auch für Island, Österreich, Australien, Dänemark, Flämisches Belgien und Korea (hier und im Folgenden immer: Südkorea). Stärkeres Befürworten der frontalunterrichtlichen Pädagogik fand sich, neben dem erwähnten Italien, in Europa in Bulgarien, Spanien und Irland. Die anderen Länder liegen zwischen diesen Polen (OECD 2009, S. 96). Dabei gibt es z.T. große Varianzen zwischen Ländern, Schulen und den einzelnen Lehrern. Diese Varianzen sind jedoch geringer bei den Lehrern mit einer starken Verankerung im konstruktivistischen als bei denen im traditionellen Modell.

Neues Professionalitätsverständnis im Lese- und im Mathematikunterricht

Konkretere Hinweise zur Umsetzung des konstruktivistischen Modells lassen sich in entsprechenden Studien der EU zum Lese- und Mathematikunterricht finden. In diesen Studien findet sich hinsichtlich des Leseunterrichtes unter der Bezeichnung „textbasiertes, kooperatives Lernen“ eine grundsätzliche Affinität mit dem konstruktivistischen Modell. Die Studie zeigt, dass dieses spezifische Beispiel einer Umsetzung des kooperativen Modells in sehr vielen europäischen Ländern entweder zumindest auf der Primarstufe (Frankreich, Schweiz, Österreich, England, Griechenland, Bulgarien) oder auf der Primar- und der Sek-I-Stufe (Skandinavische Länder, Irland, Wales, Litauen, Lettland, Deutschland, Tschechien, Ungarn, Rumänien, Italien, Slowenien, Türkei) explizit in den Curricula verankert ist. Allerdings ist deren Umsetzung in die Praxis längst nicht abgeschlossen, weshalb es heißt, dass „Bemühungen sich nun darauf konzentrieren sollten, dass sie von den Lehrkräften umgesetzt werden" (Eurydice 2011, S. 2).

Auch in diesem Kontext wird hervorgehoben, dass der Lehrerbildung eine zentrale Rolle zukommt:

> „Ein Schlüsselaspekt für den neuen Leseunterricht ist die Fähigkeit der Lehrkräfte, Leseschwierigkeiten als forschungsorientierte Praktiker anzugehen. Daher benötigen Lehrkräfte eine angemessene Erstausbildung, die ihnen solide Grundlagen auf dem Gebiet von Bildungsforschung und Methodik vermittelt. Insbesondere, wenn der Erwerb theoretischen Wissens mit praktischer Berufserfahrung gepaart ist, erweist sich dies häufig als sehr wirkungsvoll, um vorgefasste Meinungen zu revidieren, die einem effizienten Leseunterricht entgegenstehen – wie z.B. die Überzeugung, dass Leseschwierigkeiten nur auf ein sozial benachteiligtes Elternhaus zurückzuführen sind. Ständige berufliche Weiterentwicklung trägt ebenfalls in entscheidender Weise dazu bei, dass Lehrkräfte forschungsbasierte und reflexive Praktiken übernehmen. Am ergiebigsten sind langfristige und kontinuierliche Formen beruflicher Weiterentwicklung wie die Teilnahme an Forschungsvorhaben und Vernetzung; diese sind jedoch weniger weit verbreitet als kurze, punktuelle Workshops oder Kurse. Maßnahmen, die die Länder ergreifen, um die Beteiligung an der ständigen beruflichen Weiterbildung zu fördern, könnten sich auf die diesbezüglichen Teilnahmequoten auswirken" (Eurydice 2011, S. 4).

Was im obigen Zitat über den effizienten Leseunterricht gesagt wird, trifft in seiner Kernaussage und in seiner Analogie zu einer angeblich vorrangig sozialbedingten Numeracy-Schwäche, in gleicher Weise auf den Mathematikunterricht zu (Meyerhöfer 2011).

Im obigen längeren Zitat zum Leseunterricht ist beispielhaft eine typische Argumentationskette zu finden, die das konstruktivistische Modell als programmatischen Bestandteil der Zieldimension der internationalen Reformvorhaben ausweist. Dies soll in der Einführung der oben erwähnten nationalen Qualifikationsrahmen gipfeln, deren Umsetzung sich jedoch verzögert und das bisherige Gewicht traditioneller pädagogischer Vorstellungen deutlich gemacht hat (EACEA Eurydice 2011, S. 23).

2.1.6 Materielle Rahmenbedingungen: Einkommenssituation der Lehrkräfte

Lehrergehälter im Vergleich

Die Entscheidungsebene für die Bestimmung der gesetzlichen Lehrergehälter im öffentlichen Schulwesen sind in fast allen europäischen Ländern auf der zentralen, gesamt- oder teilstaatlichen (Bundesländer, Autonome Regionen etc.) Ebene angesiedelt. In Schweden, Finnland und Island liegt sie auf kommunaler Ebene und in Norwegen, Lettland, Litauen Tschechien und der Slowakei liegt sie in der gemeinsamen Verantwortung von zentraler (bzw. regionalzentraler) und schulischer Ebene (Eurydice 2009, S. 4).

Die gesetzlichen Bruttomindest- und Höchstjahresgehälter von Lehrern in Europa unterscheiden sich untereinander deutlich. Die Mindestgehälter für den Primar- und Sek-I-Bereich lagen – gemessen in Prozent des Bruttoinlandsprodukts – 2009/10 in der Mehrzahl der Länder unter dem allgemeinen Gehaltsdurchschnitt des jeweiligen Landes. Die relativ höchsten Mindestgehälter finden sich nach diesem Kriterium in der Türkei (148% des BIP), Portugal (134%), Deutschland (130%) und Spanien (126%). Auch die Höchstgehälter erreichten nicht in allen Ländern den BIP-gemessenen Gehaltsdurchschnitt des jeweiligen Landes, können aber gegebenenfalls auch weit darüber liegen. Die Höchstgehälter erreichten eine Spitzenposition in Portugal (270%), Zypern, Deutschland, Spanien und Türkei (alle über 150% des Landesdurchschnitts) (Eurydice 2009, S. 6). Im Sek-II-Bereich liegen die gesetzlichen Mindestgehälter in den meisten Ländern (mit Ausnahmen einiger Länder der Spitzenverdienstgruppe) knapp unterhalb des BIP-Durchschnitts (in einigen Ländern gibt es jedoch keine Unterschiede der Gehälter für die einzelnen Schulstufen; s. auch die Tabelle im Folgenden mit dem Vergleich der PPP-Gehälter) (Eurydice 2009, S. 7).

Die Lehrergehälter sind oft schwer vergleichbar – auch sind die auf das BIP bezogenen Zahlen nicht in jeder Hinsicht aussagekräftig – und sie enthalten nicht alle relevanten Daten (etwa Zulagen, Boni usw.). Vergleichende Einschätzungen, die das Gehalt mit anderen Aspekten der Lehresituation in Beziehung setzen wollen, sollten daher verschiedene Indikatoren bzw. Blickpunkte und Datenerhebungen berücksichtigen.

Die Frage zum Zusammenhang zwischen Gehalt und Qualität der Studienbewerber und Berufsanfänger, des Drop-out im Studium und der Abwanderung aus dem Beruf usw. wird häufig gestellt. Interessanterweise zeigen Daten aus dem McKinsey-Report, dass die meisten der Top-Performer in internationalen Leistungsmessungsstudien einen durchschnittlich geringeren Anteil am BIP für die Lehrergehälter ausgeben als die Low-performer. Sie haben offenbar andere Wege gefunden, um hohe Eingangsgehälter anbieten zu können (Schleicher 2007, S. 21). Eine Rolle hierbei spielt auch die Struktur des Gehaltsschemas hinsichtlich des Abstands von Einstiegs- und Maximalgehältern. Finnland, Holland, Neuseeland, Australien und England haben dieser Studie nach gute, aber vergleichsweise geringe Startgehälter sowie eine relativ flache Steigerungskurve. „Finland attracts strong performers into the profession. Teachers who are committed to teaching stay despite the salary; others who are less committed leave, as their compensation decreases relative to their peers in other professions“ (Schleicher 2007, S. 21). Allerdings sind radikale Umstellungen des Gehaltssystems für viele Bildungssysteme schwierig. Dennoch finden sich Beispiele für eine solche Strategie: Die Niederlande haben zwischen 1990 und 1997 das Eingangsgehalt um rund 73% angehoben und es so auf das Niveau des Privatsektors gebracht. Eine ähnliche Politik hat in Kanada die Provinz Alberta verfolgt, indem sie die Eingangsgehälter schneller erhöht hat als die Höchstgehälter. Südkorea und Singapur dagegen können insgesamt höhere Lehrergehälter bieten, da dort die Schüler-Lehrer-Relation mit 30:1 fast doppelt so hoch liegt wie im OECD-Durchschnitt von 17:1 (Schleicher 2007), der Unterricht somit rein rechnerisch „billiger“ ist als in Europa.

Im Folgenden sind Eingangsgehälter, die Maximalgehälter in Prozent und die Zahlen der Dienstjahre, die üblicherweise für Primarstufenlehrer notwendig sind, um das Maximalgehalt zu erreichen für eine Reihe von Ländern in „Kaufkraftdollar“ dargestellt (USD umgerechnet in PPP: Purchasing Power Parity, die aus einem bestimmten Warenkorb ermittelt wird).

Nicht nur die Höhe der Anfangsgehälter ist teilweise sehr unterschiedlich, sondern auch die Höhe der Maximalgehälter in der jeweiligen Stufe. Am höchsten ist der Abstand zwischen Anfangs- und Höchstgehälter für die Primarstufe in Korea, Luxemburg, Österreich und Polen und Portugal. Die Unterschiede zwischen den einzelnen Schulstufen (in der Tabelle nicht aufgeführt) sind ebenfalls teilweise markant. In einigen Ländern sind jedoch die Gehälter in allen drei Stufen einheitlich (z. B. England, Schottland, Irland, Estland) oder sie sind einheitlich in der Primar- und Sekundarstufe (Dänemark, Island, Norwegen). In Island liegen die Einstiegsgehälter in der Sek-II sogar etwas unter denen der Primar- und Sek-I-Stufe. In vielen Ländern ist der weitere Abstand zur Sekundarstufe II, sowohl was die Einstiegs- wie die Maximalgehälter betrifft, nur unwesentlich höher als die auf der Primarstufe (Korea, Norwegen, Vereinigte Staaten). Deutlich höher sind sie in Belgien, Finnland, Holland, Spanien. Am höchsten und weit vor den anderen Ländern ist dieser Abstand dagegen in Deutschland, Luxemburg und der Schweiz (OECD 2012).

Tab. 1: Beispiele für Lehrer-Einstiegs- und in Prozent hierzu die Maximalgehälter: Primarstufe 2009 in US $ umgerechnet auf der Basis von PPP

	Einstiegsgehalt in PPP $	**Maximalgehalt in % in % des Einstiegsgehalts**	**Übliche/notwendige Dienstjahre bis zum Erreichen des Maximalgehalts**
Dänemark	46.950	116	8
Deutschland	46.446	133	28
England	32.189	146	10
Estland	14.881	146	7
Finnland	32.692	154	16
Frankreich	24.006	205	34
Island	28.767	117	18
Italien	28.907	147	35
Korea	30.522	277	37
Luxemburg	51.799	218	30
Niederlande	37.974	146	17
Norwegen	35.593	123	16
Österreich	30.998	198	34
Polen	9.186	176	10
Portugal	34.296	175	34
Schottland	32.143	159	6
Spanien	40.896	140	38
Schweden	30.648	133	k.a.
Schweiz	48.853	156	27
Tschech. Rep.	17.705	146	32
Ungarn	12.045	166	40
USA	36.502	141	k.a.

Quelle: Errechnet nach der OECD-Tabelle der in USD und dann in PPP konvertierten Angaben (OECD 2012)

Sehr unterschiedlich ist auch die jeweilige im Beruf verbrachte Anzahl an Jahren, nach denen die jeweiligen Höchstgehälter erreicht werden können. Diese Zeitspannen sind in einigen Ländern sehr kurz (z. B. Schottland, Estland, Dänemark, Australien, England nach jeweils 6, 7, 8, 9 bzw. 10 Jahren) in anderen sehr lang (z. B. Ungarn, Spanien, Italien, Portugal, Frankreich mit jeweils 40, 38, 35, 34, 34 Jahren) (OECD 2012).

Einen wichtigen Indikator für die tatsächliche finanzielle Position der Lehrer innerhalb der Berufswelt stellt der Vergleich der Lehrergehälter mit anderen akademischen Berufen dar. Nach Education at a Glance lagen nach 15-jähriger Berufstätigkeit die Lehrergehälter in nur wenigen Ländern über dem Durchschnitt der Gehälter der anderen Hochschulabsolventen, meist lagen sie darunter. Am höchsten lagen sie in dieser Hinsicht in Spanien mit einer Ratio von über 1,2 in Portugal (1,2), Luxemburg (fast 1,2) und Korea (1,03). Am niedersten lagen sie in der Slowakei (knapp über 0,6), Ungarn, Island, Tschechien, den USA, Österreich, Italien, Norwegen, Polen und Schweden (alle unter 0,8) (Education at a Glance 2011, Tab. D3.2). Im Folgenden werden nicht die Durchschnittsgehälter, sondern die Gehälter von Primarstufenlehrern (s. Fußnote 21) mit denen von Ingenieuren in europäischen Hauptstädten verglichen, was die allgemeinen Durchschnittsangaben weiter differenziert.

Wie die Tabelle 2 zeigt, sind nicht nur die Gehälter und die verbleibenden Nettoanteile sehr unterschiedlich, sondern es gibt in dieser Liste fast aller europäischen Hauptstädte nur vier, in denen das Lehrergehalt über dem eines Ingenieurs liegt (in der Tabelle hervorgehoben). Die Spanne zwischen dem geringsten (Riga) und dem höchsten (Zürich) Lehrergehalt lag bei rund 1:10.

Die Identifizierung und der Vergleich der Lehrergehälter sind weiterhin schwierig, da abgesehen von generellen Vergleichsproblemen, in der Regel deutliche Stadt-Land oder regionale Unterschiede zu finden sind. Die obigen Angaben, die sich auf Hauptstädte beziehen, liegen in der Regel über den Einkommen in anderen Städten und Regionen des jeweiligen Landes. Oft kommt ein Stadt-Land-Gefälle zum Tragen, das jedoch auch durch spezielle Zulagen ausgeglichen werden kann. In manchen Ländern hat die Übertragung der Gestaltungsmöglichkeit von Gehältern an die Schulen weitere Unterschiede geschaffen. Das Ausmaß der tatsächlichen Stadt-Land-Gehaltsspannen (im folgenden Beispiel besonders markant für die Schulleiter), die in den internationalen Vergleichstabellen nicht zum Ausdruck kommen, soll hier am Beispiel Londons illustriert werden: Das Anfangsgehalt eines Lehrers liegt gegenwärtig in den Londoner Innenbezirken bei 27.000 £, in Outer London bei 25.117 £ und in London Fringe, dem äußersten Stadtbereich, bei 22.626 £. Mit Zulagen und unter optimalen Bedingungen ergeben sich aber schnell höhere Gehälter, die dann innerhalb von 5 Berufsjahren um 30% steigen können. Dies erhöht zudem die Wahrscheinlichkeit, dass die relativen Stadt-Land-Unterschiede wachsen: „Experienced teachers can earn up to £64,000 in London and £56,000 outside London, while head teachers can reach a salary of between £42,379 and £112,000“ (Department of Education, 2012). Letzteres entspricht einer Spanne von 264 %.

Tab. 2: Lehrergehälter im Vergleich: Lehrer der Primarstufe und Ingenieure 2009 (in PPP-US $) Netto vom Brutto sowie für die Lehrer Netto in % vom Brutto [2]

Stadt	**Lehrer**			**Ingenieur**	
	brutto PPP$	netto PPP$	netto % vom brutto	brutto PPP$	netto % vom brutto
Amsterdam	49,400	33,300	67,4	56,200	36,500
Athen	33,500	23,000	68,6	56,200	36,500
Bratislava	9,800	8,400	85,7	19,000	14,800
Brüssel	39,500	25,800	65,3	59,200	35,700
Budapest	27,500	14,400	52,4	24,400	12,700
Dublin	52,700	44,200	83,9	65,000	51,800
Helsinki	40,500	29,800	73,6	56,400	38,700
Kopenhagen	55,700	31,400	56,4	80,000	43,000
Lissabon	40,500	29,800	73,6	29,300	21,800
Ljubljana	29,700	17,300	58,2	38,700	24,300
London	45,600	33,100	72,6	38,700	24,300
Los Angeles	55,600	44,100	79,3	80,800	59,000
Luxemburg	76,400	61,700	80,8	73,500	59,500
Madrid	25,000	21,200	84,8	53,200	41,600
New York	68,900	51,300	74,4	87,700	55,200
Oslo	47,500	28,200	59,4	82,200	47,900
Paris	35,800	26,500	74,0	57,400	43,300
Prag	12,300	10,200	82,9	19,700	15,400
Riga	8,000	5,800	72,5	11,200	9,000
Rom	26,800	16,000	59,7	43,900	25,900
Stockholm	34,900	23,800	68,2	48,100	32,700
Vilnius	9,000	6,000	66,6	11,400	8,800
Warschau	11,500	8,200	71,3	16,700	11,900
Wien	42,100	30,600	72,7	59,900	39,900
Zürich	84,500	61,500	72,8	93,600	69,300

Quelle: Union Bank of Switzerland, Prices and earnings 2009, S. 35 und 37. Lehrer nach rund 10 Jahren Berufstätigkeit, verheiratet, zwei Kinder.

2 Teaching in the state school system (not private schools) for around 10 years; about 35 years old, married, two children. Prozentzahlen errechnet. Zu den weiteren Vergleichskriterien s. die Quelle.

Eine Reihe von Ländern versucht gezielt, Bewerber für ein Lehrerstudium unter den Gruppen der Schulabgänger mit den besten Noten zu gewinnen. Zulagen oder generell finanzielle Aspekte lassen sich jedoch nicht schematisch sehen, sondern in spezifischen Kontexten. So vermutet z. B. eine OECD-Studie aufgrund ihrer Daten,

> „... that where teachers' salaries are low relative to professions requiring similar qualifications, teacher supply appears to be quite price-elastic: for a given percentage increase in teachers' relative salaries, the supply of potential teachers increases by a greater percentage. In countries where teachers' salaries are already relatively high, teacher supply tends to be less elastic: a given percentage increase in salary produces a lower percentage increase in supply" (Schleicher 2012, S. 63).

Gehaltszulagen

Bei der Thematisierung der Lehrergehälter müssen auch die teilweise sehr verschiedenen weiteren (außer den regionalen) Gehaltszulagensysteme berücksichtigt werden, die in den obigen Tabellen ebenfalls nicht enthalten sind. Zulagen können einen weiteren Anreiz zur Wahl des Studienberufs bzw. zur Wahrnehmung von Höherqualifizierung bzw. Weiterbildung bieten. In einem Drittel der europäischen Länder gibt es eine Vielzahl von Kriterien für Zulagen; in anderen Ländern wie in Belgien, Zypern, Portugal und dem Vereinigten Königreich werden nur eine oder zwei Arten von Zulagen angeboten. In den meisten Fällen werden Zulagen für höhere als die geforderte Mindestqualifikation für die eingenommene Lehrerposition gezahlt. Diese liegen am höchsten in Irland, wo ein Doktorgrad bis zu über 6.000 € und ein mit Auszeichnung bestandenes Abschlussdiplom über 1.200 € einbringen können. Im Durchschnitt liegen die Zulagen bei 300 € bis 1.500 € (ibd.).

Schließlich darf nicht vergessen werden, dass in vielen Ländern das Lehrergehalt zwar relativ niedrig ist, aber günstige *Pensionsregelungen*, wie z. B. für Österreich exemplifiziert (vgl. Eder in diesem Band) die Gesamtsumme des Lebensverdienstes deutlich erhöhen können.

In einer Reihe von Ländern kam es in der letzten Zeit zu deutlichen Problemen mit einer rigiden *Sparpolitik*, die sich auch im Bereich des Bildungswesens bemerkbar machte, und die sich im Kontext der gegenwärtigen Krise kaum grundlegend ändern, sondern möglicherweise eher verschärfen dürfte. In vielen Ländern lässt sich zunehmender Protest der Studierenden und der Lehrer gegen die Auswirkungen dieser Sparpolitik verzeichnen. Beispielsweise befanden sich in Kanada in der Provinz Québec seit Februar 2012 rund 165.000 Studenten im Streik. Mit praktisch täglichen Protesten machten sie auf ihr Anliegen – vor allem drastische Erhöhung der Studiengebühren – aufmerksam (Euronews 17.5.2012). Proteste und einen landesweiten Streik des Lehrpersonals aller Stufen gab es jüngst in Spanien gegen milliardenschwere Einsparungen im Bildungswesen, die vor allem die 17 autonomen Regionen treffen würden und durch erhöhte Studiengebühren kompensiert werden müssten (Euronews 23.5.2012). Streiks hatte es schon 2011 gegeben. Diverse Regionalregierungen hatten angekündigt, auf mindestens 8200 „Free-Lance"-Lehrer verzichten zu wollen. Diese sogenannten Verstärkungslehrer machen insgesamt etwa 10% des Lehrkörpers aus. Im Gegenzug soll die „Produktivität" der festangestellten Lehrer erhöht werden. Statt bisher 18 sollen sie 20 Stunden pro Woche unterrichten (Süddeutsche.de, 21.9.2011). In Frankreich wurden 2011 rund 16.000 Stellen im Bildungsbereich gestrichen und für 2012 hatte die nunmehr alte Regierung den Wegfall von weiteren 14.000 Stellen geplant (news.orf.at, 27.9.2011).

Eine wichtige Frage bezüglich der materiellen Kontextbedingungen der Lehrerbildung bezieht sich auf die *Studienkosten*. In Europa kommen rund 75% der Universitätshaushaltsmittel vom Staat. Allerdings waren in den letzten Jahren die Universitäten laut einer Studie der European University Association von 2010 in fast allen europäischen Ländern von – teils drastischen – Kürzungen der staatlichen Zuschüsse betroffen. Einzig Frankreich und Deutschland hatten bis zu diesem Zeitpunkt an ihren ursprünglichen Finanzierungserhöhungsplänen festgehalten (Der Tagesspiegel, 17.1.2011). Diese Entwicklung hat direkte und indirekte Auswirkungen auf die Höhe der eventuellen Studiengebühren bzw. weiterer mit Lehre und Ausbildung verbundener Kosten (wie z. B. Zulassungs-, Nutzungs- und Prüfungsgebühren usw.) in öffentlichen Studieneinrichtungen. Keine Studiengebühren verlangen z. B. die skandinavischen Länder, Irland, Finnland, Schottland, Polen, die Slowakei und Tschechien.

In vielen Fällen sind die Studiengebühren im öffentlichen Sektor je nach Studienfach und Universität unterschiedlich und laufenden Veränderungen unterworfen. Im europäischen Durchschnitt sind sie jedoch relativ moderat (vor allem im Vergleich z. B. zu den USA und Japan). Relativ hoch sind die Studiengebühren in Großbritannien. In England, Wales und Nordirland können inzwischen Universitäten Studiengebühren von bis zu maximal 9.000 £ erheben (was einer Verdreifachung gegenüber dem Jahr 2006 gleichkommt). Die Zahlung der Gebühren kann über einen Kredit geleistet werden, der nach dem Studium ab einem Jahresgehalt von rund 21.000 £ zurück zu zahlen ist. Neben den Tuition Fees können zusätzliche, „anerkannte" Gebühren für bestimmte Zwecke erhoben werden, oft auch College Fees genannt. Darüber hinaus können noch weitere Zulassungs-, Immatrikulations- und Nutzungsgebühren anfallen. Diese können auch wieder von Hochschule zu Hochschule erheblich schwanken (Der Tagesspiegel, 5.11.2010).

2.2 Struktur und Organisation der Lehrerbildung

2.2.1 Ziele und angestrebte Kompetenzen der Lehrerausbildung

Neue Ziele und Kompetenzen in der Lehrerbildung

In der Mehrzahl der Länder planen die Ausbildungsinstitutionen die Lehrpläne relativ selbständig in Bezug auf, und in Abstimmung mit zentralen Gremien und (nationalen, regionalen) Rahmenrichtlinien. „Nur in drei Ländern nämlich in Griechenland, Luxemburg und Malta, sind die Lehrerausbildungsinstitutionen sehr selbstständig und bestimmen die Struktur und den Inhalt der Erstausbildungslehrpläne autonom" (Teacher Education Curricula 2009, S. 15).

Unter der Schlagzeile „Preparing Teachers: Delivery of 21st Century Skills" befasst sich eine Studie der OECD mit der Frage nach den Zielen der Lehrerausbildung. Hierin wird festgestellt, dass die Notwendigkeit der innovativen Wende zur Genüge vorgestellt und diskutiert worden ist. Die Realisierung dieser Wende „… is, however, still difficult to answer with available comparative evidence" (Schleicher 2012, S. 33). In einer ersten zusammenfassenden Formulierung der Ziele heißt es in dieser Studie:

> „… the conventional approach of schools to problems was to break these down into manageable bits and pieces, and then teaching students the techniques to solve them. But today individuals create value by synthesizing the disparate bits. This is about openmindedness and making connections between ideas that previously seemed unrelated, which requires being familiar with and receptive to knowledge in different fields. The world is also no longer divided into specialists and generalists. What counts today are the versatilists who are able to apply depth of skill to a progressively widening scope of situations and experiences, gaining new competencies, building relationships, and assuming new roles. They are capable not only of constantly adapting but also of constantly learning and growing, of positioning themselves and repositioning themselves in a fast changing world" (Schleicher 2012, S. 34).

Allerdings muss auch konstatiert werden, dass viele der in den verschiedenen Dokumenten und Plänen angesprochenen Ziele und Kompetenzen ziemlich generell gehalten sind. Eine EU-Studie stellt zudem fest, dass in nationalen Dokumenten oft eine Reihe von Kompetenzen, die von übernationalen Gremien als wichtig gesehen werden, wie z. B. Qualitätssicherung, Mobilität und Menschenführung, kaum hervorgehoben werden (Teacher Education Curricula 2009, S. 14).

Es lassen sich drei generelle Modelle der Ebenen identifizieren, auf denen über angestrebte Lehrerkompetenzen entschieden wird:

1. Detailliert auf zentraler nationaler (ggf. regionaler, Bundesland- etc.) Ebene durch ein Regierungsorgan (Ministerium). Dieses Modell findet sich in 5 Ländern: Estland, Deutschland, Slowenien, UK und Zypern.
2. Generelle Festlegung auf der zentralen Ebene mit zusätzlicher Adaptation bzw. Spezifikationen, Modifikationen z. B. durch die Lehrerausbildungsinstitution. Dieses Modell besteht in der Mehrzahl der Länder.
3. Festlegung auf der Ebene der Hochschulen selbst: Dieses Modell findet sich in 4 Ländern: Finnland, Griechenland, Malta, Tschechische Republik (Teacher Education Curricula 2009, S. 14).

Die nationalen Dokumente über angestrebte Lehrerkompetenzen unterscheiden sich in der Regel schwerpunktmäßig für die Grundschule einerseits und Sekundarstufen-, insbesondere Sek-II-Lehrerbildung andererseits: „Sie legen unterschiedliches Gewicht auf inhaltliche und pädagogische Kompetenzen, auf die Integration von Theorie und Praxis, auf Kooperation und Kollaboration und auf Qualitätssicherung. Zum Beispiel wurden pädagogische Kompetenzen als wichtiger in der Primärstufenlehrerausbildung betrachtet als in der Sekundärstufenlehrerausbildung“ (Teacher Education Curricula 2009, S. 15).

Eine Studie (mit Daten aus Befragungen, Interviews, Datenbanken aus den Jahren 2008–2009) hat u. a. die Gewichtung von Kompetenzen und Kompetenzbereichen in 27 EU-Ländern thematisiert. Demnach wurden sowohl bei der Planung der Kompetenzcluster für die Ausbildung von Lehrern der Primar- und der Sekundarstufe als auch den tatsächlichen Inhalten der Curricula die folgenden Prioritäten genannt:

Tab. 3: Gewichtung von Kompetenzen im Lehrerstudium

→ % der zustimmenden Nennungen ↓ Kompetenzen	**Planung Primarstufe**	**Planung Sekundarstufe**	**Curricula Primarstufe***	**Curricula Sekundarstufe***
Fachliche K.	96,8	95,2	48,4	87,1
Pädagogische K.	96,8	90,3	93,5	58,1
K. für die Integration von Theorie u. Praxis	90,3	90,3	64,5	45,2
K. für Kooperation	83,9	80,6	22,6	25,8
K. für Qualitätssicherung	80,6	77,4	19,4	16,1
K. für Mobilität	54,8	52,4	19,4	12,9
K. für Leadership	48,4	54,8	9,7	9,7
K. für Lebenslanges Lernen	80,6	80,6	32,3	25,8

** jeweils Gewichtung „hoch“ (daneben führte die Quelle noch die Gewichtungen: „mehr oder weniger“ und „kaum bzw. überhaupt nicht“ an).*
Quelle: Die Daten basieren auf: Teacher Education Curricula 2009, S. 78–80.

In der Tabelle zeigen sich teilweise große Unterschiede zwischen Planungszielen und in den Curricula gewichteten Zielen. Viele der in den Dokumenten der entsprechenden EU-Kommissionen genannten „skills and competencies" („Fertigkeiten" und „Kompetenzen"), die die Qualität der Lehrerbildung betreffen, sind in den meisten Curricula oder anderen zentralen Dokumenten der Mitgliedsstaaten aufgenommen – allerdings gibt es erhebliche Variationen bei den Konzepten und der Intensität ihrer Umsetzung. Die Zielvorstellungen sind nicht immer formal und explizit schriftlich fixiert (bzw. bis in die Details ausformuliert) sind aber implizit Bestandteile der Curricula. Allerdings sind die in den Dokumenten genannten Qualifikationsziele und Kompetenzen oft recht allgemein (wie „Fach-" bzw. „pädagogische Kompetenzen", die Fähigkeit, „Theorie und Praxis zu integrieren" usw.). Eine etwas konkretere Sicht vermittelt das folgende Beispiel.

Beispiel: Ziele und Kompetenzen: „numeracy" und „literacy"

> „Take mathematics as an example. Traditionally mathematics is often taught in an abstract mathematical world, using formalism first, removed from authentic contexts, and discouraging to the students that do not see its relevance – for example, students are taught the techniques of arithmetic, then given lots of arithmetic computations to complete; or they are shown how to solve particular types of equations, then given lots of similar equations to solve. In contrast, in the 21st century, students need to have an understanding of the fundamental concepts of mathematics, they need to be able to translate a new situation or problem they face into a form that exposes the relevance of mathematics, make the problem amenable to mathematical treatment, identify and use the relevant mathematical knowledge to solve the problem, and then evaluate the solution in the original problem context. Further, their creativity can be enhanced by devising novel solutions, and even new problems with non-standard solutions. Literacy provides another example. In the past, literacy was mainly about learning to read, a set of technical skills that individuals would acquire once for a lifetime in order to process an established body of coded knowledge. In the 21st century, literacy is about reading for learning, the capacity and motivation to identify, understand, interpret, create and communicate knowledge, using written materials associated with varying situations in continuously changing contexts. In the past, it was sufficient to direct students to an encyclopedia to find the answer to a question, and they could generally rely on what they found to be true. Today, literacy is about curiosity and self-direction, managing non-linear information structures, building one's own mental representation and synthesis of information as one finds one's own way through hypertext on the Internet, about dealing with ambiguity, developing

healthy skepticism, an inquiring mindset, and interpreting and resolving conflicting pieces of information" (Schleicher 2012, S. 34).

2.2.2 Bewerbungen – Zulassung zum Lehrerstudium

Überblick

Die Problematik der Bewerbungssituation bzw. der Nachfrage nach Studienplätzen in der Lehrerbildung hat zwei grundlegende Aspekte: zum einen die quantitative Ausbalancierung von Nachfrage und Bedarf und zum anderen die Frage der Gewinnung eines möglichst hochmotivierten und für den Lehrerberuf bestens geeigneten Nachwuchses.

> „Lehrkräfteüberschuss schafft schlechte Arbeitsaussichten und schreckt folglich vom Studium ab. Großer Lehrerkräftemangel wird durch weniger qualifiziertes Personal kompensiert, was wiederum dem Berufsimage schaden könnte und so ebenfalls Folgen für die Rekrutierung hat. Arbeitssituation und Arbeitsmarkt sind also auch für die Ausbildung selbst von Bedeutung und wirken sich mittelbar auf diese aus. Eine regelmäßige Erhebung von Angebot und Nachfrage an Lehrerinnen- und Lehrerstellen erscheint deshalb sowohl aus arbeitsmarkt- und ausbildungsbezogenen Gründen wichtig" (Lehmann & Criblez 2007, S. 10). Die Reformen der Lehrerbildung im Kontext des Bologna-Prozesses stellen die Lehrerbildung vor neue Ansprüche und Bedingungen auch bezüglich der Steuerung des Lehrernachwuchses und sie bestätigen die permanente Notwendigkeit weiterer Forschung in diesem Bereich: „Die Frage nach Motivation, Persönlichkeitsmerkmalen und Herkunft zukünftiger Lehrpersonen ist für die Rekrutierungsstrategien der Institutionen der Lehrerinnen- und Lehrerbildung entscheidend. Da die Eingangsbedingungen für die Lehrerinnen- und Lehrerbildung für die Positionierung im Zuge der Tertiarisierung von zentraler Bedeutung sind, ist künftig durch gezieltes Beobachten zu überprüfen, inwieweit die Neupositionierung und Imageveränderung des Lehrberufs zu einer Veränderung des tradierten Bildes in der Öffentlichkeit beitragen und eine Änderung der interessierten Kreise nach sich ziehen" (ibd., S. 6).

Nachwuchsgewinnungsstrategien im Vergleich

Die meisten Länder praktizieren eine offene Zulassung zum Lehrerstudium, wobei sie späteren Drop-out oder einen Überhang an Bewerbern in Kauf nehmen. Nur wenige Länder verwenden ein System, das auf Zulassungsverfahren nach bestimmten inhaltlichen und qualifikatorischen Kriterien beruht und die weitere Ausbildung für die Zugelassenen offen hält. Es scheint, dass Variationen des zweiten Modells sich vor allem in leistungsstarken Systemen finden (Schleicher 2007, S. 18). Eines dieser Länder ist Schottland, das zwar eine klare quantitative, darüber hinaus jedoch auch eine qualitative Komponente in sein Zulassungsverfahren eingebaut hat. Dieses sei zwar verbesserungsfähig, insgesamt aber alternativlos:

> „It is a strength that entry to the profession in Scotland is highly competitive and that application rates to initial teacher education programmes have continued to be strong, with an applicant to offer a ratio of around eight to one. ... Highly selective entry continues to allow selection of well-qualified students in Scotland" (Donaldson 2011, S. 32).

Auch andere Stimmen befürworten Zulassungsverfahren, d.h. eine Auswahl der Bewerber bevor sie ein Studium beginnen, wobei ihnen aber dann ein Platz in den Trainings- und Referendariatsprogrammen bzw. im Beruf leichter zugänglich oder sogar garantiert ist, und sie sehen bei einer offenen Zulassung eher Nachteile:

> „Failing to control entry into teacher training almost invariably leads to an oversupply of candidates which, in turn, has a significant negative effect on teacher quality. In one system we benchmarked, of 100 people that applied to teacher training, only 20 became teachers. Of this 100, 75 received offers for teacher training places, indicating that it is relatively easy to get into the teacher training program. However, on graduation because of over-supply, they struggle to find jobs as teachers, making the course sell appealing to the more able students. In such conditions teacher training became an option for students who had few other options available to them" (Schleicher 2007, S. 18).

In einigen Ländern sind weitreichende Maßnahmen zur Diversifizierung der Wege in den Lehrerberuf geschaffen worden, teilweise um akuten Lehrermangel auszugleichen, teilweise um die Basis potentieller Berufsanwärter auch inhaltlich zu diversifizieren und zahlenmäßig zu stabilisieren. Daneben spielt auch die Erschließung bisher im Lehrerberuf statistisch unterrepräsentierter Gruppen eine Rolle (z.B. männlicher Lehrer in der Vorschul- und Primarerziehung oder Lehrer aus ethnischen Minderheitengruppen, seien es Migranten oder autochthone Minderheiten). Einige dieser Maßnahmen sind im Folgenden aufgeführt:

- Opening the teaching profession to individuals with relevant experience outside education, not just in vocational programs (whose teachers are required to have industrial experience in some countries).
- Recognizing the skills and experience gained outside education and reflecting those in starting salaries.
- Enabling appropriately qualified entrants, including mature student teacher trainees, to start working and earning a salary before acquiring teacher education qualifications.
- Offering more flexible approaches to teacher education that create opportunities for part-time study and distance learning, and that give credits for relevant qualifications and experience. Such alternative pathways into teaching can be particularly appealing to under-represented groups, such as males and those from minority backgrounds. (Schleicher 2011, S. 18)

Quantitative Aspekte der Rekrutierung: Bedarf und Nachfrage – das Beispiel Schottland

Oft pendeln die Zahlen zwischen Lehrermangel und Lehrerschwemme. Die Regulierung dieser Dynamik ist höchst anspruchsvoll und gelingt oft nicht in zufriedenstellender Weise. In einigen Ländern ist der Zugang zum Erststudium reguliert. Dies ist z. B. der Fall in Schottland: Jährlich erarbeiten die lokalen Schulbehörden zusammen mit den Vertretern des GTCS (General Teaching Council for Scotland), den Gewerkschaften, den Universitäten und der schottischen Regierung Beschäftigungspläne. Basis hierfür ist ein Modell, dass die erwarteten Schülerzahlen in den folgenden Jahren nach den Populationsdaten errechnet. Danach wird die erforderliche Zahl an Lehrern bzw. die Zahl der erforderlichen Zulassungen zum Lehrerstudium ermittelt. Am Ende des Prozesses steht eine Empfehlung (letter of guidance) an den Scottish Funding Council, der sich um die endgültigen Zahlen und ihre Verteilung auf die einzelnen Universitäten kümmert (Donaldson 2011, S. 22). Dieses Vorgehen ist wenig flexibel, aber bei der Alternative eines unregulierten Zugangs wird die Gefahr gesehen, dass die erforderliche Stabilität der Lehrerversorgung nicht erhalten werden könne.

Die Verbesserung des Modells zur Berechnung künftigen Bedarfs wird zwar als wünschenswert angesehen, kann aber alleine keine ausreichende Passung zwischen Angebot und Nachfrage herstellen. Daher wird im Donaldson-Report von 2011 eine grundsätzliche Flexibilisierung des Systems empfohlen. Bei den Überlegungen hierzu kamen nicht nur bildungssystemtypische, sondern auch Aspekte des weiteren kulturellen und beschäftigungsstrukturtypischen Kontextes zur Geltung. So hat zwar in Schottland, wie auch in Finnland, der Lehrerberuf generell ein hohes Prestige und ist nur über ein hochselektives Auswahlverfahren zugänglich; dennoch sehen die

Beschäftigungsmöglichkeiten für Absolventen eines Lehrerstudiums außerhalb des Bildungswesens in Schottland nicht so gut aus wie in Finnland, da die schottischen Arbeitgeber in Handel und Industrie zwar die Berufsausbildung an sich durchaus anerkennen mögen, sie aber offenbar für ihre Vorstellungen über Mitarbeiter nicht als Vorteil sehen. Auf der anderen Seite sucht die überwiegende Mehrheit der Lehrerstudenten eine Anstellung im Bildungssystem. Mit dieser bewussten Wahl des Studiums und einer festen Vorstellung über ihren Berufswunsch hat auch die Mehrheit der Studierenden von Anfang an den Wunsch, ein Referendariat aufzunehmen. Weitere Vorschläge gehen also einmal dorthin, im Studium die allgemeinen Qualifikationen, die auch für andere Berufe gute Voraussetzungen geben, zu stärken und z. B. auch über Beschäftigungsmöglichkeiten als Lehrer außerhalb Schottlands zu informieren. Generell sollten die Studierenden, die entweder nur das Studium oder Studium und Referendariat (teacher induction scheme) abgeschlossen haben, aber den Lehrberuf nicht aufgenommen haben oder nicht haben aufnehmen können, dazu ermuntert werden, mit der Schulbehörde auch weiterhin in Kontakt zu bleiben bzw. als „stilles registriertes GTCS-Mitglied" (auf einem *reduced level of GTCS membership*) und über die zahlreichen Möglichkeiten eines späteren temporären oder permanenten Quereinstiegs informiert und dabei gegebenenfalls unterstützt zu werden (Donaldson 2011, S. 25).

Die Probleme der Ausbalancierung von Nachfrage und Angebot an Studienplätzen bzw. an Lehrstellen ist nicht nur summarisch für die gesamte Lehrerschaft sichtbar, sondern, oft noch ausgeprägter im Hinblick auf einzelne Fachbereiche oder Schultypen und Stufen:

> „Even where general teacher supply and demand are in balance, many countries face shortages of specialist teachers and shortages in schools serving disadvantaged or isolated communities … Teacher policy needs to examine these aspects closely, particularly in light of teacher shortages that many advanced economies already face and that will grow in the near future as large numbers of teachers reach retirement age" (Schleicher 2012, S. 58).

Innovationen bei der Rekrutierung: Beispiel England

Die besondere Situation in England bestand Ende der 1990er Jahre darin, dass die Zahl der Neulehrer (1997: weniger als 28.000) den erwarteten Bedarf (rund 35.000) nicht mehr deckte. Verschiedene von der zentralen Training and Development Agency (TDA) gesteuerte Maßnahmen dürften zu dem darauffolgenden, bisher offenbar dauerhaften Umschwung mit beigetragen haben: eine deutliche Anhebung der Gehälter, Änderungen im Arbeitsumfeld der Lehrer und wohl auch ein forciertes, systematisches Rekrutierungsprogramm. Letzteres fand politische und finanzielle Unterstützung. Zunächst wurden professionelle Arbeitsvermittlungsfirmen angeheuert, die Marktanalysen und darauf aufbauend Marketingstrategien erstellten. Neue Stipendien und „Begrüßungsgelder" wurden geschaffen. Lehrer besonderer Mangelfächer (Mathematik und Physik) erhielten die Höchstsätze. Schwerpunkte wurden außerdem darauf gelegt, die Wege zur Ausbildung und zum Beruf zu flexibilisieren. Bis zum Jahr 2006 waren 32 unterschiedliche Wege in den Lehrerberuf geschaffen worden. Sehr detaillierte Datenauswertungen über Personen, die die TDA kontaktiert hatten wurden erstellt. Auf dieser Basis wurden Gruppen verschiedener typischer Profile im Hinblick auf Interessen und ihre Hintergründe geschaffen (z. B. generelles Interesse am Lehrerberuf mit gleichzeitigem Offenhalten anderer Optionen, Karriere- und Arbeitsbedingungserwartungen usw.). Auf deren Basis wurden gezielte Werbeslogans und Beratungsangebote geschaffen und die Kampagne zeigte deutliche Erfolge (Schleicher 2011, S. 16).

Qualitative Aspekte der Rekrutierung: Die Gewinnung der besten Studienbewerber

In mehreren Quellen wird auf den Zusammenhang zwischen der Qualität der Bewerber für ein Lehrerstudium und der Qualität von Schule hingewiesen. Aufgrund solcher Untersuchungen zeigt sich, dass sowohl die Durchschnittsergebnisse der Large Scale Tests sowie die internen Verteilungen der Quintile in den teilnehmenden Ländern sehr unterschiedlich sind. Daraus ergibt sich, dass auch der Pool, aus dem heraus Studienbewerber zugelassen werden, von vornherein Unterschiede aufweist:

> „… For example, if Taiwan and Singapore were to draw their future elementary teachers from the middle of their distributions (the 50th percentile) as represented by the eighth grade TIMSS 2003 results, this would correspond to the U.S. having to draw its future elementary teachers from above the 75th percentile –actually closer to the 85th – 90th percentile – to be comparable in their entry level knowledge of mathematics … The pool from which future elementary teachers are drawn in those three countries is radically different, and those differences may well account for the differences at the end of teacher preparation, more so than the differences among the countries in terms of their teacher preparation requirements and the actual course taking. This implies that an important issue is one of recruitment and admission policies" (The Center for Research in Math and Science Education 2010, S. 23).

Ähnlich fassen auch andere Studien zusammen: „… policy makers tend to acknowledge that the quality of teaching is strongly affected by the pool of talent from which teachers are recruited“ (Schleicher 2012, S. 14).

Auch der McKinsey-Report von 2007 geht auf diesen Zusammenhang ein und stellt fest, dass in leistungsstarken Ländern die angehenden Primarschullehrer aus den Bestbenoteten eines jeweiligen Absolventenjahrgangs rekrutiert werden. Sie entstammen „in Südkorea den obersten fünf Prozent, in Finnland den obersten zehn Prozent und in Singapur und Hongkong den obersten dreißig Prozent“ (Ibd). In den USA wird eine solche Rekrutierung auch als „top-third initiative“ bezeichnet und die Bedingungen der Realisierung eines solchen Ziels wurden auch unter ökonomischen Aspekten in einer McKinsey-Studie untersucht (Byron u. a. 2010). Diese Studie stellte auch fest, wie wenig attraktiv die Lehrerkarriere gerade in den USA für das obere Leistungsdrittel der Studierenden ist:

> „Most students see teaching as unattractive in terms of the quality of people in the field, professional growth and compensation. Among the 91 percent of top-third college students who say they are not planning to go into teaching, the most important job attributes include prestige and peer group appeal, but compensation is the biggest gap between teaching and their chosen professions. Our research suggests that improving compensation and other features of teaching careers could dramatically increase the portion of top-third new hires in high-needs schools and school districts, and retain these teachers in much greater numbers with complementary changes, such as better school leaders and working conditions“ (Byron u. a. 2010, S. 6).

Diese Argumente betreffen nicht nur die „high-needs schools“, obwohl die bekanntesten Modelle spezieller Rekrutierung im Zusammenhang des Teach for America-Programms in Problembezirken entstanden sind (s. u. das Beispiel Boston). Die spezielle Bedeutung der Rekrutierung hochqualifizierter Lehrer in die „high-needs schools“ ist zwar notorisch bekannt, und tatsächlich können diese Schulen in den USA lediglich 14% der Lehrer aus dem top third rekrutieren. Aber insgesamt ist die Situation mit 23% der Rekrutierung aus dem top third in allen Schulen zusammen nicht wirklich wesentlich besser, und die Mehrzahl aller Lehrer wird aus dem unteren Bereich des mittleren Drittels und in den Problembezirken vom „Bodensatz“ des untersten Drittels rekrutiert (Byron u. a. 2010, S. 10). Auch für Australien lässt sich feststellen; „Academically, traditional teacher education courses are not attracting the brightest minds, and clearly not the brightest minds in core subjects, where high-stakes testing is increasingly important“ (David Beckett in der vorliegenden Publikation).

Wie die oben zitierte Studie weisen auch andere Quellen darauf hin, wie wichtig der Gesamtkontext von Maßnahmen ist, die hochqualifizierte Fachleute an die Schulen bringen sollen:

> „PISA shows that the best-performing education systems provide most of their students with the kind and quality of education that average performers offer only to a small elite. This implies that these systems provide excellent teaching for all students. In order to achieve this, school systems often aim to recruit their teachers from the same pool from which all their top professionals are recruited. But people who see themselves as candidates for the professions, and are attracted to the working conditions enjoyed by professionals, may not find what they're looking for in schools organized in prescriptive work environments that use bureaucratic management to direct their work" (Schleicher 2012, S. 15).

Einige Schulsysteme haben auf diese Erkenntnisse reagiert und sind dabei, die Arbeitsorganisation in ihren Schulen zielgerecht zu verändern

> „… by replacing administrative forms of management with professional norms that provide the status, pay, professional autonomy and accountability, and the high-quality training and responsibility that go with professional work. They also tend to provide effective systems of social dialogue, and appealing forms of employment that balance flexibility with job security, and grant sufficient authority for schools to manage and deploy their human resources. In many education systems, these aspects tend to be the focus of explicit national or regional policies. People are attracted to certain professions by some combination of the occupational status, work environment, sense of personal contribution and the financial rewards associated with a given profession. Teacher policy needs to examine these aspects closely, particularly in light of teacher shortages that many advanced economies already face and that will grow in the near future as large numbers of teachers reach retirement age" (Schleicher 2012, S. 58; vgl. auch die ähnliche Diskussion in Australien von David Beckett in der vorliegenden Publikation).

Um die angestrebte Quantität und Qualität der Studienbewerber zu erreichen, werden heute in einigen Ländern spezielle innovative Maßnahmen und Rahmenbedingungen angewendet, die man in leistungsstarken Systemen gefunden hat. In diesen leistungsstarken Systemen „bedient man sich zur Gewinnung und festen Bindung qualifizierter Lehrkräfte ähnlicher Strategien und bewährter Verfahren. Es werden Marketing- und Personalbeschaffungs-Verfahren aus der Wirtschaft genutzt, um das Angebot an erstklassigen Bewerbern zu erhöhen; Möglichkeiten für Seiteneinsteiger geschaffen; effektive Auswahlmechanismen eingesetzt (die auch eine rasche Trennung von leistungsschwachen Lehrern ermöglichen) und attraktive Einstiegsgehälter geboten. Leistungsstarke Systeme verfügen über Mechanismen, die bereits vor der Aufnahme einer Lehrtätigkeit erkennen lassen, ob die Bewerber bestimmte allgemeingültige Voraussetzungen erfüllen, nämlich hohe Schreib- und Lesekompetenz und rechnerische Fähigkeiten; eine hohe soziale Kompetenz und Kommunikationsfähigkeit; Lernbereitschaft und Motivation für den Lehrerberuf“ (Europäisches Parlament 2008, S. 15–16).

Die oben genannten Faktoren der Arbeitszufriedenheit, die schon bei der Bewerbung zu einem Studium eine wichtige Rolle spielen kann, erstreckt sich nicht nur auf die Arbeitsabläufe in der Schule selbst sondern auf vielfältige weitere Bedingungen:

> „Employers increasingly recognize the need to provide workers with a good work-life balance and opportunities to combine work with family responsibilities and other activities. Some countries allow part-time teaching or opportunities throughout the career to gain experience outside schools through sabbatical leave, extended leave without pay, and job exchanges with industry. Although all such initiatives involve costs, those costs need to be set against the benefits of lower staff turnover, improved morale, and introducing new knowledge and skills into schools“ (Schleicher 2012, S. 15).

Als weitere „nachdrückliche Interventionen“ werden zudem genannt:

- Promotional programs targeted at groups who are „non-traditional“ entrants to teaching.
- Broadening selection criteria for new teachers, with the aim of identifying applicants with the greatest potential, including interviews, preparing lesson plans, and demonstrating teaching skills.
- Changing the role of seniority in determining teacher assignments, to avoid situations where new teachers are assigned to the more difficult and unpopular schools, further disadvantaging students there as well as potentially damaging teachers' career development.
- For desirable teaching jobs, sometimes qualities that are harder to measure, such as enthusiasm, commitment and sensitivity to students' needs, are given greater weight in applications, where these are seen to be more directly related to the quality of teaching and learning than the traditional emphases on qualifications and years of experience. (ibid.)

Die inhaltlichen Anforderungen an vielversprechende Bewerber sind ebenfalls zum Gegenstand von innovativen Überlegungen geworden. Sie spielen in Ländern, in denen der Zugang zum Studium einem generellen Zulassungsverfahren unterliegt oder in der Entscheidung der einzelnen Hochschulen liegt, eine unmittelbare Rolle und sie gehen darüber hinaus in die Zielvorstellungen der Ausbildung und der Curricula mit ein:

> „The contents, skills and competences of TE must follow the demands of the modern teaching profession, e.g., leadership issues consist of professional factors, how to direct organizations, schools, etc., but also the ability to direct their own student groups. Supporting mobility, both international mobility and geographical mobility, is also one means to increase the attractiveness of the teaching profession. In addition, supporting teachers' independence and opportunities to influence their own teaching in schools would also improve the attractiveness of the profession. There are, however, numerous measures for policy makers to influence the attractiveness of the teaching profession also by supporting teachers' mobility, but it should be kept in mind that all these methods need special skills and competences, which should be taken into consideration when planning teachers' initial and in-service education" (Teacher Education Curricula 2009, S. 104).

Rekrutierung: Beispiel Singapur

Singapur hat ein umfassendes Programm zur Identifizierung und Betreuung von Personen mit Talent für den Beruf des Lehrers entwickelt. Es basiert auf den Säulen von gezielter Rekrutierung, professioneller Ausbildung, leistungsbezogener Besoldung sowie Förderung von beruflicher Entwicklung und Führungsbefähigung für eine eventuelle weitere Karriere als Schulleiter oder in der Schulverwaltung.

Die Rekrutierung erfolgt – unter Beteiligung von Schulleitern – in der Regel aus dem Pool des besten Drittels der Sekundarschulabgänger. Gute Noten in akademischen Fächern ist eine Grundvoraussetzung der Rekrutierung. Weiterhin wird Hingabe für den Lehrerberuf und soziale Aktivitäten im Bildungsbereich erwartet. Angehende Lehrer erhalten Stipendien, die an Gehälter von Berufseinsteigern in anderen Berufen heranreichen. Sie müssen sich verpflichten, nach dem Studienabschluss mindestens drei Jahre als Lehrer zu arbeiten. Während des Studiums wird schon frühzeitig großes Gewicht auf Unterrichtspraxis gelegt.

Alle Lehrer werden im National Institute for Education (NIE) an der Nanyang Technological University, in Studiengängen, die zu einem Diplom oder zu einem ersten akademischen Abschluss führen, ausgebildet. Es gibt eine enge Zusammenarbeit zwischen dem NIE und Schulen, in denen die Lehramtsstudierenden betreut werden. Die Ausbildung erfolgt aufgrund von Rahmenplänen, die in Zusammenarbeit von Vertretern pädagogischer Lehrstühle (z. B. Offices for Teacher Education) und Vertretern der akademischen Fachstudiengebiete im Detail ausgearbeitet werden. Diese

Kooperation soll gewährleisten, dass auch im Fachstudium die speziellen pädagogischen Belange mitberücksichtigt werden und nicht hinter Prioritäten der Fachstudienvertreter zurücktreten müssen. Es gibt Personalbindungsboni und hervorragende Lehrer können nicht unerhebliche Leistungsboni erhalten. Die Leistungsbewertung erfolgt durch Teams und auf Basis einer jährlichen Begutachtung der Lehrer, wobei 16 definierte Kompetenzen herangezogen werden. Diese beziehen sich z. B. auf den Beitrag des Lehrers zur fachlichen und persönlichen (charakterlichen) Entwicklung der Schüler, ihre Zusammenarbeit mit den Eltern und innerhalb ihrer lokalen Gemeinde.

Um professionell auf dem neuesten Stand zu bleiben, sind die Lehrer verpflichtet, jährlich 100 Stunden für ihre Weiterbildung zu verwenden. Hierbei gibt es verschiedene Möglichkeiten: Spezielle Kurse in Pädagogik und in Fachstudien können zum Erlangen eines höheren Qualifikationszertifikats führen. Einen breiten Raum nehmen auch angeleitete spezielle unterrichtsbezogene Praxiskurse in Schulen ein. Diese können z. B. auf spezielle Unterrichtsprobleme oder auf die Bekanntmachung mit neuen Unterrichtsmaterialien und -praktiken ausgerichtet sein. Lehrernetzwerke fördern peer-to-peer-learning und eine Ende 2010 gegründete Academy of Singapore Teachers soll diese und weitere Formen der Weiterbildungsangebote entwickeln und fördern. Junglehrer werden nach drei Jahren darauf hin evaluiert, ob sie sich für eine weiterführende Karriere als sog. Master Teacher, für die pädagogische Forschung oder als Schulleiter interessieren und eignen. Diese Karrieren führen über jeweilige Zwischenschritte (z. B. Stellvertretender Schuleiter), die jeweils mit Weiterbildungsmaßnahmen verbunden sind. Eine solche aktive Karriereförderung wird in der Lehrerbildung Singapurs von Anfang an betrieben: „This differs from the US or UK approach, for example, in which a teacher can apply to train as a principal or school head, and then apply for a position in a school. In Singapore, young teachers are continuously assessed for their leadership potential and given opportunities to demonstrate and learn, for example, by serving on committees, then being promoted to head of department at a relatively young age“ (Schleicher 2012, S. 59). Diese Förderung ist hochselektiv: Jährlich werden nur 35 Personen für das Führungskräftetraining ausgesucht. Schlagwortartig kann man das System Singapurs als „select then train“, und im Gegensatz dazu das System etwa in Großbritannien und den USA umgekehrt als „train then select“ bezeichnen.

Rekrutierung: Beispiel Finnland

Die Zulassung zum Lehrerstudium ist hochselektiv. 2010 bewarben sich mehr als 6.600 Personen um 660 Studienplätze im Bereich Primarschullehrer in den 8 Universitäten, die Lehrer ausbilden (Schleicher 2012, S. 62). Die Hintergründe der Rekrutierung ins Lehrerstudium sind u. a. in einem Lehrermangel zu sehen, der auf zwei Faktoren zurückgeführt wird: „Zunächst werden aufgrund der hohen Altersstruktur der Lehrer in Finnland in den kommenden Jahren die starken Lehrerjahrgänge pensioniert. Das Phänomen wird beschleunigt durch den wachsenden Wunsch des Lehrpersonals, verschiedene Teilzeitbeschäftigungs- und Frührentenregelungen zu nutzen. Die Probleme der Altersstruktur betreffen besonders folgende Gruppen: Klassenlehrer, Sprachlehrer, Lehrer für Mathematik und Naturwissenschaften, Sportlehrer sowie Lehrer im Bereich Technik und Verkehr. Außerdem wirkt sich der hohe Anteil von Lehrern ohne Qualifikation für das Lehramt in einigen Gruppen aus, z. B. bei Klassenlehrern, Sonderschullehrern, Schüler- und Studienberatern, Kunstlehrern und bei Lehrern im Bereich Handel und Verwaltung; hierzu kommt noch das Fehlen von pädagogischen Studien. Auch der Wechsel von Lehrern in andere Branchen spielt für den Lehrermangel eine Rolle“ (Mikkola o.J., S. 12). Ein sog. „Erweiterungsprogramm“ zur Behebung dieses Problems, das eine Sonderfinanzierung vorsah, lief zunächst von 1998–2006. Ein Resümee folgerte:

> „Im Erweiterungsprogramm finden mehrere Modelle Anwendung, die ein berufsbegleitendes Studium ermöglichen. Angeboten werden auch Umschulungslösungen, die den Wechsel aus anderen Branchen in die Bildung ermöglichen. Das Programm kann bei seiner Umsetzung nicht über Bewerbermangel klagen. Auch für die als problematisch geltenden mathematisch-naturwissenschaftlichen Fächer gab es zumindest in der Anfangsphase genügend Bewerber“ (Ibd).

Angebot und Nachfrage in der Lehrerbildung am Beispiel von Mathematik und Naturwissenschaften

Zahl und Qualität der Bewerber werden hauptsächlich von der Marktsituation von Angebot und Nachfrage bestimmt. Sie scheint oft besonders angespannt im Hinblick auf den Nachwuchs für das Lehramt in den Fächern Mathematik und Naturwissenschaften. Der Mangel an Lehrern in den Naturwissenschaften, der den Unterricht in diesen Fächern behinderte, betraf laut Auskunft der in einer OECD-Studie befragten Schulleiter Schülerpopulationen zwischen rund 2% bis unter 10% in Spanien, Portugal, Slowenien, Hong-Kong, Polen, Finnland, Ungarn und der Slowakei. Eine Reihe weiterer Länder näherte sich dem OECD-Durchschnitt von knapp 20% an, blieb aber unter ihm oder lag mit ihm gleich auf (im Falle von Norwegen). Überdurchschnittliche Probleme meldeten Schulleiter aus den folgenden europäischen Ländern: Island, Schweiz (um die 20%), Belgien, Niederlande (über 20 bis 30%) bis hin zu Deutschland (rund 42%), Luxemburg (knapp 60%) und die Türkei (fast 80%). Der Mangel an Mathematiklehrern folgte einer ähnlichen Länderliste, wobei er nur in wenigen Fällen deutlich geringer ausfiel, als der der Lehrer für naturwissenschaftliche Fächer (so vor allem in Polen, Schweden, Dänemark Island und, in einem geringeren Maße in Deutschland mit immer noch rund 30%) (Schleicher 2012, S. 56).

Seiteneinsteiger

Neben der regulären Rekrutierung spielen Seiteneinsteiger unter dreierlei Gesichtspunkten eine Rolle: Der Steuerung von Nachfrage- und Angebotsdisparitäten regulärer pädagogischer Ausbildungsgänger, der Gewinnung gut qualifizierter und interessierter Fachstudienabsolventen und schließlich der möglichen Flexibilisierung bzw Korrektur individueller Karriereplanungen. Aufgrund der Befunde einer Studie in den USA wurde festgestellt: „Teaching is no longer a career for life and no longer for first career entrants prepared for the job in traditional ways. Between 24 and 40 per cent of teachers in Moore Johnson's study were mid-career entrants, many from industry, finding it difficult to operate privately and autonomously in their own classrooms. They looked for opportunities to work in teams and to have expanded influence“ (MacBeath 2012, S. 11). Hier ist wiederum die spezifische Kultur des Arbeitsplatzes Schule angesprochen, die vor allem für die Personen, die als Lehrer für berufliche oder naturwissenschaftliche Fächer ursprünglich aus der Industrie oder Wirtschaft kommen, neu und ungewohnt und nicht immer befriedigend ist. Eine ähnliche Situation und Diskussion findet sich in Australien, wo ein spezielles „Master of Teaching Studium“ für Bachelorabsolventen in Fachstudiengängen geschaffen wurden (vgl. David Beckett in diesem Band).

Für „traditionelle“ Seiteneinsteiger bei temporärem oder länger anhaltendem Lehrerbedarf in bestimmten Fächern gibt es oft mehr oder weniger systematische (meist berufsbegleitende) Schulungskonzepte. Diese sind stark abhängig von der beruflichen Vorbildung und der inhaltlichen Nähe der Ausbildung des Bewerbers zum vorgesehenen Fach. In den USA bieten viele Colleges Programme für Quereinsteiger an. Das Boston College zum Beispiel macht in seinem Programm „Teaching Without Certification“ in drei Bereichen Angebote, die schlagwortartig bezeichnet werden mit: „Become a Classroom Teacher in a Public School“, „Programs Providing Teaching Experience and Certification“ und „Working in a Public School in a Role Other than Teacher“ (Boston College). Davon grundsätzlich zu unterscheiden sind Strategien in einigen Ländern, nicht zuletzt in den USA, besonders fachlich hochqualifizierten und engagierten Nachwuchs für Unterricht in Problemschulen oder in Mangelfächern zu gewinnen (s.u.). Insofern aber auch hier nicht nur Absolventen, sondern Berufstätige angesprochen werden können, ist auch diese Gruppe als „Quereinsteiger“ zu sehen.

Gewinnung hochqualifizierter Lehrer: Beispiel Korea

In Korea gibt es einen hohen traditionellen gesellschaftlichen Status und Respekt für den Lehrerberuf. Diese traditionellen Werte alleine sichern aber nicht einen permanent hohen Berufsstatus. Der wird auch gestützt durch ein akzeptables Gehalt. Hinzu kommen Arbeitsplatzsicherheit und gute kooperative Arbeitsbedingungen. Vielfältige Zulagen werden Lehramtskandidaten angeboten, die in Problemschulen arbeiten. Hierzu gehören ein höheres Gehalt, eine kleinere Klassenschülerzahl, weniger Unterrichtsstunden, positive Bewertung für den Fall weiterer Karriereplanung sowie eine freie Wahl des Arbeitsplatzes bei späterem Schulwechsel. Als Folge dieser Maßnahmen lässt sich feststellen, dass „bildungsferne" Schüler (*low economic status students*) sogar eher von höher qualifizierten Mathematiklehrern (gemessen an der erforderlichen Zertifizierung: Mathematik mit Hauptfach und mindestens drei Jahren Unterrichtserfahrung) unterrichtet werden als high economic status Schüler (Schleicher 2012, S. 66). Auch in Korea zielen die genannten Maßnahmen nicht lediglich auf Problemschulen, sondern scheinen breitere Maßnahmen zur schulischen Integration bildungsferner Jugendlicher und zur Gesamtanhebung des Lehrerprestiges darzustellen.

Gewinnung hochqualifizierter Lehrer für Problemschulen

In sogenannten Problemschulen oder Problemgebieten vor allem innerstädtischer Bezirke US-amerikanischer Großstädte, findet sich überdurchschnittlich häufig ein besonderer Mangel an qualifizierten Lehrern, insbesondere in den Fächern Mathematik und Naturwissenschaften, da diese oft angenehmere Schulen aussuchen bzw. nach einem Fachstudium von vornherein keine Tätigkeit als Lehrer in Betracht ziehen.

Im Vereinigten Königreich gibt es seit 2002 ein spezielles Programm unter dem Schlagwort „Teach First". Vorrangig geht es dabei um die Gewinnung von Fachstudienabsolventen, die mit ausgezeichneten Noten das Studium abgeschlossen haben und eine Lehrerkarriere normalerweise nicht ins Auge gefasst haben. Ein Schwerpunkt des Programms – ein zweijähriges Ausbildungsprogramm, das neben praktischer Lehrtätigkeit verläuft – liegt auch in der Gewinnung kompetenter Lehrer in Problemschulen im Rahmen der Bemühungen, den mangelnden Zugang sozial benachteiligter Schüler zu gutem Unterricht zu beheben (s.a. das Modell Boston in diesem Band). Das Programm zielte ursprünglich vorrangig auf Studienabsolventen, richtet sich nun aber auch an hochqualifizierte Fachakademiker, die einige Jahre in einem anderen Beruf gearbeitet haben und nun eine Tätigkeit als Lehrer in Betracht ziehen.

In den USA ist dieses Modell seit 2003 unter der Bezeichnung „Teach for America" entwickelt und inzwischen in fast allen Staaten eingeführt worden, hatte 2011 einige hundert Absolventen und fokussiert vor allem auf die Konzentration von Schulen in den Problemgebieten inneramerikanischer Großstädte. Es findet innerhalb der generellen gemeinsamen Ausrichtung in verschiedenen Modi der Organisation und der Dauer statt. Im Jahr 2011 gab es 48.000 Bewerbungen, von denen nur 14% angenommen wurden (http://www.teachforamerica.org/node/22275). In Australien existiert ein ganz ähnliches Programm mit derselben Zielsetzung unter dem Namen: „Teach for Australia". Diese Programme sind – zumindest anfangs in den USA – nicht nur auf volle Zustimmung gestoßen: „Relativ unbestritten ist, dass smarte Quereinsteiger, selbst wenn sie im Schnellverfahren lizensiert werden und anfänglich Schwierigkeiten haben, relativ schnell aufholen können und dann nicht weniger effektiv sind als traditionell ausgebildete Lehrer. Das Problem ist, dass sie ganz selten lange genug im Job verbleiben. ... Die sog. Lehrerausbildung für Teach for America Lehrer dauert einen Sommer; die Studenten verpflichten sich für mindestens zwei Jahre. Aber wenn sie ein passables Effektivitätsniveau erreicht haben, sind sie praktisch alle wieder aus der Schule verschwunden. „Teach for America" ist sozusagen das soziale Jahr für die zukünftigen Rechtsanwälte und professionellen Administratoren des Landes" (Mintrop 2006, S. 73).

Allerdings war der Zeitpunkt dieser Kritik noch zu nah am Beginn des Programms. Die Fluktuation an diesen Schulen ist ein generelles Problem, nicht nur der über dieses Programm gewonnenen Lehrer und schließlich scheint es verbessert worden zu sein, in dem Bostoner Modell (s.u.), dauern die gesamte Ausbildung und die Nachbetreuung länger als der oben genannte eine Sommer. Insgesamt stellt sich das Programm heute als erfolgreich dar:

> „Alternative routes to teacher certification are having a major impact on many aspects of the teaching occupation in the United States. More men, more non-whites, more mature, life-experienced, educated individuals are teaching in the nation's K-12 schools as a result of a proliferation of alternative routes to teacher certification throughout the country." (National Center for Education Information, 2014).

Auch im Vereinigten Königreich insgesamt und auch im Hinblick auf die Verweildauer wird das Teach First Programm inzwischen u. a. auch im Hinblick auf die Verweildauer der auf diesem Weg gewonnenen Lehrer positiv bewertet und soll ausgeweitet werden. Es ist offenbar auch weniger auf so extreme Problemzonen wie in manchen US-Städten konzentriert, sondern soll mit seiner Ausweitung- wie offenbar auch in Skandinavien – insgesamt zur Förderung begabten sog. bildungsfernen Nachwuchses durch beste Lehrer beitragen (Training our next 2011, S. 7 ff.; vgl. Werler in diesem Band).

Gewinnung hochqualifizierter Lehrer für Problemschulen: Beispiel North Carolina

Dieser Bundesstaat der USA hat einen *teaching quality improvement plan* in erster Linie ebenfalls für Problemschulen eingeführt, der neben einer besseren Betreuung und einem intensiven Berufseinführungstraining (*rigorous initial training*) der neu eingestellten Lehrer eine Reihe von monetären Anreizen (inklusive Schuldenerlassprogramm) vorsieht, jedoch auch die Qualifikationsanforderungen an die neu eingestellten Lehrer höher setzt. In Problemschulen können qualifizierte Mathematik-Naturwissenschafts- und Sonderpädagogiklehrer einen Bleibebonus erhalten. Dieses Programm scheint die Fluktuation der Lehrer in diesen Schulen deutlich reduziert zu haben. Auch die Zahl der in diesen Schulen beschäftigten nicht ausreichend formal qualifizierten Lehrkräfte ist inzwischen zurückgegangen.

Gewinnung hochqualifizierter Lehrer für Problemschulen: Beispiel Boston

Das Bostoner Programm wurde 2003 gestartet und seine Besonderheit besteht darin, dass es auf hochqualifizierte Hochschulabsolventen und schon Berufstätige (vorwiegend Absolventen von Mathematik- und naturwissenschaftlichen Studiengängen) zielt, die in den Lehrerberuf wechseln möchten. Das Programm besteht aus einem intensiven Referendariat unter der Leitung erfahrener Lehrer (als „clinical training“ in seiner in den USA üblichen Bezeichnung programmatisch angelehnt an die Famulatur in der Ärzteausbildung). Diese „Assistenten“ (*residents*) beginnen die Ausbildung in einer zweimonatigen Sommerschule und verbringen anschließend ein Jahr lang vier Tage pro Woche ihre weitere Ausbildung unter Anleitung eines Ausbildungslehrers (*master teacher*) in Schulklassen, den fünften Wochentag besuchen sie Kurse und Seminare. Nach ihrem ersten Jahr erhalten diese Assistenzlehrer eine Basis-Lehrerlizenz sowie den Master of Education von der Massachusetts University Boston außerdem zusätzliche Credits für Sonderpädagogik, die sie in einem zweiten Programmjahr auf einen zweiten Abschluss ausweiten können. Die nach Abschluss in Schulen eingesetzten Junglehrer erhalten weiter Unterstützung (*induction coaching*), Kurse, Seminare und Einsatz in ausgesuchten, kooperativen Kollegengruppen (*collaborative clusters*). Um den Studierenden in ihrem Ausbildungsjahr falls nötig finanziell zu helfen, gibt es eine Stipendium von 12.000 $ sowie die Möglichkeit einer Krankenversicherung. Außerdem können die Studierenden sich um Stipendien von der Universität bewerben, die die Gesamtkosten des Studiums decken. Weiterhin werden nach einem dreijährigen Verbleib im Schuldienst die Studiengebühren rückerstattet.

Von Anfang an wurde im Rekrutierungsprozess zu diesem Qualifizierungsmodell ein strenger Maßstab angelegt und lediglich rund 13% der Bewerber wurden zugelassen. Es wird als Erfolg gewertet, dass nach drei Jahren 85% der Absolventen dieser

Kurse den Beruf nicht verlassen haben, was weit über dem Durchschnitt öffentlicher innerstädtischer Schulen in den USA liegt. 96% der Schulleiter würden diese Lehrer nach ihren Erfahrungen mit ihnen uneingeschränkt weiterempfehlen (Schleicher 2012, S. 74).

2.3 Inhaltliche Charakteristika der Lehrerbildung

2.3.1 Grundlegende Strukturierung und Inhalte der Lehrerausbildung

Es gibt im Hinblick auf die Thematik dieses Abschnitts drei wichtige Problembereiche, die jedoch viel zu komplex sind, um hier eingehender behandelt zu werden, und für die kaum auswertbares Vergleichsmaterial zur Verfügung steht:

Der erste Punkt betrifft die gemeinsam in der Bologna-Erklärung festgelegte Einführung konsekutiver Studiengänge (Bachelor-Master-Studiengänge). Gelegentlich sprechen Studien auch von „kombinierten Qualifikationen" in Unterscheidung zu traditionellen „singulären Qualifikationen".

> „Die Einführung konsekutiver Studiengänge in der universitären Lehrerbildung ist mit bildungspolitischen und professionstheoretischen Erwartungen und Hoffnungen verknüpft: Verkürzte Studienzeiten, eine straffere und besser planbare Studienorganisation und klar definierte Ausbildungscurricula für klar umrissene aber weit gefasste Berufsfelder sollen mit den konsekutiven Stufenmodellen erzielt werden" (Thierak 2004, S. 8 zit. nach: Boekhoff et al., S. 9).

Was die Integration von fachdisziplinärer und pädagogischer Ausbildung für die Sekundarschulstufen angeht, so lassen sich zwei Grundmodelle unterscheiden: Im ersten (z. B. in Irland) sind Fachstudium und pädagogisches Studium klar voneinander geschieden. Das zweite Modell (z. B. Lettland) ermöglicht den Studierenden im Bachelor-Programm spezielle Lehrerstudienmodule auszuwählen, die dann für eine Lehrerqualifikation qualifizieren. In einigen wenigen Ländern (z. B. England, Litauen) finden sich beide Systeme, das konsekutive und das integrative, gleichzeitig, in einigen Fällen je nach der angestrebten Schulstufe: Für ev. vorschulische, Primar- und Sek-I-Stufenausbildung führen 3- bis 4-jährige integrative pädagogische Studien (z. B. Zypern, Island, Irland, England, Italien) zur Qualifikation. Für die Sek-II-Ausbildung ist dagegen ein Studium mit Master-Abschluss vorgeschrieben. Einige Länder verlangen jedoch auch einen Master-Abschluss für die Primar- und Sekundar-I-Stufe (z. B. Tschechien, Estland und Deutschland):

„Presumably the most far-fetched integration of all teacher training programmes can be found in Luxembourg. There is a four-year degree programme in Educational Sciences, providing qualifications for teaching in preschool, primary education, preparatory classes of the technical secondary school, and in institutions for children with special needs. Also in the Netherlands, the programmes (in the university sector) are adjusted to the two-cycle structure: Students either enter a two-year Masters after a particular Bachelor programme or do a second (teacher training-oriented) Masters of one year after absolving another Masters … A special case is France where the professional training part of teacher education is organised by the state separately from university education and requires passing a competitive examination with a limited number of places. Those who are admitted are then paid in the course of their training and are guaranteed a job if they succeed" (CHEPS 2006, S. 41–42).

In einigen Ländern haben sich aber inzwischen Änderungen ergeben, insgesamt ist die Entwicklung in diesem Bereich dynamisch und vielfältig.

Der zweite Punkt betrifft die inhaltliche Gliederung der einzelnen Anteile theoretischer/praktischer, fachspezifischer bzw. fachwissenschaftlicher, fachpädagogischer sowie allgemein pädagogischer und psychologischer Studienanteile. Der oft üblichen (üblich gewesenen) scharfen Trennung zwischen Fachwissen und pädagogischen Fähigkeiten des Lehrers wurde schon in den 80er Jahren das Konzept des integrierten „pedagogical content knowledge", verschlagwortet auch als „subject matter knowledge for teaching" entgegengesetzt (Scheerens 2010, S. 22–23). Dieses Konzept, das um das pedagocical context knowledge erweitert ist, tendiert zur Entwicklung zweier verschiedener Modelle wobei im einen das integrierte pedagogical content knowledge vorwiegend über Studien, oder vor allem auch unter Einbeziehung von schulpraktischer Erfahrung der Studierenden herbeigeführt wird (Scheerens 2010, S. 23).

Studien über die Ausbildungszufriedenheit der Hochschüler geben, abgesehen von Evaluationen, zusätzliche Hinweise auf die Qualität von Studieninhalten und -organisation. Als Beispiel soll hier eine entsprechende Befragung von Studierenden der Primar- und Sek-I in Finnland zitiert werden:

„Lehrerausbildern und Studierenden zufolge werden im Rahmen der pädagogischen Studien folgende Inhalte am besten realisiert: Kenntnis des Lernprozesses, Planungs- und Evaluierungsfähigkeiten, Einsatz von Informations- und Kommunikationstechnik und ethische Verantwortung des Lehrers. Die Ansichten von Lehrerausbildern und Studierenden unterschieden sich im Hinblick auf den Einsatz von Informations- und Kommunikationstechnik. Die Studierenden waren mit den vermittelten informations- und kommunikationstechnischen Fähigkeiten weniger zufrieden als die Lehrerausbilder. Als schwach schätzten Lehrerausbilder und Studierende die Behandlung von multikulturellen Fragen, die Vermittlung von Fähigkeiten zur Konfliktlösung und zur Vorbeugung von Diskriminierung ein …" (Mikkola o.J., S. 9–10).

Der dritte Problembereich dreht sich um die Anteile und Ausgestaltung der Schulpraxis der Studierenden während des Studiums. Für die Vergleichsmethodik wäre es wichtig, jeweils die Anteile theoretischer Unterweisung über Praxisumstände und -probleme, praktisches „student teaching" in speziell darauf vorbereiteten „Laborschulen", Hospitieren und schließlich angeleitetes oder nicht angeleitetes Probeunterrichten in Normalschulen zu kennen. Dies ist jedoch oft aus den internationalen Zusammenstellungen nicht möglich zumindest nicht auf dem Hintergrund einer einheitlichen Vergleichsmatrix.

Genereller vergleichender Überblick

Die Lehrplangestaltung ist in vielen Ländern ständigen Veränderungen unterworfen. „In neun der an PIRLS teilnehmenden EU-Staaten gilt den Angaben zufolge ein Lehrplan, der 2000 oder später eingeführt wurde, und in sieben Ländern wird er derzeit überarbeitet. Nur sechs der beteiligten EU-Staaten (England, Luxemburg, Schweden, Slowakei, Slowenien und Spanien) haben einen Lehrplan, der seit zehn Jahren oder noch länger in Gebrauch ist" (Europäisches Parlament 2008, S. 7).

> „In der Regel werden für den Unterricht in den Grundschulen „Generalisten" statt Fachlehrer ausgebildet. Allerdings erhalten Grundschullehrer mit Fachkenntnissen – z. B. Lesen und Schreiben, Rechnen, Fremdsprachen und Musik – in manchen Ländern eine zusätzliche oder andere Ausbildung, bisweilen auch Gehaltszuschläge (Europäisches Parlament 2008, S. 8).

> „Die Gesamtdauer der Erstausbildung (einschließlich Berufseinführung und Probezeit) liegt [f. Primarstufenlehrer – v. K.] zwischen drei und fünf Jahren … die Zulassungsvoraussetzungen, das Qualifikationsniveau, die Berufseinführung und die Fortbildung weisen erhebliche Unterschiede auf" (Europäisches Parlament 2008, S. iv).

> „Die Europäische Kommission teilte 2007 mit, dass die Erstausbildung von Grundschullehrern normalerweise auf Universitätsebene stattfindet, d. h. *Stufe 5A* der International Standard Classification of Education (ISCED), *aber* sie erfolgt in Belgien, Luxemburg, Österreich und Rumänien in nichtuniversitären Einrichtun-

gen der Tertiärstufe (ISCED 5B). Die Gesamtdauer der Ausbildung (einschließlich obligatorischer Einarbeitungs- und Probezeit) beträgt

- *fünf Jahre* in sieben Mitgliedstaaten (Deutschland, Estland, Finnland, Frankreich, Polen, Slowenien und Vereinigtes Königreich);
- *vier Jahre* in 15 Ländern (Bulgarien, Dänemark, Griechenland, Irland, Italien, Lettland, Litauen, Malta, Niederlande, Portugal, Slowakei, Tschechien, Ungarn, Rumänien und Zypern);
- *drei Jahre* in Belgien, Luxemburg, Österreich, Spanien und Schweden" (Europäisches Parlament 2008, S. 9–10, vgl. EACEA P9 Eurydice 2012, S. 110–111).

Zu Italien ist anzufügen, dass, im Gegensatz zu den älteren obigen Angaben, nach der neuesten Reform ab dem Studienjahr 2011–2012 eine einheitliche Dauer von 5 Studienjahren gilt, die für die Primarstufenausbildung eine Verlängerung und für die Sekundarstufenausbildung eine Verkürzung, d. h. eine Umstellung auf das konsekutive Bologna-Modell bedeutet (Hörner et al. in diesem Band). Die neueste allgemeine Struktur der Lehrerstudiengänge kommt in Abbildung 1 zum Ausdruck.

In der Schweiz haben in den letzten beiden Jahrzehnten große Veränderungen stattgefunden, wobei, neben der Angleichung an Bologna-Normen vor allem die Vielfalt vorheriger kantonaler Ausbildungsformen harmonisiert wurde:

> „Lehrpersonen für Kindergarten und Primarstufe absolvieren heute eine mindestens dreijährige BA-Ausbildung, Sekundarlehrpersonen studieren in der deutschsprachigen Schweiz mindestens 4,5 Jahre bis zum MA – meist in einem integralen Studiengang (der BA-Abschluss führt in diesem Fall nicht zur Unterrichtsberechtigung. Die Lehrerinnen- und Lehrerbildung für Lehrerpersonen der Maturitätsschulen schließt an ein fachwissenschaftliches Master-Studium an (Dauer: ein Studienjahr bzw. 60 Kreditpunkte). In der französischsprachigen Schweiz werden Lehrerinnen und Lehrer für die Sekundarstufen I und II im Anschluss an einen fachwissenschaftlichen Masterabschluss in einem oder zwei Schulfächern gemeinsam ausgebildet. Durch die Akkreditierungsmechanismen der EDK sind diese Studiengänge in ihren hauptsächlichen Eckwerten harmonisiert, aber auf der Ebene von Modulen und Veranstaltungen zeigt die Lehrerinnen- und Lehrerbildung nach wie vor große Varianz. Ein gemeinsames Curriculum existiert ebenso wenig wie gemeinsame Vorstellungen über die in der Ausbildung zu erlangenden professionellen Kompetenzen" (Criblez 2012, S. 9–10).

Abb. 1: Lehrerbildung in Europa

Abbildung E2: Erforderliches Niveau und Mindestdauer der Lehrererstausbildung für Lehrkräfte vom Elementarbereich bis zum Sekundarbereich II (ISCED 0 bis 3) sowie Dauer der beruflichen Einführungsphase, 2010/11

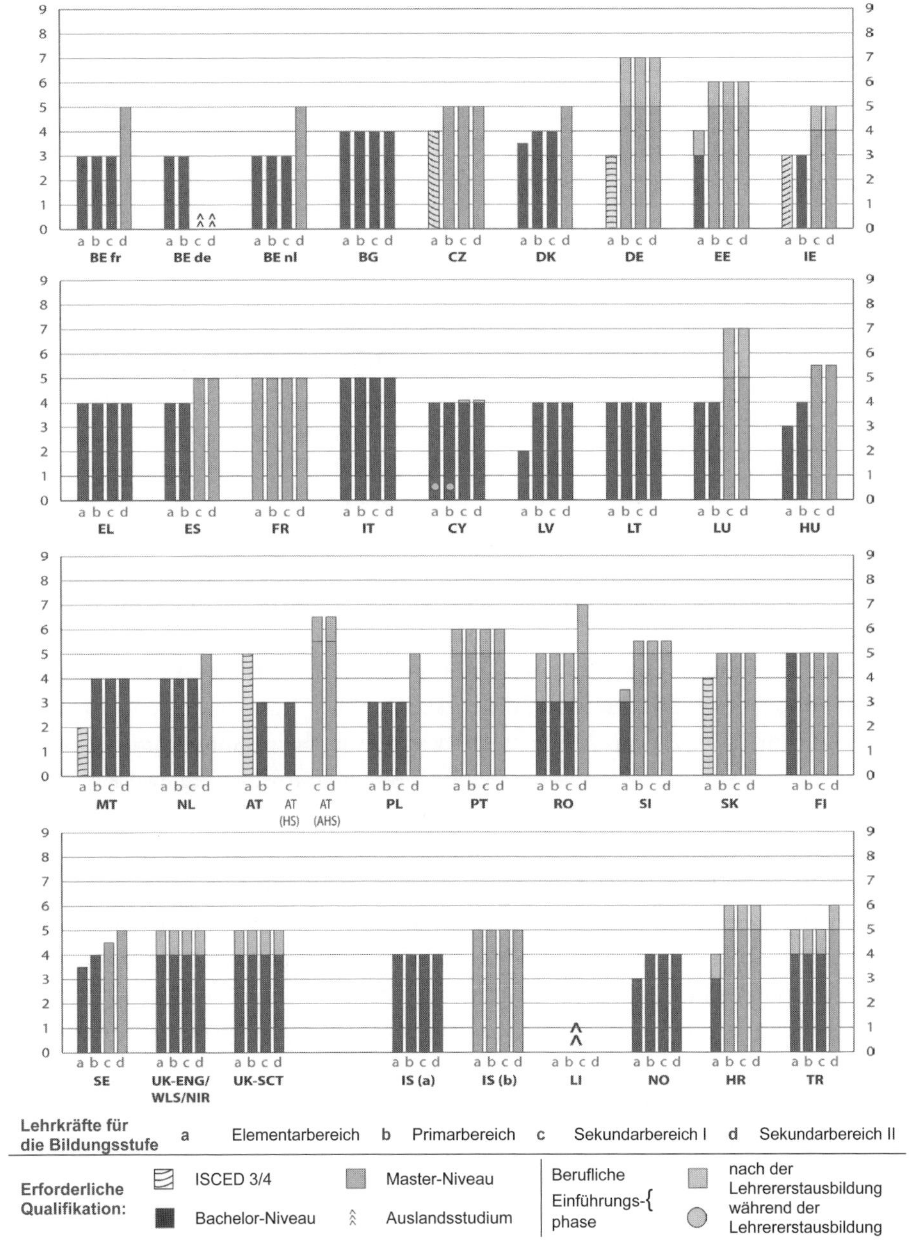

Quelle: EACEA P9, Eurydice, Key data on Education 2012. Brüssel 2012, Kapitel E, S. 112 (Länderkürzel: siehe S. 17).

Konsekutive und singuläre Studiengänge

„Under the *concurrent model*, the professional education component is provided from the outset alongside general education and/or study of the subject(s) the prospective teacher is intended to teach. Under the *consecutive model*, students pursue their academic/subject studies first and take a professional course in education after completing their academic degree. … it can be noted that since 2002/03 (Eurydice 2005), the number of countries offering the consecutive model of teacher education, in addition to the concurrent model, has increased for all levels of education. In almost all European countries, teachers at pre-primary and primary levels of education are trained under the concurrent model. In Bulgaria, Ireland, Poland, Portugal and the United Kingdom (England, Wales and Northern Ireland), both the concurrent and the consecutive routes are available. However, while Ireland and Poland report that the concurrent model is the most common model for intending pre-primary and primary teachers, in the United Kingdom (England) the consecutive model is more usual“ (EACEA P9 Eurydice 2012, S. 109).

Kompetenzbasiertes Studium

„Several national reports mention the issue of competencies. The Irish Teaching Council is about to review the standards of competences required for the practice of teaching based on a very elaborate set of recommendations. The Dutch report mentions that qualifications for all levels of teacher training are described and implemented. The Bulgarian report stresses that the qualifications for teacher training comply with the national and the European qualification framework covering the different areas. Also, much attention is paid to skills for working with children, also through field work in schools. Similar in Croatia, where competencies have been defined in accordance with the national qualifications framework. In Iceland, curricula are currently being rewritten to reflect the notion of learning outcomes. In Italy, too, the degree-structure reform has gone hand in hand with more attention to competencies in the curriculum. In Germany, only a few teacher training programmes are yet explicitly competence-based, and an agreed national set of competencies is still missing. In France, it is criticised that admission to professional practical training through competitive exams is solely based on academic criteria, not on teaching competencies“ (Scheerens 2010, S. 23).

Innovationen in der Lehrerbildung: Beispiel Finnland

Die Ausbildung der Lehrer basiert heute auf folgenden Hauptkomponenten:

- Forschungsbasiertheit: Die Studierenden sind gehalten, forschungsbasierte Master-Abschlussarbeiten zu verfassen. Sek-II-Lehrerstudierende wählen dafür meist ein Fachthema, Primarschulstudierende eine pädagogisch thematisierte Arbeit. Dahinter steht die Erwartung, dass die Lehrer auch während ihrer Berufstätigkeit ihren Unterricht auf Forschungsergebnisse basieren und eigenen Forschungsvorhaben in ihren Klassen durchführen.
- Schwerpunkt auf der Entwicklung von pädagogischem Know-how: Man geht nicht davon aus, dass gute Pädagogik einen generischen Charakter hat und gute pädagogische Fähigkeiten in einem Fach automatisch auch in anderen Fächern gleich erfolgreich angewendet werden können. Die in Finnland enge Verknüpfung von Lehrerbildungs- und Fachstudienabteilungen und Lehrpersonal hilft dabei, fachspezifische bzw. themenspezifische pädagogische Vorgehensweisen für die Lehrer aller Schulstufen zu entwickeln und stärken.
- Schwerpunkt auf der Fähigkeit, Lernschwierigkeiten bei Schülern rechtzeitig zu identifizieren und den Unterricht entsprechend deren (bzw. allgemein variierenden) Bedingungen anzupassen.
- Eine intensive Praxisvorbereitung („clinical component"): Diese umfasst sowohl extensive Kursarbeit über die Methode des Unterrichtens, einschließlich der entsprechenden neuesten Forschungserkenntnisse, als auch ein Jahr Unterrichtspraxis in einer der den Hochschulen assoziierten Schulen, die gleichzeitig als innovationsfördernde und erprobende Modellschulen verstanden werden. Eine große Rolle spielt auch die Lernforschung und deren neueste Ergebnisse.

In den Modellschulen sind die Lehrerstudenten in Problemlösungsgruppen, einer üblichen Einrichtung in finnischen Schulen, beteiligt. Diese Gruppen entwickeln Planung, Aktion und Reflexion sowie Evaluation von Problemlösungen und sie sollen u. a. Modelle dafür sein, wie die Künftigen Lehrer mit ihren Schülern umgehen und ihre eigene Unterrichtsforschung und -entwicklung betreiben werden (Schleicher 2012, S. 39).

Innovationen in der Lehrerausbildung: Beispiel Vereinigtes Königreich

Seit 2011 wird im Vereinigten Königreich an einer umfangreichen Reform der Lehrerausbildung gearbeitet, die explizit von der Erkenntnis ausgeht, dass nichts für die Qualität eines Schulsystems wichtiger sei als die Qualität der Lehrer. Aufgrund dessen wird angenommen, dass es die Länder mit den erfolgreichsten Schulsystemen geschafft haben, den Lehrerberuf zu einer, in der Gesellschaft respektierten und für die erfolgreichsten Schul- und Studienabsolventen zu einer der herausragenden und attraktiven Professionen zu machen (Department of Education 2001, S. 3).

Die Reform zielt u. a. darauf, die besten Studierenden für die Aufnahme dieses Berufs zu motivieren. Wie es heißt, hat sich zwar der Notendurchschnitt der Referendare in den letzten Jahren sichtbar erhöht, hat aber, vor allem in den wichtigen Fächern Mathematik und Naturwissenschaften noch kein zufriedenstellendes Niveau erreicht (ibd., S. 4). Insbesondere die materielle Anreizstruktur zur Gewinnung der besten Fachkräfte soll erweitert und flexibilisiert werden. Es wird vorgeschlagen, ab 2012/2013 Stipendien anzubieten, die nach Studienleistung und Nachfrage der jeweiligen Fachrichtungen gestaffelt sind. Dabei werden jeweils drei Stufen von Priorität, und drei Leistungs- und Eignungsstufen („potential") auf die Bedarfssituation in den Unterrichtsfächern bezogen. Die im Vorschlag enthaltene Spanne finanzieller Anreize ist beträchtlich und kann für die höchste Leistungsstufe des Bewerbers in den Prioritätsfächern Mathematik und Naturwissenschaften 20.000 £ erreichen. In der untersten Ebene von Priorität und in nicht hochprioritären Fächern liegt die Stipendiensumme bei 4.000 £ (Department of Education 2001, S. 9).

Weiterhin soll insgesamt der Anteil der Anbieter (in Hochschulen), die eine hohe Qualität der Lehrererstausbildung gewährleisten, auf Kosten der unbefriedigenden Anbieter erhöht werden. Dies soll durch Korrekturen am hochkomplizierten Allokationssystem für das Referendariat in Zusammenarbeit mit den Inspektionen durch Ofsted und einen verschärften Wettbewerb erreicht werden. Davon werden auch die Studiengänge der ersten Stufe (undergraduate level), die auf einen Bachelor-Abschluss zielen und die als weniger anspruchsvoll und erfolgreich eingestuft werden als die Masterstudiengänge, betroffen sein, denn sie werden ab dem Jahr 2012 keine zusätzlichen Mittel mehr vom Staat erhalten und die Ausbildungsplätze allein über Studiengebühren finanzieren müssen (ibd., S. 10).

Die Bemühungen, die Qualität der Lehrerstudien und der Lehrer zu erhöhen, sind jedoch nicht ausschließlich auf finanzielle Anreize beschränkt. Bisher gibt es schon Tests in literacy, numeracy und IT-Kenntnissen, die jedoch nach der Zulassung erfolgen und im Prinzip beliebig oft wiederholt werden können. Diese Tests (der IT-Test soll entfallen) sollen nun vor die Aufnahme ins Referendariat gelegt werden und höchstens zweimal wiederholt werden dürfen. Schließlich sollen auch die nichtfachlichen Qualitäten der Bewerber getestet werden. Einige Departments of Education nehmen für die zweite Phase der Lehrerbildung von vornherein nur noch Bewerber mit guten Noten auf.

Weiterhin soll die gesamt Struktur der Bewerbung der verschiedenen Ausbildungswege „deren Komplexität verwirrend sein kann" (ibd., S. 11) vereinfacht und eventuell einheitliche Tests zugeschaltet werden. Ein Großteil der Reformdiskussion bezieht sich auf die Referendariatsphase, die in verschiedenen Systemen verläuft: Zum einen können Referendariate von den Schulen selbst angeworben werden. Sie sind dann bezahlte Lehrkräfte aber gleichzeitig ist die Schule für die Referendariatsausbildung verantwortlich. Dieser Weg steht aber nicht allen Bewerbern offen, sondern erfolgt aufgrund von Bewerbungs- und Ausleseverfahren durch die Schulen. Eine andere Möglichkeit ist die Delegierung durch die jeweilige Universität (*placement system*). Wie es im Reformpapier heißt, soll weiteres Gewicht auf die Zusammenarbeit der Schulen, die für die Durchführung von Referendariaten akkreditiert sind („Teaching Schools"), mit anderen Teaching Schools und Universitäten gelegt werden. Da die Hürden für eine Akkreditierung als Teaching School sehr hoch sind, sollen Schulen, die Teaching School werden wollen, aber noch nicht akkreditiert sind, die Möglichkeit erhalten, mit einer akkreditierten Schule zusammenarbeiten und sich mit deren Hilfe auf die Akkreditierung vorbereiten. Die Rolle der Universitäten im Referendariatssystem soll gestärkt werden und das Inspektionssystem soll ebenfalls reformiert werden. Es soll garantieren, dass die Delegierung (*placement*) in Teaching Schools mit hoher Qualität und zu Instrukteuren mit ausgewiesener hoher Qualität gelenkt werden. Außerdem ist die Rede von engerer Verflechtung zwischen Universitäts- und Schulpersonal – „shared staff between the university and school" und davon, dass die Universität in den Schulleitungsgremien vertreten ist. Die herausragenden hochschulischen Betreiber von Lehrerausbildung sollen ermuntert werden, mit Schulen so eng zu kooperieren, dass sie, nach finnischem Beispiel, mit ihnen verbundene University Training Schools entwickeln können.

2.3.2 Fachstudien, Fachdidaktik, Pädagogik, Praxis

Kontroverse Diskussionspunkte

Widersprüche bzw. Spannungen ergeben sich aus folgenden Gesichtspunkten:

1. Anspruchsvolle Konzeption der Einführung einer neuen integrierten Ausbildung, die gleichzeitig die Relevanz der Praxisfähigkeit berücksichtigt als auch die Bindung an die universitäre Fachwissenschaftlichkeit schafft bzw. aufrechterhält.
2. Anspruch und Interessen der Hochschulen. Hier spielt oft das Interesse der Fachdisziplinen sich zu behaupten („Verteilungskampf"; vgl. Arnold & Reh 2005, S. 148) eine große Rolle.
3. Insofern die Fächer im Bachelorstudium von den bisherigen akademischen Standards der üblichen Wissenschaftsfächer abweichen, droht den Lehrenden in diesem Bereich ein Prestigeverlust. Andererseits kommt den Lehrerstudien als Massenfach möglicherweise eine große finanzielle Bedeutung für die Universität zu – u. a. auch, weil sie relativ „billiger" sind als die rein akademischen Fachstudien

(hierauf hat, allerdings unter den besonderen Bedingungen der USA aber mit letztlich ähnlichen Konsequenzen, Mintrop (2005) hingewiesen).
4. Erschwerung der Erstellung kohärenter, alle Forderungen erfüllender Curricula unter den Bedingungen einer ggf. verkürzten Studienzeit.
5. Widerspruch zu den generellen Forderungen nach weiterer Professionalisierung des Lehrerberufs durch die vermehrte Anwendung alternativer Quereinstiegsmöglichkeiten mit verkürzten Qualifizierungszeiten.

Möglicherweise sollte man auch die Begriffe überprüfen, mit denen in diesem Zusammenhang gearbeitet wird. Die Autorinnen Arnold & Reh (2005) haben darauf hingewiesen, dass aus gegebenem Anlass gelegentlich schon der Begriff „Berufsqualifizierung“ durch den der „Berufsbefähigung“ ersetzt wurde und dies „laut eines Arbeitspapiers des CHE von 2004 auch eher der angelsächsischen Bedeutung von allgemeiner Berufsbefähigung, als ‚Bildung durch Wissenschaft‘“ entspreche (S. 150). Wenn dennoch von offizieller Seite die neue Reform als Chance der Professionalisierung begrüßt werde, werde hier lediglich (sozusagen wertneutral) „eine stärkere Ausrichtung der universitären Ausbildung an den Erfordernissen bzw. der Besonderheit des pädagogischen Handelns, als Qualitätsverbesserung im Sinne einer besseren Vorbereitung auf die spätere Berufstätigkeit“ verstanden (ibd., S. 150–151).

In allen Ländern sind Erstausbildungen in Fachstudien, Fachdidaktik, Pädagogik (Allgemeines Pädagogikwissen, Psychologie usw.), Praxis und gegebenenfalls Weiteres (z. B. spezifische Vorbereitung auf die Abschlussprüfung usw.) gegliedert. Der generelle Umfang dieser Phasen ist zunehmend häufig vorgeschrieben und wird in Credits (ECTS) ausgedrückt. Die konkrete inhaltliche und organisatorische Umsetzung dieser Studienteile ist manchmal mehr oder weniger deutlich zentral vorgegeben, wird heute aber zunehmend den Hochschulen selbst überlassen. Zwischen den Ländern bzw. innerhalb der Länder zwischen den Hochschulen gibt es z.T. große Unterschiede. Diese betreffen nicht nur die Anteile (vgl. z. B. im Exkurs über Mathematik), sondern auch die Konzepte besonders der allgemeinen-berufsqualifizierenden „berufswissenschaftlichen Studienanteile“ (ibd., S. 148). Die geforderte Integration von fachwissenschaftlichen und (lehr-)berufsqualifizierenden Studien scheint sich in vielen Ländern als Spannung und in Widersprüchen zu manifestieren.

Die rein quantitativen Studienteile können, je nach Land unterschiedlich sein, wobei sich jedoch mit den Tendenzen zur organisatorischen Vereinheitlichung auch – zumindest auf proklamatorischer Ebene – ähnliche Entwicklungen abzeichnen. Gelegentlich sind sie auch in den Ländern selbst – manchmal raschem – historischem Wandel unterworfen. Zum Beispiel war in den skandinavischen Ländern zunächst (in einem vorigen Reformzyklus) der Anteil der pädagogischen Inhalte um ca. 50% reduziert, aber mit den neuesten Reformen wieder verdoppelt worden (Werler in diesem

Band). Direkte Vergleiche sind schwierig, da die Inhalte, selbst bei identischen Benennungen von Studienteilen, unterschiedlich sein können. Dies gilt, nicht ausschließlich, aber vor allem für die nicht fachwissenschaftlichen pädagogischen Studien (Psychologie usw.). Hinsichtlich der Praxis gibt es offenbar ebenfalls große Unterschiede bei Organisation, Dauer und inhaltlicher Gestaltung des Studiums.

Fachbezogene fachdidaktische Anteile im Studium im Vergleich anhand von Beispielen

In *Finnland* folgt die Grundschullehrerausbildung der folgenden generellen Verteilung der Credits (ECTS) auf die einzelnen Teile (Fächer):

- „Sprache und Kommunikation: 25 Credits;
- Grundlagenstudium Erziehungswissenschaften: 25 Credits (einschl. 12 Credits Schulpraktikum);
- Aufbaustudium Erziehungswissenschaften: 35 Credits (einschl. 16 Credits Schulpraktikum): Fortgeschrittenenstudium: 80 (einschl. 60 Credits für das Fach Pädagogik für Lehrer);
- Multidisziplinäres Fachstudium: 60, Nebenfach: 60, Fakultative Kurse: 15 Credits.

Die Ausbildung für Sekundarschullehrer (Fachlehrer) sieht folgende Verteilung vor: Das Fachlehrerstudium umfasst 160 bis 180 Studienwochen und führt in 5–6 Jahren zu einem höheren akademischen Grad. Fachlehrerstudierende belegen als Hauptfach ihr zukünftiges Unterrichtsfach, weiterhin absolvieren sie im Rahmen des Fachlehrerstudiums oder gesondert die erforderlichen erziehungswissenschaftlichen Studien. … Die Fachstudien beinhalten vertiefende Studiengänge in einem Fach (55 Studienwochen) und Studiengänge in einem eventuellen zweiten Fach (35 Studienwochen).“ (Mikkola o.J., S. 2)

Die Vorschriften für *Portugal* sehen für die folgenden Lehrerkategorien folgende Grundverteilung vor:

Für das Master-Studium als Lehrer in der Vorschule und in der Primarstufe insgesamt 90 ECTS Credits und zwar:

- Generelles pädagogisches Training : 5 bis 10 Credits;
- Spezifische Didaktische Fragen: 25 bis 30 Credits;
- Ausbildung im Unterrichtsfachbereich (*teaching area*): 40 bis 45 Credits;
- Schulpraxis und Übungsunterricht: 0 bis 5 Credits.

Für die Licenciatura für die Primar- und die Sek-I-Stufe sind insgesamt 180 ECTS Credits vorgesehen und folgendermaßen verteilt:

- Generelles pädagogisches Training: 15 bis 20 Credits;
- Spezifische Didaktische Fragen (Fachdidaktik): 15 bis 20 Credits;
- Ausbildung im Unterrichtsfachbereich (teaching area): 15 bis 20 Credits;
- Schulpraxis und Übungsunterricht: 120 bis 135 Credits (European Encyclopedia 2011).

In *Österreich* sieht die Verteilung *bisher* folgendermaßen aus:

- Humanwissenschaften: 39 Credits;
- Fachwissenschaften und Fachdidaktiken; 84 Credits;
- Schulpraktische Studien: 36 Credits;
- Ergänzende Studien: 12 Credits;
- Bachelorarbeit: 9 Credits (vgl. Eder in diesem Band).

Der *neue Entwurf* sieht für den Bachelor der Primarstufenpädagogik (mit Spezialisierung im Elementar- E oder Primarbereich P) in *Österreich* folgende Aufteilung der erforderlichen Gesamt-Credit-Zahl von 240 Punkten vor:

- Gemeinsamer Pädagogischer Kern: 60 Credits (davon 30 ECTS spezifisch für diesen Bachelor),
- Elementar- und Primarstufendidaktik: 60 Credits (Bezugnahme auf alle Bildungsbereiche),
- Altersstufenspezifische Vertiefung: 30 Credits (E oder P; hier kann auch Inklusive Pädagogik gewählt werden),
- Schwerpunkt in einem Bildungsbereich: 60 Credits,
- Weitere Spezialisierung: 30 Credits (z. B. Inklusive Pädagogik, Umgang mit Heterogenität, Sozialpädagogik, Medienpädagogik …).

Der Bachelor für Sekundarstufenpädagogik sieht (mit Spezialisierung für Sek-I (S1) oder Sek-II (S2) folgende Verteilung der insgesamt 240 ECTS vor:

- Gemeinsamer Pädagogischer Kern: 30 Credits (davon 30 ECTS spezifisch für diesen Bachelor),
- Zwei Schulfächer oder ein Flächenfach oder ein Schulfach und Inklusive Pädagogik: 60+60 Credits,
- Altersstufenspezifische Vertiefung (S1 oder S2) in den beiden Schulfächern bzw. im Flächenfach bzw. in Inklusiver Pädagogik: 15+15 Credits,
- Mit den gewählten Schulfächern bzw. mit dem gewählten Flächenfach in Verbindung stehende Spezialisierung (z. B. Inklusive Pädagogik, Umgang mit Heterogenität, Medienpädagogik …): 15+15 Credits.

Der Master für Sekundarstufenpädagogik verteilt sich auf die insgesamt 60–120 ECTS folgendermaßen:

- Pädagogische und fachdidaktische Begleitung der Induktionsphase: 30 Credits,
- Spezialthema + Masterarbeit: 30 Credits,

zusätzlich, falls Ergänzung für den gesamten Altersbereich (S1+S2) angestrebt wird:

- Ergänzende Spezialisierung für S1 oder S2 (je nachdem, was im Bachelor nicht gewählt wurde): 30 Credits,

zusätzlich, falls Ergänzung auf die Primarstufe angestrebt wird:

- Elementar- und Primarstufendidaktik: 60 Credits (Bundesministerium für Kunst, Unterricht und Kultur 2011, S. 12–13).

Das Beispiel Australien

In Australien gibt es eine große Vielfalt von Studienorganisationsformen in den verschiedenen Universitäten aber auch innerhalb der Institutionen. Gegenwärtig gibt es z. B. an der bekannten Monash Universität 21 verschiedene Bachelor-Kurse, davon ein sog. „Honours Degree in the Bachelor of Education", ein Aufbaukurs, der für Absolventen mit hervorragenden Ergebnissen des normalen pädagogischen Bachelor-Studiums gedacht ist und auf eine Tätigkeit in der pädagogischen Forschung ausgerichtet ist. Unter den anderen Kursen gibt es Spezialisierungen für Musik, Sport, Sonderpädagogik usw., aber auch z. B. eine Primarstufenausbildung, die stärker auf die Lehrertätigkeit ausgerichtet ist und eine etwas weiter gefasste Primarstufenpädagogik, die auch als Sprungbrett in andere Berufe dienen kann und als „Doppelqualifizierung" gilt. In beiden Fällen (wie in den anderen Kursen) liegt die unabdingbare Dauer für Unterrichtspraxis in einer Schule gleichermaßen bei insgesamt 80 Tagen verteilt auf das 4-jährige Studium und mit einem Schwerpunkt von 40 Tagen im letzten Studienjahr. Beide Kurse bestehen aus insgesamt 32 Fächern (*units*). Im ersten Semester des engeren pädagogischen Studiums belegt man z. B. die Fächer „Entering the profession 1", „Learning and educational inquiry 1" (in diesem unit liegen auch die ersten 5 Tage Praxis), „Multicultures in Australian society" oder „Music fundamentals". Im zweiten Semester fallen an: „Spaces of difference", „Learning and educational inquiry 2" (5 Tage Praxis), „Exploring science" und „Information and computer technology in education". Die allgemeinere (doppelqualifizierende) Version des Bachelor für die Primarstufe ist aufgeteilt in eine Hälfte von Units aus dem pädagogischen Bereich und einer Hälfte geisteswissenschaftlicher Kurse (*arts*) mit einem Hauptfach und einem Nebenfach, die schwerpunktmäßig in den ersten Studienjahren liegen und im vierten Jahr überhaupt nicht mehr vertreten sind. Die Wahlmöglichkeit der geisteswissenschaftlichen Kurse ist enorm und umfasst verschiedene Philologien, aber z. B. auch Archäologie (http://www.education.monash.edu.au/courses/).

Fachbezogene fachdidaktische Anteile im Studium im Vergleich – das Beispiel Mathematik

Die fachdidaktische Ausbildung spielt im Studium der Fachlehrer für die Sek-I und Sek-II eine sehr unterschiedliche Rolle. Wie sich zeigt, ist auch hier die Varianz der Modelle, d. h. die zeitliche Verteilung zwischen Fachstudien, Fachdidaktikstudien und gegebenenfalls weiteren Studienanteilen (in einem weiteren Unterrichtsfach) enorm hoch. Dies soll hier am Beispiel der Ausbildung von Mathematiklehrern illustriert werden:

Tab. 4: Anteil fachbezogener Lerngelegenheiten an der Mathematiklehrerausbildung für die Sekundarstufen I und II (in Prozent)

	Mathematik	Mathematikdidaktik	Sonstiges
Südkorea	59	20	21
Taiwan	56	19	25
Bulgarien	46	17	37
Deutschland	35	05	60
USA	30	08	62

Quelle: Blömeke, Suhl et al. 2010, Abschn. 4.1.2).

Tatsächlich zeigt die Tabelle substanzielle Unterschiede. „In Südkorea und Taiwan wird mehr als die Hälfte der Ausbildungszeit auf Mathematik sowie weitere 20% auf Mathematikdidaktik verwendet. Maximal ein Viertel der Ausbildungszeit geht in der Ein-Fach-Ausbildung in pädagogisch-psychologische und allgemeinbildende Anteile. In Bulgarien und Deutschland muss dagegen ein Nebenfach bzw. ein gleichberechtigtes zweites Fach belegt werden. Entsprechend ist hier der Anteil an sonstigen Inhalten größer und der Anteil an Mathematik fällt knapp unter die Hälfte bzw. auf gut ein Drittel. Auffällig ist der große Unterschied zwischen diesen beiden Ländern in Bezug auf den Anteil an Mathematikdidaktik. Während dieser in Bulgarien etwa dem in Südkorea und Taiwan entspricht, machen diese Anteile in Deutschland nur etwa 5% des Ausbildungsumfangs aus. Zusammen kommt die fachbezogene Ausbildung hier daher nur auf einen Anteil von etwa 40% der universitären Ausbildung" (Blömeke, Suhl, et al. 2010, Abschn. 4.1.2).

Ähnlich niedrig wie in Deutschland, sogar noch darunter liegt der zeitliche Anteil fachbezogener Lerngelegenheiten in den USA. Allerdings ist hier im Vergleich zu

Deutschland im Mittel der Ausbildungsinstitutionen der Umfang an fachmathematischer Ausbildung in der Sekundarstufenausbildung etwas geringer (30%), dafür jener an fachdidaktischer Ausbildung etwas höher (8%).

> „Schulpraktische Anteile müssen in allen Teilnahmeländern in Ergänzung zu den dargelegten stundenmäßigen Anforderungen absolviert werden: in Bulgarien, Südkorea und den USA in den Semesterferien bzw. vor allem im letzten Jahr der Ausbildung begleitend zu den universitären Lehrveranstaltungen, in Deutschland und Taiwan überwiegend im Anschluss an die universitäre Ausbildung während der zwei- bzw. einjährigen praktischen Ausbildung. In Südkorea beträgt die Dauer der Praktika insgesamt vier und in Bulgarien acht Wochen. In den USA hängt die Dauer stark von der jeweiligen Ausbildungsinstitution ab. Über die in MT21 [der Studie Mathematics Teaching in the 21st Century – v. K.] vertretenen Institutionen hinweg betrachtet, handelte es sich im Mittel um zwölf Wochen" (ibd.).

Eine breit angelegte internationale Studie „Survey on Initial Teacher Education Programmes in Mathematics and Sciences" (SITEP), in mehr als 800 Hochschulen und mehr als 2500 Lehrerbildungsprogrammen, ist 2010–2011 in Europa durchgeführt worden. Ergebnisse sollten eigentlich bereits Ende 2011 veröffentlicht worden sein, konnten jedoch nicht gefunden werden.

Praktika

Für die Länder, die das konsekutive Modell neu eingeführt haben, bedeutet die Einbeziehung der Praktika in das Bachelor-Grundstudium eine Herausforderung. Formen und Inhalte der Schulpraktika können sehr unterschiedlich sein. Aus den vorliegenden Quellen konnte für den internationalen Vergleich oft keine detaillierte Information erlangt werden. Eine grundlegende Gliederung, die für Vergleiche verwendet werden könnte, bietet z. B. das konsekutive Studium in Hildesheim, das eine, auch in vielen anderen Hochschulen verwendete, im Detail in Benennungen und Zeitphasen unterschiedliche Gliederung faktisch verwendeter Praxisteile folgendermaßen systematisiert hat:

- Schulpraktisches Studium 1: im 1. Semester 1 Wochenstunde Hospitation in der Unterrichtsstunde des Mentors.
- Schulpraktisches Studium II: im 2. Semester. Wie oben jedoch inhaltlich andere Schwerpunkte und zusätzlich unter Betreuung des Mentors Durchführung einer eigenen Unterrichtsstunde.

- Allgemeines Schulpraktikum: Am Ende des 3. Semesters, 6-wöchig. Anwesenheit an allen Schultagen. Leitung durch die Mentoren. Beteiligung an Planung von Unterrichtsstunden usw.
- Betriebs-, Sozial- oder Vereinspraktikum als Zulassungsvoraussetzung zur 1. Staatsprüfung. Ableistung während des Bachelor-Studiums nach Wahl des Studierenden von Zeitpunkt und des konkreten Betriebs/Organisation.
- Fachpraktikum: In einem der zwei gewählten Unterrichtsfächer semesterbegleitend und mentorenbetreut. Erstellung eines Abschlussberichts (s. Boekhoff et. al. 2004).

Ein Projekt der OISE in Toronto, Kanada, bestätigte die Rolle des Praktikums im Rahmen der Gesamtausbildung sowie die Beziehung zwischen Mentoren und Praktikanten in der Praxisphase und hob die Notwendigkeit des Feedbacks an die Studierenden sowie des Einfühlungsvermögens der Mentoren hervor:

> „Research literature regarding the effectiveness of teacher candidates' professional experiences indicates concerns related to how associate teachers mentor teacher candidates by providing effective feedback and opportunities to reflect on their practice … Research shows that the practicum is one of the most influential elements in the initial teacher education program and that feedback from associate teachers is the most influential element in that experience … Consequently, it is essential that associate teachers develop effective mentoring skills to provide feedback in a way that is efficient for them and effective for teacher candidates. Associate teachers need to be able to discuss teaching practices and issues with their teacher candidate in meaningful, nonthreatening ways …" (Krpan & Rabinowicz 2009, S. 59).

Eine jüngste Untersuchung fragte bei den schottischen Studenten nach ihrer Beurteilung der unterschiedlichen Studienphasen und -formen. In der Reihenfolge der positiven Beurteilungen wurden genannt: Praxis, Seminare, Gruppenstudien, peer learning, Vorlesungen, Selbststudium, Arbeit mit Studierenden anderer Disziplinen, Blended learning (also Angebote, die E-Learning, Fach- und Faktenstudium mit Präsenzstudium verbinden), sowie Soft Skills: soziale Kompetenz, Rollenspiele, Onlinestudium und Fernstudium (Donaldson 2011, S. 35). Auch andere Studien und internationale Vergleiche deuten daraufhin, dass die Lehrerstudenten der möglichst frühen Praxiserfahrung eine vorrangige Bedeutung einräumen.

Notwendigkeit der Verbesserung der Schulpraxis innerhalb der Lehrer-Erstausbildung: Beispiel Schottland

„The balance between time spent on placement and time spent in university remains contentious. Many respondents, particularly students and newly-qualified teachers strongly indicated that they perceived that the most valuable part of initial teacher education programmes was the placement experience. Despite 50% of the postgraduate degree programme being given over to placement and a minimum of 30 weeks over four years on the undergraduate route, 60% of graduates from the one-year programme and 51% of graduates from the undergraduate routes said that this was insufficient and argued that more time should be given to placement ...“ (Donaldson 2011, S. 42).

„Apart from the minimum stated length of placement days in the GTCS guidelines, there is no single model across Scotland and the universities have developed different patterns and concepts of placement to complement their campus-based provision. If, as we recommend, initial teacher education and induction are planned and operated as one continuous experience, the rhythm, flow and duration of placements could be adjusted to provide the best synergies between learning in the different settings. The majority of those who submitted evidence to the Review recognised that theory and practice are too often perceived as separate entities despite the vigorous efforts of the university tutors and many teachers to make links“ (ibd., S. 43).

2.3.3 Referendariat, Induction, Probezeit, Unterstützung bei der beruflichen Eingliederung

Junglehrer in der Schule

Eine Reihe von Studien, lenken die Aufmerksamkeit auf den Beitrag gerade der jungen Lehrer, da diese mit dem Wissenschaftsbetrieb der Hochschule noch am engsten verbunden sind und von denen folglich oft erwartet wird, dass sie dadurch, und durch ihre noch nicht in Routine erstarrte Einstellung zu Innovationen in der Schule beitragen können.

Diese Erwartung wird auch in der schottischen Donaldson-Studie bekräftigt: „Much of the evidence gathered in the course of the Review affirms the many positive features and characteristics that new teachers often bring to schools. They are often optimistic, generate discussion about new ideas and approaches, and are positive in their attitude to educational change and finding solutions to problems or difficulties.

Many teachers who are taking part in the induction scheme contribute a great deal to the wider life of the school. They are enhancing their professional development through participating in working groups and taking responsibility for aspects of school life“ (Donaldson 2011, S. 33).

Zur Nutzung des Innovationspotentials von Junglehrern gibt es aber auch skeptischere Berichte und Daten:

> „in many schools new teachers cannot and do not play such a role. They are often quickly integrated in the existing culture and adapt themselves to the norms of the school. Thus their potential as change agents is wasted. The introduction of induction programmes can contribute to the development of a learning culture within schools. Such a learning culture focuses not only on supporting the learning of beginning teachers, but also on the learning of all teachers in the school. The mentor plays a crucial role in creating an environment in which the input from beginning teachers is welcomed and taken seriously, and in fostering a learning culture within the school as a whole“ (European Union 2010, S. 15).

Zum Teil sind diese Probleme beim Übergang in die Praxis, Berufsunzufriedenheit, bessere Berufsangebote usw. in allen Ländern für Drop-out bei Junglehrern verantwortlich: „The drop-out rate of beginning teachers is substantial and can be as high as 10% in some countries …“ (European Union 2010 S. 14). Für die USA konstatierte – allerdings in einem spezifisch anderen Kontext von Lehrerstudentenrekrutierung und Ausbildung – eine 2002 veröffentlichte Untersuchung einen drastischen Schwund von Neulehrern (Erstberufler und Quereinsteiger). Fast 50% der neuen Lehrer hatten nach 5 Jahren die Schule wieder verlassen (Mintrop 2006, S. 64, s. o.).

Berufseinführungsprogramme – Induction

Auf einem Symposium zum Thema Professional Inductions of Teachers in Europe and Elsewhere wurde betont, dass für die Junglehrer die Probleme und Aufgaben von Anfang an äußerst breit gefächert sind. Dazu gehören die Kontaktaufnahme zu den Eltern, die Klassenführung, die schulische Disziplin, das nötige Selbstvertrauen, die Identifizierung mit dem Beruf und der Bedarf an qualifizierten Betreuern. Eine Stellungnahme wertete die Bemühungen um innovative Berufseinführungssysteme so, dass einige Länder über ein gut funktionierendes System der Berufseinführung verfügten, dagegen es in Ländern ohne ein derartiges System am nötigen politischen Willen fehle (Europäisches Parlament 2008, S. 12).

Die Berufseinführung sei eine Phase, die aufgrund der Datenlage als „blinder Fleck“ bezeichnet werden kann (Buchberger & Buchberger 1993). Diese Charakteristik sollte sich nach den Plänen der europäischen Bildungspolitik inzwischen geändert haben. Ob dies tatsächlich der Fall ist, lässt sich ohne tiefere Analyse nicht bestätigen. Jedenfalls wird dieser Phase in allen jüngeren Berichten und Studien von EU und OECD zur Lehrerbildung unter der Bezeichnung von „Induction" eine große Bedeutung eingeräumt (wobei aber offensichtlich „induction" jeweils in einem engeren oder einem weiteren Sinne gebraucht wird).

Im weiteren Sinne bezeichnet „Induction" generell alles an Probe-, Referendar- und ggf. anderen Anschlussstudien, die zwischen Erststudium und dem endgültigen Berufsstatus als Lehrer liegen: „Induction programmes bridge the gap between initial teacher education and continuous professional development. Within the continuum of lifelong learning, induction programmes form the linking pin between initial and in-service teacher education" (European Union 2010, S. 16).

Laut der Zahlen von EURYDICE aus dem Jahr 2009, gibt es nur in etwas weniger als der Hälfte aller europäischen Länder eine „induction phase", im Sinne eines Referendariats, die dort auch als „final ‚on-the-job' qualifying phase" bezeichnet und auf Deutsch als „Einführungsprogramm" übersetzt wird: „The main aim of the induction phase is to facilitate support for teacher trainees and to introduce them to their new working environment. This compulsory period forms a transition from initial teacher education to fully-fledged professional life. It should help teacher trainees to become successful teachers and thus to prevent new teachers from leaving their jobs. During this phase, teachers are still not considered to be fully qualified and are usually regarded as ‚candidate teachers' or ‚trainees'. They carry out wholly or partially the tasks incumbent on fully qualified teachers, and are remunerated for their activity. This phase includes an important supportive and supervisory dimension provided by a ‚mentor', and normally also a formal evaluation of teaching skills. It also includes formal theoretical training. In most cases, candidate teachers become fully qualified teachers at the end of this stage after satisfying a set of formal evaluation criteria" (Teacher Education Curricula 2009, S. 43).

Wie sich im Folgenden zeigt, kann mit den verschiedenen Modellen in den jeweiligen Ländern aber auch die Bedeutung des Begriffs variieren:

> „Induction is generally seen as a form of support programme for new entrants to the teaching profession. Official definitions vary, as do the forms that induction may take and the ways it is organised.
>
> - In some countries, induction is aimed at new teachers who have completed initial teacher education, have attained the relevant qualification (a degree), and have obtained the relevant licence or permission to teach.
> - In other countries, induction is aimed at teachers who have the required qualification but not yet a licence to teach; in these cases, they are regarded as

‚candidate' or ‚probationary' teachers or ‚trainees' and the induction phase may end with a formal assessment of their teaching skills and a decision about their entry into the profession.

- In other countries, induction is aimed at teachers who are not yet qualified and do not have a license to teach; in such cases the division between initial teacher education and induction becomes blurred.
- Finally … in the majority of European countries, there is no state-wide system of induction as such. The induction phase generally lasts between ten months and two years. During induction, new entrants carry out wholly or partially the tasks incumbent on experienced teachers, and are remunerated for their activity. Most countries provide this ‚induction phase' in addition to the compulsory professional training received before the acquisition of a teaching diploma" (European Union 2010, S. 10).

Eine „induction phase" im engeren Sinne gab es im Studienjahr 2008/09 laut Eurydice neben Deutschland, in Österreich (nur für Lehrer der Allgemeinbildenden höheren Schule), Portugal, dem Vereinigten Königreich und der Türkei, wobei die Referendare als qualifiziert gelten, aber noch keine abschließende Lizenz zum Unterrichten haben. In Frankreich und Luxemburg zielt das *Induction System* auf Absolventen ohne abschließende Lehrerqualifikation und ohne abschließende Lizenz zum Unterrichten. In Estland, Zypern und Slowenien zielt das *Induction System* auf Absolventen, die bereits eine Lehrerqualifikation und eine Lizenz zum Unterrichten besitzen. In Malta und Irland waren zum Zeitpunkt der Datenerhebung die Einführung von *Induction Systems* vorgesehen aber noch nicht verabschiedet. In Irland ist einer anderen Quelle nach inzwischen ein einjähriges Programm verbindlich. In den Niederlanden ist das *Induction System* nicht Pflicht, aber vorhanden. Dabei gibt es keine generell verbindliche Regelung über Probezeiten und Einführungsprogramme. Es lässt sich jedoch eine zunehmende Zahl von Angeboten registrieren. Im Jahr 2000 erhielten rund 80% der Berufsanfänger eine Unterstützung (Teacher Education Curricula 2009, S. 43).

Die Länge der offiziell ausgewiesenen, an das Studium anschließenden Induction-Programme in 12 von 35 EU-Ländern variierte 2010/2011 – abgesehen von Slowenien mit einem halben Jahr – zwischen einem und zwei Jahren (letzteres in Deutschland, Luxemburg und Rumänien).

In den Ländern, die kein obligatorisches *Induction System* eingeführt haben, gibt es in der Regel Verordnungen oder Empfehlungen, die Programme verschiedenster Art zur beruflichen Eingliederung von Junglehrern vorsehen (European Union 2010, S. 11–12; Europäisches Parlament 2008). In den USA ist *Induction* in der Regel nicht verpflichtend und war lange Zeit wenig systematisiert: „… many states and school districts are offering what are referred to as induction or entry year programs wherein novice teachers in the critical first years of teaching are provided assistance by veteran teachers. Novice teachers also come together periodically to continue their education. Some of these programs are sponsored by the district, others by teachers' unions, and still others in partnership with universities" (Elementary education of Teachers, Education Encyclopedia). Es gibt aber zunehmende Bemühungen, *Induction* zu systematisieren (s.u.).

Erfahrung von Junglehrern: Beispiel Toronto

Ein Projekt der OISE in Toronto, Kanada, protokollierte unter der programmatischen Bezeichung „Negotiating a new professional identity" erste Erfahrungen von Junglehrern, um mehr über deren Erfahrungen und Gefühle beim Übergang in den Beruf in Erfahrung zu bringen: „Participants described how they arrived on the first day of school with their social justice values firmly in place and eager to bring their ideals and ideas into the school to advocate for, and serve, students and families. However, they were unsure about how to navigate their role as a teacher-activist among a professional association of more experienced teachers, who, from their perspective, do not necessarily share their values or their vision for change. In a complex and demanding environment, they described this social justice work as „risky business," and they experienced feelings of vulnerability, confusion, and isolation as activists at the beginning of the school year" (Rose, Markus & Kugler 2009 in Rolheiser, S. 24).

Induction in den USA: „residency" und das Prinzip der „klinischen Praxis"

In den USA hatte 1996 die National Commission on Teaching and America's Future angeregt, generell das erste Berufsjahr in den Schulen nach dem Vorbild des Assistenzarztes („residents": young doctors who have graduated from medical school, but who are still in training as doctors) zu verstehen und so die Eingliederung zu betreuen und zu erleichtern. Inzwischen hat sich die sog. „residency" nach dem Studium weiter verbreitet und es gibt vielfältige Modelle mit verschiedenen Schwerpunkten (Alliance for Excellent Education 2004). Die Erfahrungen der Junglehrer sind denen in anderen Ländern ähnlich und hieraus ergeben sich auch die Schwerpunkte der einzelnen Programme. Immer wieder bestätigte sich in Studien, dass Junglehrer zwar meist gut auf das Unterrichten vorbereitet sind aber Schwierigkeiten haben, mit ihren Klassen zurechtzukommen. Hinzu kommt ihre radikale Vereinzelung: „The practice of placing individual teachers in separate classrooms has created an isolating, private profession that hampers large-scale school improvement. Even if teachers want to learn from other teachers or school leaders, they do not have time or opportunities to connect with them" (Alliance for Excellent Education 2004, S. 18). Deswegen werden schon seit mehreren Jahren von verschiedenen Schuldistrikten und Schulen Verfahren gefördert, wonach Junglehrer systematisch zusammengeführt werden und sich, meist unter Leitung eines erfahrenen Lehrers, über ihre Erfahrungen und Probleme austauschen, Stunden vorbereiten u. ä. In ländlichen Regionen gibt es darüber hinaus Angebote, in speziellen Foren online miteinander zu kommunizieren (ibd.).

Die medizinische Terminologie, die in diesem Kontext in einigen Ländern angewendet wird, ist nicht zufällig gewählt, sondern hat programmatischen Charakter, wie im Beitrag über Australien von David Beckett im vorliegenden (dort bezogen auf den sog. „M-Teacher" und den Praxisunterricht aber wohl mit übergreifender Gültigkeit) – deutlich zum Ausdruck kommt. Dabei erlangt diese Art der Praxiseinführung nach Ansicht einiger Experten sogar die Qualität eines ‚dritten Weges': „As in nursing, and law, where practitioners are expected to make positive differences in unique cases, so, in classrooms, education practitioners are expected to shape interventions across the ability spectrum, and thereby uniquely moving learning along. This Australian innovation is also well-supported by research evidence elsewhere. In an authoritative overview of the shape of teaching as a *clinical practice* profession, in the USA, Alter and Coggshall (2009) state that, in contrast to a craft, or a profession „Some education leaders propose a third view: that teaching instead should be properly conceived of as an academically taught clinical practice profession, similar to clinical psychology and medicine." (David Beckett im vorliegenden Band).

Induction: Beispiel Schottland

> „The Teacher Induction Scheme was introduced in 2002 to offer all new teachers qualifying from Scottish universities a paid year-long placement in a mainstream school, giving them support to achieve the Standard for Full Registration. The scheme is managed and administered by the GTCS [General Teaching Council for Scotland] on behalf of the Scottish Government. It provides each new probationer teacher with school-based mentoring and support, as well as a programme of CPD [Continuing Professional Development v. K.] led by the local authority. Probationary teachers have a maximum class commitment of 0.7 full-time-equivalent (FTE). This allows dedicated time for their professional development, including observing and working with experienced teachers.
>
> The scheme represented a radical change in approaches to managing and supporting new teachers in Scotland. Prior to the introduction of the scheme in 2002, new teachers were ‚provisionally registered' for the equivalent of two years full time, with schools completing interim reports and a final report which recommended whether or not full registration should be granted. Levels of support for

new teachers varied hugely under the previous system, and some teachers completed their probation through short-term appointments in a range of different schools. Short-term supply contracts often lasted for just one or two days, with no support or preparation time. Apart from those who gained permanent or long-term temporary work, probationers were often being exposed to a disparate range of experiences in different schools and different local authorities. The 2000 McCrone Report witheringly described this way of gaining full registration as ‚little short of scandalous'.
The Scottish teacher induction scheme is admired by many countries around the world, and the entitlement to a guaranteed year of full-time teaching in one school for all graduates from initial teacher education in Scotland was described as ‚world-class' by the OECD in 2007. The success of the induction year placement for new teachers relies upon the quality of the support and challenge they receive from their mentors. Mentors are experienced teachers who are released from other duties …" (Donaldson 2011, S. 31).

„Some probationer teachers reported that the content of the induction programme at local authority level did not build on their prior learning effectively. Whilst some of what has been learned in initial teacher education content does need to be revisited, some was simply repeated. The involvement of the university partners in induction is negligible. During their probation, only 4% of respondents to our online questionnaire had the opportunity to retain links to their university. Forty-five per cent would have chosen to do so if the opportunity had been offered. Research by Carter and Francis (2001) … on workplace learning in New South Wales, Australia, suggests that effective learning for beginning teachers is linked to induction supported by partnership with a university. If we conceptualise and design a two-year graduate programme, which includes the PGDE [Professional Graduate Diploma in Education – v. K.] and the induction scheme, involving university-based and local authority-based teacher educators throughout, progression in the development of skills and competences for new teachers should improve significantly … More joint appointments between local authorities and universities would be a further way of breaking down the structural barriers and bringing all staff involved in teacher education closer together. Current experiments, for example as led by Glasgow University and partners, where university teacher educators are based within a locality, may help to ensure better progression from initial teacher education into induction and beyond. This would also help to address the desire of many new teachers to have continuing contact with university staff during their early career development. University staff could enrich the quality and focus of the action-based research that many probationers complete during their induction year, as part of the local authority programme. Opportunities for these projects to be accredited could increase with greater involvement of university staff. This might encourage new teachers to continue to develop credits at Masters degree level, based on the introduction to this level of study within many initial teacher education programmes.“ (Donaldson 2011, S. 48).

2.3.4 Weiterbildung – permanente Qualitätssicherung

Die Weiterbildung gewinnt mit der Suche nach einer Verbesserung der Lehrerbildung zum einen zunehmend an Gewicht wie im folgenden Zitat zum Ausdruck kommt: „Vor allem aber – und das ist das Wichtigste, deshalb sage ich es noch einmal – müsste das Weiterlernen im Beruf, die Aufrechterhaltung und Neuakzentuierung der eigenen beruflichen Fähigkeiten sehr viel stärker als bisher ausgeprägt sein. Wenn ich pathetisch werden wollte, könnte ich formulieren: Die Wahrheit der Lehrerbildung liegt in der Lehrerweiterbildung!“ (Terhart 2012). Zum anderen wird sie zunehmend, zusammen mit den anderen Schritten von der Studienaufnahme bis zum Berufsaustritt als Teil eines Gesamtausbildungssystems gesehen: In Österreich fand diese Vorstellung in eine jüngste Empfehlung (vom Dezember 2010) Eingang und wurde folgendermaßen resümiert: Die Empfehlungen

> „beziehen sich auf alle Bereiche pädagogischer Berufe und auf alle Phasen der Erstaus-, Fort- und Weiterbildung im Rahmen des Lebenslangen Lernens, da allen pädagogischen Berufen ein gemeinsames Verständnis vom Bildungsprozess junger Menschen insgesamt zu Grunde liege. Daher enthalten die Empfehlungen Kompetenzen, die in allen Einsatzfeldern pädagogischer Berufe von ausschlaggebender Bedeutung sind. Es wird eine grundsätzliche Neuorientierung der Professionsausbildungen empfohlen, die Wissen, Können und Haltungen in eine dynamische Wechselbeziehung setzt, was ein System der Anerkennung von relevanten Kompetenzen, unabhängig davon, wie und wo sie erworben wurden, bedingt. Es wird ein gesamthaftes 3-Phasenmodell der LehrerInnenbildung NEU empfohlen, das die Attraktivität pädagogischer Berufe hebt, stringente Verfahren zur Auswahl und Aufnahme vorsieht und eine klar aufeinander aufbauende, miteinander verknüpfte und durchlässige Struktur für Erstausbildung, Berufseinführung und weiterführende Phasen des Lebenslangen Lernens – Fort- und Weiterbildung – vorsieht“ (Schratz 2012, S. 4; vgl. auch die Abbildung 2 am Ende des Kapitels 2.3.5, S. 99).

Vergleichender Überblick

Lehrerfort- bzw. Weiterbildung ist „nur in 11 Mitgliedstaaten obligatorisch, und auch dort macht sie im Allgemeinen weniger als 20 Stunden im Jahr aus und dauert insgesamt höchstens fünf Tage. Nur in der Hälfte der EU-27 erhalten die Lehrer in der Anfangsphase Unterstützung in Form von Einarbeitung, Training und Betreuung" (Europäisches Parlament 2008, S. iv).

Und: „Nur in der Hälfte der [EU-] Länder werden Lehrern Zulagen für berufsbegleitende Fortbildung oder für herausragende Leistungen gewährt." (ibd.)

> „Unseren Untersuchungen zufolge findet eine Fortbildung nur in etwa der Hälfte der EU-27 statt, und selbst in den Ländern, in denen sie obligatorisch ist, besteht Unklarheit über die Teilnehmerquote und sind oft weniger als 20 Stunden im Jahr vorgeschrieben. Am ehrgeizigsten ist man in den Niederlanden, wo zehn Prozent der jährlichen Arbeitszeit eines Lehrers für Qualifizierungszwecke genutzt werden sollen und die Lehrer die Maßnahmen in Gesprächen mit ihren Arbeitgebern auswerten. Hier einige Angaben zu anderen europäischen Ländern:
> - In Griechenland ist eine Fortbildung für neu qualifizierte Lehrer obligatorisch.
> - In Spanien, Polen, Portugal, Slowenien und Bulgarien ist die Teilnahme an Fortbildungsmaßnahmen zwar freigestellt, doch wirkt sie sich fraglos positiv auf das berufliche Fortkommen und die Gehaltsentwicklung aus.
> - In England wird von Lehrern verlangt, dass sie jährlich fünf Tage der beruflichen Fortbildung widmen, bisweilen im Zusammenhang mit neuen nationalen Initiativen.
> - In Ungarn sind Lehrkräfte nach der 1996 erfolgten Novellierung des Bildungsgesetzes von 1993 verpflichtet, in einem Zeitraum von sieben Jahren 120 Stunden für die berufliche Qualifizierung aufzuwenden" (ibd. 2008, S. 13).

Laut der großangelegten TALIS-Studie waren die Anteile derjenigen (Sek-I-)Lehrer, die während der vorausgegangenen 18 Monate an irgendeiner Weiterbildungsmaßnahme teilgenommen hatten, auf den ersten Blick sehr groß: Am unteren Ende der EU-Länder befand sich die Slowakische Republik mit rund 73%, gefolgt von Dänemark mit rund 75%. Italien, Portugal und andere Länder kamen auf über 80% bis knapp 90%. Die Mehrzahl der in der Studie erfassten EU-Länder lag bei knapp unter oder über 90%. Die höchsten Anteile zeigten Österreich und Slowenien mit rund 95% und an der Spitze Spanien mit 100% (Scheerens 2010, S. 58). Die Intensität der Teilnahme variierte deutlich nach verschiedenen Charakteristika wie Unterrichtsfach, Alter usw. Sie variierte vor allem auch bei der Zahl der an Weiterbildung teilnehmenden Tage. Sie war mit 26–27 Tagen am höchsten in Bulgarien, Italien, Polen und Spanien, dagegen mit 5,5 Tagen am niedersten in Irland und mit 7 bis 8 Tagen ebenfalls sehr nieder in der Slowakei, Malta, Belgien und Slowenien (ibd., S. 60).

„Der Bedarf ist groß: Die meisten Lehrer wollen sich fortbilden, um die gestiegenen Anforderungen zu erfüllen. Doch die wenigsten Seminare werden genehmigt: aus *Zeitmangel, aus Personalmange*l – oder weil das Angebot nicht passt" (Steinbacher 2012).

„Natürlich kann kein Land auf regionale oder lokale Fortbildungsangebote verzichten. Botho Priebe hat in einer 2011 veröffentlichten Expertise im Auftrag der GEW für Nordrhein-Westfalen sogar gefordert, dass die mit den *Fortbildungseinrichtungen* abgestimmten Seminare weitgehend *in den Schulen selbst* stattfinden sollten. Er regt an, ‚ein professionelles, konzeptionell *modularisiertes* und nachfrageorientiertes Fortbildungsangebot' aufzubauen … In seinen Empfehlungen hat sich Priebe auch an erfolgreichen Pisa-Staaten orientiert – er war bis 2008 Beauftragter der Kultusministerkonferenz bei der OECD für Pisa." (ibd.)

„Die OECD vertritt die Auffassung, dass *kurze und präzise Berufsbilder* oder Anforderungsprofile für Lehrer den jeweiligen Ländern von Nutzen sind. Sie können den Rahmen für die Erhöhung der Professionalität, die Weiterqualifizierung und die wirksamere Gestaltung der Lehrtätigkeit abstecken. Die Lehrer sollten ermutigt werden und Anreize erhalten, ihr Qualifikationsprofil zu überprüfen und ihren Beruf noch besser auszuüben, zumal dort, wo nur bedingt Mechanismen zur Beurteilung und Kontrolle der Lehrer vorhanden sind. Als Lösungsmöglichkeit schlägt die OECD unter anderem vor, dass Lehrer im Rahmen eines Systems der gerechten und transparenten Beurteilung alle fünf bis sieben Jahre die Verlängerung ihrer Zulassung zum Lehrerberuf beantragen müssen" (Europäisches Parlament 2008, S. 6).

„‚International kann man sehen, dass die Praxisanteile in der Lehrerbildung immer weiter nach vorne verlagert werden', erklärte Andreas Schleicher. Zum Teil werden einschlägige Praktika bereits bei der Auswahl von Studienbewerber/innen gefordert, spätestens aber im Grundstudium trägt ein Praktikum in einer Schule dazu bei, dass sich die Studierenden mit den Anforderungen im Berufsfeld auseinander setzen. Studium und Praktikum sind dabei eng auf einander bezogen. Die Praxis steht nicht im Kontrast zu einem theorielastigen Studium, sondern bietet Anregung für neue Forschungsfragen und Raum für die Reflexion von Erfahrungen … Beispiele für die gelungene Zusammenarbeit lassen sich in Kanada und Finnland finden. Dort ist die universitäre Ausbildung in ein breites Netz von Partnerschulen eingebunden, Schulleitungen und Lehrer/innen beteiligen sich an der universitären Lehre und umgekehrt bringen sich Lehrende und Studierende der Universitäten in das schulische Unterrichtsgeschehen ein" (Iller 2011, S. 26ff.).

„Die eigentliche Professionalitätsentwicklung im Lehrberuf findet erst nach dem Studium statt. Deshalb haben die international leistungsstarken Bildungssysteme ein aufeinander aufbauendes Konzept der Aus- und Weiterbildung für Lehrer/innen. Nach dem Studium wird der Einstieg in den Beruf durch Weiterbildung und Coaching begleitet. Und danach ist Weiterbildung als bezahlte Arbeitszeit in die Personalplanung einkalkuliert, in Singapur beispielweise im Umfang von 100 Stunden pro Jahr und Person. Das abgesicherte Zeitbudget verbunden mit praxisrelevanten Inhalten trägt in hohem Maße zur Akzeptanz der Weiterbildungspflicht bei, anders als ‚in Deutschland, wo die Lehrerfortbildung häufig von den Lehrern, den Eltern und der Schulleitung als Belastung empfunden wird' (Schleicher)" … Ergänzend zu den Weiterbildungsmöglichkeiten in Hochschulen und Bildungseinrichtungen wäre eine systematische Personalentwicklung in den Schulen erforderlich" (z. B in regelmäßigen Entwicklungsgesprächen, Planungen und Vereinbarungen). Dies wird „in Deutschland dadurch erschwert, dass der Lehrerberuf kein offenes Karrierefeld ist. Es gibt keine Spezialisierungsmöglichkeiten in der Laufbahn eines Lehrers oder einer Lehrerin, wie Curriculumentwicklung, Elternarbeit, Beratung, Zusammenarbeit mit Universitäten oder Ähnliches. Horizontale Karrieren sind in Deutschland deshalb kaum möglich. Solche Karrierewege zu schaffen, wäre eine weitere Aufgabe, die durch Aus- und Weiterbildung unterstützt werden könnte" (ibd.).

Innovative Weiterbildungsformen: Beispiel Asien

Eine spezifische Form von Weiterbildung stellen Gruppen-Weiterbildungsformen in Japan, China und anderen asiatischen Ländern dar, an denen Lernende, Junglehrer, Lehrer in der Weiterbildung und Mentoren gemeinsam Unterricht entwerfen, durchführen und evaluieren:

„During the course of their careers, teachers in Shanghai are involved in subject-based „teaching-study groups" to improve teaching at the grassroots level on a day-to-day basis. There are timetabled sessions when the study group meets, often with related personnel, such as laboratory assistants, to draw up very detailed lesson schemes for a particular topic for the following week. The lesson plan serves not only as a guide for the teacher during the lesson, but also as documentation of the teacher's professional performance. During actual teaching, teachers may observe each other or may be observed by peers. For example, when a change in curriculum introduces a new teaching topic, teachers may be observed by new teachers, so these can learn from more experienced colleagues; by senior teachers, for mentoring purposes; or by the school principal, for monitoring or to provide constructive development assistance. Sometimes, teachers are expected to teach demonstration lessons, called public lessons, for a large number of other teachers to observe and comment upon. … This structured organization of teaching in Shanghai is not only a means for administration; it is also a major platform for professional enhancement. Teachers in Shanghai are classified into four grades that indicate their professional status. Promotion from one grade to the next often requires the capacity to give demonstration lessons, contribute to the induction of new teachers, publish in journals or magazines about education or teaching, and so forth. The provincial office often identifies the best teachers emerging from evaluation processes and relieves them of some or all of their teaching duties so that they can give lectures to their peers, provide demonstrations, and coach other teachers on a district, provincial and even national level. Carefully picked schools are often asked to pilot new programs or policies before they are scaled-up, and the best teachers in those schools are enlisted as co-researchers to evaluate the effectiveness of the new practices. The practices described here for Shanghai are similar in other East Asian countries. The East Asian countries taking part in PISA all provide interesting models for building on professional teacher collaboration to make the most of their top-performing teachers. … With its famous „lesson studies“ or „teaching research sessions“ (Jugyokenkyuu), Japan provides a good illustration of the fact that certain distinctive characteristics of work organization in the education sector can help to establish a culture of ongoing development and allow for an intense exchange of knowledge. Other organizational routines or models based on „communities of practice“ have the same aim, namely to create a web of professional relations that will generate a continual dynamic of learning and improvement within establishments. Too many policies have focused on individual teachers and leaders instead of trying to improve and change how teachers work. A lot of time can be wasted „waiting for superman“, when small changes that put improvement, professional discussions and collegiality at the center of the schools are actually achievable“ (Schleicher 2012, S. 49).

Weiterbildung: Beispiel Ontario, Kanada

„In Ontario, for example, improvement has been based on a change in teachers' working conditions and school routines. It is important to identify the conditions in which different types of learning organizations can emerge and how teachers can share the knowledge that they have accumulated during their working lives. Some policy programs have managed to influence work organization in the business sector. In education, which is predominantly public in all OECD countries, there is no reason why public authorities should not try to do so. Carefully picked schools are often asked to pilot new programs or policies before they are scaled-up, and the best teachers in those schools are enlisted as co-researchers to evaluate the effectiveness of the new practices“ (Schleicher 2012, S. 48).

Ein Projekt der OISE in Ontario untersuchte und begleitete ein Projekt bezüglich des Mathematikunterrichts.

„This research project identified the benefits and challenges of lesson study collaboration within a professional learning community consisting of associate teachers and teacher candidates. The aim of the collaboration was to examine and improve teaching and learning in mathematics. Teacher candidates and associate teachers from OISE's North elementary cohort (2007/2008) worked together to research and plan a lesson. One experienced teacher then delivered the lesson to a class, and the remaining school-based lesson study group members – associate teachers and teacher candidates – observed and made notes on student engagement and learning. Following each lesson, focus groups were held, during which the school-based lesson study group debriefed, reflected on successes and challenges, and shared ideas for revising the lesson to enhance student learning. Findings from this study suggest that lesson study is an important collaborative approach to improving teaching and learning and enhancing professional development among associate teachers and teacher candidates. Challenges experienced by the lesson study groups were related to time limitations and power imbalances between associate teachers and teacher candidates“ (Opini & Chassels 2009, S. 48 ff.).

Weiterbildung: Internetplattform, Beispiel Niederlande

Aus einer ähnlichen Idee heraus hat man in den Niederlanden eine Plattform eingerichtet, auf der sich Lehrer austauschen können:

„In the Netherlands, a 2008 report on open educational resources spurred interest in developing a way for teachers across the country to collaborate on educational materials and practices. The result is Wikiwijs, literally „Wikiwise“, an Internet-based platform where teachers can find, download, develop and share educational resources. Developed by the Open Universiteit Nederland and Kennisnet at the request of the ministry of education, the platform is based on open-source software, open content and open standards. The Wikiwijs platform was launched in December 2009; then, after eight months of testing, a revised version was launched in September 2010.Teachers can freely use anything they find in the Wikiwijs database in their classrooms. While the scope of Wikiwijs covers the entire Dutch education system, from primary schools to universities, during this trial phase, the only school subjects examined on the platform are mathematics and the Dutch language“ (Schleicher 2012, S. 43).

Schulevaluation – Rückmeldungen an, Konsequenzen für Lehrer

Einige Grunddaten über Schul- und Lehrerevaluationen variieren stark nach Ländern. So sind die Anteile der in einer OECD-Studie befragten Lehrer, wonach in den letzten 5 Jahren vor 2007–2008 überhaupt keine Evaluation in ihren Schulen stattgefunden hat: In Ungarn, der Slowakei Korea und der Türkei sehr gering (unter 5%), in einer weiteren Gruppe von Ländern z. B. Polen, Malta, Belgien und Island, mit unter 10% gering, in einigen dagegen groß oder beträchtlich, so in: Bulgarien (ca. 18%), Dänemark (ca. 26%) Portugal (ca. 32%), Österreich (ca. 36%) und Irland (knapp 40%). Die Anteile befragter Lehrer, die in den, während der letzten 5 Jahre vor 2007–08 stattgefundenen Evaluationen, kein Lob oder irgend ein anderes Feedback erhalten haben, war ähnlich divers und reichte von rund 2% in Bulgarien auf der einen Seite der Skala bis zu Italien mit knapp 55% auf der anderen Seite. Dazwischen lagen die Lehrer ohne Feedback (unter 10%) in Litauen, Estland, Ungarn, Slowenien, Polen, Dänemark, Malta und Belgien, sowie die Länder mit einem höheren bzw. sehr hohen Anteil ohne Feedback: Österreich (knapp über 10%), Norwegen und Island (ca. 26 und 27%), Irland und Portugal mit je rund 30% und Spanien (an zweiter Stelle) mit etwas über 45% (Santiago 2012, S. 80).

Die Konsequenzen von Lehrerbeurteilungen sind unterschiedlich. Lehrerentlassungen aufgrund von durchgängig nicht zufriedenstellender Arbeit wurde (in % von befragten Lehrern) herausragend häufig in Bulgarien (rund 64%), Lettland (rund 60%), dem flämischen Belgien (rund 42%), der Slowakei (rund 41%) genannt. Dänemark, Island Polen und Ungarn hatten mit deutlich über 30% immer noch hohe Werte. Gehalts- bzw. Zulagenkürzungen wurden oft ebenfalls in Bulgarien (hier mit großem Abstand am häufigsten), der Slowakei und Slowenien praktiziert. Umgekehrt gab es monetäre oder nichtmonetäre Gratifikationen für besonders innovativen oder qualitätsvollen Unterricht. Hier lag wiederum Bulgarien an der Spitze (mit knapp 60% der Nennungen). Es folgten Polen, Italien, die Slowakei, Ungarn usw. Am wenigsten wurde diese Praktik (in absteigender Nennungshäufigkeit) von den Lehrern aus Österreich, Korea, Spanien, Dänemark, Irland, Norwegen und Belgien genannt (Schleicher 2012, S. 37).

2.3.5 Lehrerbildung als Gesamtausbildung

Lehrerbildung als Gesamtbildung: Beispiel Schottland

Das Konzept der Lehrerbildung als Gesamtausbildung ist Bestandteil der relevanten internationalen Bildungsdiskussionen und Reformempfehlungen. Der Übergang von der rhetorischen zur praktischen Ebene vollzieht sich jedoch zunehmend und ist in einigen Ländern jüngst verstärkt worden. Zum Beispiel wird in Schottland, in jüngsten Bildungsplanungspapieren zunehmend betont, dass alle Teile, der bisher oft kaum zu einem Gesamtplan verknüpften Gesamtausbildung – durchaus im Rahmen eines einheitlichen Verständnisses der lebenslangen beruflichen Entwicklung – stärker als bisher als Glieder eines Gesamtkonzepts zu sehen und zu entwerfen sind. Dies bedeutet zunächst, die vertikale Kohärenz und Anschlussfähigkeit zwischen einzelnen Schritten der Erstausbildung zu stärken, die oft nicht in befriedigendem Maße gegeben ist. Deswegen macht der Donaldson-Report aufgrund seiner Analysen entsprechende Vorschläge:

> „The approach which we are advocating in this chapter – of conceiving of initial teacher education and induction as a single early phase – has the potential to yield more usable time for study. The early phase of teacher education could be seen as a five-year experience for undergraduates and as a two-year experience for postgraduates. Removing artificial boundaries between initial teacher education, induction and subsequent CPD [Continuing Professional Development v. K.] allows the development of new, differently-sequenced and paced approaches to the development of teachers' attributes, knowledge and skills. Agreeing the purposes of each phase would help to identify both the unique and complementary roles that each phase can play. The longer time horizons would, for example, allow more opportunities for students to apply what they have learned, to evaluate theories in practice, and begin to build up a range of specialist knowledge.
>
> Within this phase, much better use could be made of the total time available. This could include the possibility of gaining academic recognition at Masters level, building on the positive start some universities have made to this within their current programmes.
>
> We should also explore how more study time might be created for learning in this early phase through more creative use of time outwith university terms. Possibilities would include using traditional vacation periods, extending the PGDE [Professional Graduate Diploma in Education – v. K.] beyond the current September to June (10-month) pattern, using the long break between the current two phases for further study, and using the time prior to taking up a place on an initial teacher education course to build skills and knowledge in identified areas, as we argued

earlier in this chapter. Whilst there will be implications for resources, such enhancements to programmes would be more likely to be attractive to prospective applicants than substantially-extended programmes. They would also provide a firmer base for subsequent learning and practice“ (Donaldson 2011, S. 40–41).

Lehrerbildung als Gesamtbildung: Beispiel Österreich – das „Professionalisierungskontinuum“

In Österreich wurden Ende 2010 die Empfehlungen einer Expertise erstellt, die unter dem Titel „PädagogInnenbildung NEU. Die Zukunft der pädagogischen Berufe“ im Juni 2011 zusammengefasst vorgestellt wurde. Die Expertise hat als Grundkonzept ein sog. Professionalisierungskontinuum entworfen und graphisch dargestellt (Schratz 2012, S. 4). Dabei werden die verschiedenen Phasen des bisherigen Ausbildungsverständnisses- Erstausbildung, Berufsvorbereitung, Berufseinstieg, Fortbildung, Weiterbildung – die „zum Teil von verschiedenen Institutionen – oder Denkfiguren – organisiert werden und daher unkontrolliert aufeinander folgen“, als Teile eines gesamtheitlichen Professionalisierungsprozesses verstanden (ibd., S. 4–5). Das „Professionalisierungskontinuum“ beginnt mit der Auswahl der Studienanfänger unter dem programmatischen Schlagwort: „Die Besten gewinnen“. Darauf folgt eine „Eingangsabklärung“ und dann die Grundbildung, die mit dem Bachelor abschließt und in den Berufseinstieg mündet, der bis zum Berufsausstieg die Phasen der Induktion, der Vertiefung und Erweiterung sowie die der kontinuierlichen professionellen Entwicklung und Spezialisierung beinhaltet. Über den gesamten Verlauf des „Professionalisierungskontinuums“ sollen „stringente Verfahren zur Auswahl und Aufnahme … über eine klar aufeinander aufbauende, miteinander verknüpfte und durchlässige Struktur Erstausbildung, Berufseinführung und weiterführende Phasen des Lebenslangen Lernens – Fort- und Weiterbildung – verbinden“ (ibd., S. 4). Die schematische Darstellung sieht folgendermaßen aus (Abb. 2):

Abb. 2: Lehrerbildung als gesamtheitlicher Professionalisierungsprozess in Österreich

Quelle: http://www.mahara.at/view/artefact.php?artefact=200572&view=32690.

Aufbau und Grundprinzipien des Professionalisierungskontinuums werden folgendermaßen spezifiziert:

> „Erstausbildung (erste Phase):
> - Grundsätzlich als Bachelor-Studium gestaltet.
> - Gemeinsame Kernkompetenzen sowie Differenzierung für unterschiedliche Einsatzfelder.
> - Mit jedem Bachelor-Abschluss ist die Berufsfähigkeit in einem bestimmten Einsatzbereich verbunden.
>
> Berufseinführung (zweite Phase):
> - Verbindliche Berufseinführungsphase („Induktion") für alle pädagogischen Berufe mit erweiternden und vertiefenden Elemente der Qualifizierung, die Teil eines aufbauenden Masterstudiums sein können.
> - Während der Induktionsphase erfolgt in allen Bildungsbereichen der Einsatz als „Turnuskraft". Der erfolgreiche Abschluss der Induktionsphase ist Voraussetzung für den weiteren Verbleib im Beruf.
> - In allen Einsatzfeldern sind Funktionen mit Bachelor-Niveau definiert.
> - In allen Einsatzfeldern sind Funktionen nach nachvollziehbaren Kriterien in Hinblick auf jeweilige Anforderungen definiert, deren Ausübung nur nach Absolvierung eines Masterstudiums erfolgen kann.
> - Für diese Funktionen ist die Berufseinführungsphase so zu gestalten, dass der Abschluss einer Masterqualifikation berufsbegleitend möglich ist.

- Für den berufsbildenden Bereich werden eigenständige Qualifikationen mit vergleichbaren Niveaus (Bachelor, Master) entwickelt.
- Für den vorschulischen und den sozialpädagogischen Bereich sowie für das sonderpädagogische Aufgabenfeld werden analog Funktionen definiert, die entsprechende Bachelor- oder Master-Qualifikationen erfordern.
- Der Einsatz erfolgt jedenfalls auf Grund verfügbarer Funktionsposten.

Lebensbegleitendes Lernen, Fort- und Weiterbildung (dritte Phase):
- Auf Basis des erfolgreichen Abschlusses der zweiten Phase der Lehramtsausbildung können funktionsbezogene Zusatzqualifikationen für Bereiche wie Bildungsmanagement, Schulleitung, Fachbereichsleitung, inklusive Pädagogik, Diversity Management, IKT, Innovation und Qualitätssicherung, Bildungsverwaltung und Schulentwicklung oder für weitere Bereiche erworben werden („Master of Advanced Studies").
- Darüber hinaus ist die allgemeine Fort- und Weiterbildung auf berufsbiographische Stationen und Entwicklungen in den pädagogischen Berufen abgestimmt.
- Dies stellt einen verbindlichen Kern der Berufslaufbahn für alle Lehrkräfte dar. Unbeschadet davon erfolgt der Einsatz von Lehrkräften nach erforderlichen Funktionen" (Schratz 2012, S. 5–6).

Literatur

a) Zitierte Titel

Alliance for Excellent Education – www.all4fed.org: *Tapping the Potential. Retaining and Developing High-Quality New Teachers (2004).* Verfügbar unter http://all4ed.org/reports-factsheets/tapping-the-potential-retaining-and-developing-high-quality-new-teachers/ [Juni 2012].

Arnold, E. & Reh, S. (2005). Bachelor- und Master-Studiengänge für die Lehrerbildung. Neue Studienstrukturen als Professionalisierungschance? *Die Hochschule, 1,* 143–156.

Blömeke, S. et al. (2010). Lerngelegenheiten und Kompetenzerwerb angehender Mathematiklehrkräfte im internationalen Vergleich. *Unterrichtswissenschaft, 38(1),* 29–50.

Boekhoff, I. u. a. (2004). *Effektivität der universitären Lehrerbildung in konsekutiven Studiengängen (EduLikS) unter besonderer Berücksichtigung Schulpraktischer Studien.* Universität Hildesheim. Centrum für Bildungs- und Unterrichtsforschung. Hildesheim. Verfügbar unter http://www.uni-hildesheim.de/media/forschung/cebu/PDFs/2008_Druckversion_Netz_EduLikS_Bericht.pdf [Juni 2012].

Boston College. Verfügbar unter http://www.bc.edu/offices/careers/careers/careerfields/ednotcertified.html [Mai 2013] und http://bccareer.wordpress.com/2010/10/29/teaching-without-certification/ [Januar 2014].

Center for Higher Education Policy Studies (CHEPS) (2006). The extent and impact of higher education curricular reform across Europe. Final report to the Directorate-General for Education and Culture of the European Commission. Enschede: University of Twente. Verfügbar unter http://www.utwente.nl/mb/cheps/publications/Publications%202006/extent1.pdf [März/April 2012].

The Center For Research In Math And Science Education (2010). *Breaking the Cycle: An International Comparison Of U.S. Mathematics Teacher Preparation.* East Lansing: Michigan State University. Verfügbar unter http://www.educ.msu.edu/content/sites/usteds/documents/Breaking-the-Cycle.pdf [April 2012].

Buchberger, F. & I. (2003). Europäische Lehrerausbildung: Zwischen Finnland und England 2003. In B. Laudenbach (Hrsg.), *Reform der Lehrerausbildung* (S. 13–26). Bremen: LIS.

Bundesministerium für Kunst, Unterricht und Kultur (2011). Die Zukunft der pädagogischen Berufe- Empfehlungen der Vorbereitungsgruppe im Auftrag des bmuk und bmwf. *PädagogInnenbildung NEU.* Wien. Verfügbar unter http://www.bmukk.gv.at/medienpool/20840/pbneu_endbericht.pdf [Juli 2012].

Byron, A., Keen, P. & Miller, M. (Hrsg.) (2010). *Closing the talent gap: Attracting and retaining top-third graduates to careers in teaching. An international and market research-based perspective.* McKinsey. Verfügbar unter http://mckinseyonsociety.com/closing-the-talent-gap/ [März/April 2012].

Criblez, L. (2012). Lehrerbildung in der Schweiz – Reformprozesse, aktuelle Situation und Perspektiven 2012. *Schulpädagogik heute,* 3 (5), 1–14. Verfügbar unter www.schulpaedagogik-heute.de/conimg/14.pdf.

Department of Education (UK) (2012). Verfügbar unter http://www.education.gov.uk/get-into-teaching/salary.aspx [Juni 2012].

Döbert, H., Hörner, W., von Kopp, B. & Reuter, L. (Hrsg.) (2010). *Die Bildungssysteme Europas.* Baltmannsweiler: Schneider-Verlag Hohengehren.

Donaldson, G. (2011). *Teaching Scotland's Future – Report of a review of teacher education in Scotland.* Verfügbar unter http://www.scotland.gov.uk/Publications/2011/01/13092132/0 [Juni 2012].

Der Tagesspiegel 17.01.2011. http://www.tagesspiegel.de/wissen/sparorgie-europas-klamme-unis/3705226.html.

Der Tagesspiegel 05.11.2010. http://www.tagesspiegel.de/wissen/ueber-10-000-euro-briten-verdreifachen-unigebuehren-/1974382.html.

EACEA Eurydice (2012). Key data on Education 2012. European Commission.

EACEA Eurydice (2010). *Fokus auf die Hochschulbildung in Europa 2010. Die Auswirkungen des Bologna-Prozesses.* Verfügbar unter http://eacea.ec.europa.eu/education/eurydice/documents/thematic_reports/122DE.pdf [Juni 2012].

Education Encyclopedia – The StateUniversity.com (2012). *Elementary Education – Preparation of Teachers.* Verfügbar unter http://education.stateuniversity.com/pages/1949/Elementary-Education-PREPARATION-TEACHERS.html [Juni 2012].

Euronews 23.05.2012. http://de.euronews.com/2012/05/23/spaniens-lehrer-im-streik/.

European Encyclopedia on National Education Systems (2011). *Initial Education for Teachers Working in Early Childhood and School Education.*

England. Verfügbar unter https://webgate.ec.europa.eu/fpfis/mwikis/eurydice/index.php/United-Kingdom-England:Initial_Education_for_Teachers_Working_in_Early_Childhood_and_School_Education#Early_childhood_education_and_care [Juni 2012].

France. Verfügbar unter https://webgate.ec.europa.eu/fpfis/mwikis/eurydice/index.php/France:Specific_Ongoing_Reforms_and_Policy_Developments_at_National_Level#Developing_experimentation_and_innovation [Juni 2012].

Portugal. Verfügbar unter https://webgate.ec.europa.eu/fpfis/mwikis/eurydice/index.php/Portugal:Initial_Education_for_Teachers_Working_in_Early_Childhood_and_School_Education [Juni 2012].

Scotland. Verfügbar unter https://webgate.ec.europa.eu/fpfis/mwikis/eurydice/index.php/United-Kingdom-Scotland:%27Education_and_Training_2020%27_Strategic_Framework#Improving_the_Quality_and_Efficiency_of_Education_and_Training.C2.A0 [Juni 2012].

Europäisches Parlament: Fachreferat Kultur und Bildung Strukturpolitik und Kohäsion (2008). *Inhalt und Qualität der Lehrerausbildung in der Europäischen Union.* Verfügbar unter http://edz.bib.uni-mannheim.de/daten/edz-ma/ep/08/EST20841.pdf [März/April 2012].

European Union: Commission Staff Working Document SEC (2010). *Developing coherent and system-wide Induction programmes for beginning teachers: a handbook for policymakers.* Verfügbar unter http://ec.europa.eu/education/school-education/doc/handbook0410_en.pdf [März/April 2012].

Eurydice (2010). *Gehälter und Zulagen von Lehrern und Schulleitern in Europa 2009/10.* Verfügbar unter http://eacea.ec.europa.eu/education/eurydice./documents/tools/Salaries_DE.pdf [März/April 2012].

Eurydice (2011). *Leseerziehung in Europa: Kontexte, Poltische Maßnahmen und Praktiken.* Verfügbar unter http://eacea.ec.europa.eu/education/eurydice/thematic_studies_en.php [Juni 2012].

Hörner, W. & Many, G.: Frankreich. In: Döbert, H., Hörner, W., von Kopp, B. & Reuter, L. (Hrsg.) (2010). *Die Bildungssysteme Europas* (S. 239–262). Baltmannsweiler: Schneider-Verlag Hohengehren.

Iller, Carola: Impulse aus anderen Ländern. *b&w (GEW Baden – Württemberg).* November 2011, S. 26f. Verfügbar unter: http://www.gew-bw.de/Lehrerinnenbildung_3.html.

Krpan, C. M. & Rabinowicz, R. (2009). Mentoring Teacher Candidates in a Practicum Context. In C. Rolheiser (Hrsg.), *Initial Teacher Education. School Improvement and Teacher Education: Collaboration for Change* (S. 58–67). Ontario Institute for Studies in Education of the University of Toronto - OISE. Verfügbar unter http://www.oise.utoronto.ca/oise/UserFiles/File/MG%20PUBLICATION_FINAL.pdf [Juni 2012].

Lehmann, L. & Criblez, L. (2007). Lehrerinnen- und Lehrerbildung in der Schweiz. Ausgewählte Ergebnisse aus der Bildungsberichterstattung. *Beiträge zur Lehrerbildung 35*, Nr. 3, 377–391. Verfügbar unter www.bzl-online.ch/.../BZL_2007_3_377-397.pdf [März/April 2012].

Lehmann, L. u. a. (2006). *Lehrerinnen- und Lehrerbildung in der Schweiz. Schweizerische Koordinationsstelle für Bildungsforschung.* Verfügbar unter http://www.skbf-csre.ch/fileadmin/files/pdf/bildungsmonitoring/abstract_lehrer.pdf [März/April 2012].

MacBeath, J. (2012). *Future of Teaching Profession.* Cambridge: Education International Research Institute / University of Cambridge, Faculty of Education. Verfügbar unter http://www.educ.cam.ac.uk/centres/lfl/current/research/futureteachingprofession.html [Juni 2012].

Malerius, S. (2009). Republik Belarus. In Döbert, H., Hörner, W., von Kopp, B. & Reuter, L. (Hrsg.) (2010). *Die Bildungssysteme Europas* (S. 82–101). Baltmannsweiler: Schneider-Verlag Hohengehren.

Meyr, J. & Posch, P. (2012). Lehrerbildung in Österreich: Analysen und Perspektiven. In *Schulpädagogik heute*, 3, Nr. 5, S. 1–14. Verfügbar unter http://www.schulpaedagogik-heute.de/ [Juni 2012].

Meyerhöfer, W. (2011). Vom Konstrukt der Rechenschwäche zum Monstrukt der nicht bearbeiteten stofflichen Hürden (nbsH). In *Pädagogische Rundschau*, 65, Nr. 4, 401–426. Verfügbar unter http://lama.uni-paderborn.de/fileadmin/Mathematik/MathematikDidaktik/Personen/Meyerhoefer/Meyerh%C3%B6fer_2011_Heft4_P%C3%A4dagogischeRundschau_401-426.pdf [Juni 2012].

Mikkola, A. o.J. (2010) *Die Finnische Lehrerausbildung.* Verfügbar unter http://www.finnland-institut.de/fileadmin/content/de/Publikationen/PDFs/Armi_Mikkola.pdf [März/April 2012].

Mintrop, H. (2006). *Einen qualifizierten Lehrer für jede Klasse –Neuere Ansätze der Lehrerausbildung in den Vereinigten Staaten von Amerika im Zuge der StandardsBewegung.* Verfügbar unter http://www.lbz.uni-koeln.de/download/isbn_3_932174__70_4/6_Mintrop.pdf und: http://www.mendeley.com/research/einen-qualifizierten-lehrer-fr-jede-klasse-neuere-anstze-der-lehrerausbildung-den-vereinigten-staaten-von-amerika-im-zuge-der-standard-bewegung/ [März/April 2012].

Mullis, I.V.S., Martin, M.O., & Foy, P. (with Olson, J.F., Preuschoff, C., Erberber, E., Arora, A., & Galia, J.) (2008). *TIMSS 2007 International Mathematics Report: Findings from IEA's Trends in International Mathematics and Science Study at the Fourth and Eighth Grades.* Chestnut Hill, MA: TIMSS & PIRLS International Study Center, Boston College. Verfügbar unter http://timssandpirls.bc.edu/TIMSS2007/mathreport.html [Juni 2012].

news orf.at 27.09.2011. Verfügbar unter http://news.orf.at/stories/2081421/.

OECD (2009). *Creating Effective Teaching and Learning Environments – First Results from TALIS.* Verfügbar unter http://www.oecd.org/dataoecd/17/51/43023606.pdf [April 2012].

OECD (2011). *Education at a Glance 2011.* Verfügbar unter http://www.oecd.org/dataoecd/61/2/48631582.pdf [Juni 2012].

OECD (2012). Teachers' salaries – Annual statutory salaries in public institutions, minimum training. Verfügbar unter: http://www.oecd-ilibrary.org/education/teachers-salaries_teachsal-table-en [Juni 2012].

OECD (2012). Teacher Education Curricula in the EU. Final Report. (2009). Education and Training 2010: Three studies to support School Policy Development, Lot 2. Finnish Institute for Teachers salaries Annual statutory salaries in public institutions, minimum training. Verfügbar unter: http://ec.europa.eu/education/school-education/doc/teacherreport_en.pdf [Juni 2012].

Opini, B. & Chassels, C. (2009). Building Professional Learning Communities to Improve Teaching and Learning: A Lesson Study Collaboration. In C. Rolheiser (Hrsg.), *Initial Teacher Education. School Improvement and Teacher Education: Collaboration for Change.* (S. 47–57) Ontario Institute for Studies in Education of the University of Toronto – OISE. Verfügbar unter http://www.oise.utoronto.ca/oise/UserFiles/File/MG%20PUBLICATION_FINAL.pdf [Juni 2012].

Ringarp, J. (2011). Der kommunalisierte Lehrer: Das Professionsverständnis der schwedischen Lehrer auf dem Prüfstand des Wohlfahrtsstaates. *Tertium Comparationis* 17, Nr. 1, 19–33.

Rolheiser, C. (Hrsg.) (2009). *Initial Teacher Education. School Improvement and Teacher Education: Collaboration for Change.* Ontario Institute for Studies in Education of the University of Toronto – OISE. Verfügbar unter http://www.oise.utoronto.ca/oise/UserFiles/File/MG%20PUBLICATION_FINAL.pdf [Juni 2012].

Rose, L. S., Markus, J. & Kugler, J. (2009). Transition to Teaching: Negotiating First Year Experiences in Inner City School Contexts. In C. Rolheiser (Hrsg.), *Initial Teacher Education. School Improvement and Teacher Education: Collaboration for Change* (S. 21–27). Ontario Institute for Studies in Education of the University of Toronto – OISE. Verfügbar unter http://www.oise.utoronto.ca/oise/UserFiles/File/MG%20PUBLICATION_FINAL.pdf [Juni 2012].

Roters, B. (2011). *Professionalisierung durch Reflexion in der Lehrerbildung. Eine empirische Studie an einer deutschen und einer US-amerikanischen Universität.* Münster: Waxmann.

Santiago, P. u. a. (2009). *Teacher Evaluation in Portugal. Gesamtstudie OECD.* Verfügbar unter http://www.oecd.org/dataoecd/17/32/43327186.pdf [März/April 2012].

Scheerens, J. (Hrsg.) (2010). *Teachers' Professional Development. Europe in international comparison. A secondary analysis based on the TALIS dataset.* Luxembourg: OECD, European Union: Commission Education and Training. Verfügbar unter http://ec.europa.eu/education/school-education/development_en.htm [März/April 2012].

Schleicher, A. (2007). *How the best performing school systems come out on top.* McKinsey. Verfügbar unter http://mckinseyonsociety.com/how-the-worlds-best-performing-schools-come-out-on-top/ [März/April 2012].

Schleicher, A. (2011). *Building a High-Quality Teaching Profession. Lessons from around the world.* OECD publishing. Verfügbar unter http://www.oecd-ilibrary.org/education/building-a-high-quality-teaching-profession_9789264113046-en [März/April 2012].

Schleicher, A. (Hrsg.) (2012). *Preparing Teachers and Developing School Leaders for the 21st Century. Lessons from Around the World. OECD.* Verfügbar unter http://www.oecd.org/dataoecd/4/35/49850576.pdf [März/April 2012].

Schratz, M. (2012). Die Neuordnung der Lehrerbildung in Österreich. *Schulpädagogik heute*, 3, Nr. 5. Verfügbar unter http://www.schulpaedagogik-heute.de/ [Juni 2012].

Steinbacher, R. (2012). Fortbildung für Lehrer - Lernen unerwünscht. *Süddeutsche Zeitung* vom 16.04.2012. Verfügbar unter http://www.sueddeutsche.de/bildung/fortbildung-fuer-lehrer-lernen-unerwuenscht-1.1333548 [März/April 2012].

Survey on Initial Teacher Education Programmes in Mathematics and Science SITEP 2011 [s. http://eacea.ec.europa.eu/education/eurydice/SITEP].php Zum Zeitpunkt der Untersuchung noch nicht verfügbar.

Süddeutsche.de 21.09.2011. http://www.sueddeutsche.de/karriere/bildungspolitik-in-spanien-lehrer-revoltieren-gegen-sparplaene-1.1147098.

Syřiště, I. (2002). Pojetí školy a učitelů v mediální reflexi. In V. Spilková & J. Vašutová (Hrsg.): Rozvoj národní vzdělanosti učitelů v evropském kontextu. II. díl: Metody a výsledky empirických výzkumů. (S. 235–245) Praha: Univerzita Karlova v Praze – Pedagogická fakulta.

Terhart, E. (2012). Im E-Mail Interview mit K. Moegling. Zum Stand des Bologna-Prozesses im Hinblick auf die Reform der Lehrerbildung in Deutschland, Österreich und der Schweiz. *Schulpädagogik heute,* 3, Nr. 5. Verfügbar unter http://www.schulpaedagogik-heute.de/conimg/16.pdf [Juni 2012].

TIMSS-2007. International Mathematics Report. Findings from IEA's Trends in International Mathematics and Science Study at the Fourth and Eighth Grades. 2008. Lynch School of Education, Boston College. Verfügbar unter: http://timssandpirls.bc.edu/TIMSS2007/mathreport.html [Mai/Juni 2012].

Training our next generation of outstanding teachers. An improvement strategy for discussion. Verfügbar unter http://media.education.gov.uk/assets/files/pdf/t/training%20our%20next%20generation%20of%20outstanding%20teachers.pdf [Juni 2012].

Union Bank of Switzerland (2009). *Prices and earnings. A comparison of purchasing power around the globe.* Zürich. Verfügbar unter http://www.ubs.com/global/en/wealth_management/wealth_management_research/prices_earnings.html [Juni 2012].

b) Weitere verwendete Literatur

Arbeitsgruppe Internationale Vergleichsstudien (Hrsg.) (2007). *Schulleistungen und Steuerung des Schulsystems im Bundesstaat. Kanada und Deutschland im Vergleich.* Münster: Waxmann.

Bischoff-Wanner, C. (2007). Die Lehrerbildung in der Pflege im Zeichen von „Bologna". *Pflege & Gesellschaft, 12* (1), S. 5–19. Verfügbar unter http://www.dg-pflegewissenschaft.de/pdf/PfleGe107Bischoff.pdf [April 2012].

Bundesministerium für Unterricht, Kunst und Kultur (bm:uk), Bundesministerium für Wissenschaft und Forschung (bmwf) (Hrsg.) (2008). *Development of Education in Austria 2004–2007.* Verfügbar unter http://www.ibe.unesco.org/National_Reports/ICE_2008/austria_NR08_en.pdf [März/April 2012].

Commission of the European Communities. (2007). *Improving the Quality of Teacher Education.* Verfügbar unter: http://ec.europa.eu/education/com392_en.pdf [Juni 2012].

Darling-Hammond, L. (2006). *Powerful Teacher Education. Lessons from Exemplary Programs.* San Francissco: Jossey Bass.

Department for Children, Schools, and Families, England (2007). Excellent Teachers: Guidance for teachers, headteachers and local authorities. Nottingham: DCSF Publications. Verfügbar unter http://media.education.gov.uk/assets/files/pdf/e/et_guidance_eng_aw.pdf [Juni 2012].

Department for Children, Schools and Families (2008). Statutory Guidance on Induction for Newly Qualified Teachers in England. Verfügbar unter http://media.education.gov.uk/assets/files/pdf/s/statutory%20guidance%20on%20induction%20for%20newly%20qualified%20teachers%20nqts%20in%20england.pdf [Juni 2012].

Döbert, H., Klieme, E. & Sroka, W. (Hrsg.) (2004). *Conditions of School Performance in Seven Counries. A Quest for Understanding the International Variation of PISA Results.* Münster: Waxmann.

Eurydice (2002). Der Lehrerberuf in Europa. Profil, Tendenzen und Anliegen. Bericht I. Lehrerbildung und Maßnahmen für den Übergang in das Berufsleben. Allgemeinbildender Sekundarbereich I. Verfügbar unter http://edkwww.unibe.ch/xd/2003/48.pdf [Juni 2012].

Eurydice (2010). Teachers' and School Heads' Salaries and Allowances in Europe 2009/10. Verfügbar unter http://eacea.ec.europa.eu/education/eurydice/documents/tools/salaries.pdf [April 2012].

Eurydice (2012). Education, Audiovisual and Culture Executive Agency (EACEA, P9). The European Higher Education Area in 2012: Bologna Process Implementation Report. Brüssel: EACEA, P9, Eurydice Verfügbar unter http://eacea.ec.europa.eu/education/eurydice/documents/thematic_reports/138EN.pdf [Juni 2012].

Gambhir, M., Broad, K., Evans, M. & Gaskell, J. (2008). *Characterizing Initial Teacher Education in Canada: Themes and Issues.* OISE – Ontario Institute for Studies in Education. Verfügbar unter http://www.oise.utoronto.ca/ite/UserFiles/File/CharacterizingITE.pdf [Juni 2012].

Harris, N. & Gorard, S. (2010). Vereinigtes Königreich. In H. Döbert u.a. (Hrsg.), *Die Bildungssysteme Europas* (S. 823–852). Baltmannsweiler: Schneider-Verlag Hohengehren.

Hörner, W. & Many, G. (2010). Frankreich. In H. Döbert u.a. (Hrsg.), *Die Bildungssysteme Europas* (S. 239–262). Baltmannsweiler: Schneider-Verlag Hohengehren.

How the World's Best Performing School Systems Come out on Top. (2007). McKinsey Verfügbar unter http://www.mckinsey.com/clientservice/socialsector/resources/pdf/Worlds_School_Systems_Final.pdf [Januar 2008].

Jensen, B., Sandoval-Hernández, A., Knoll, S. & Gonzalez, E. J. (2012). The Experience of New Teachers. Results from TALIS 2008. OECD Publishing. Verfügbar unter http://www.oecd.org/dataoecd/5/40/49846877.pdf [März/April 2012].

Kukko-Leinius, L. & Moegling, K. (2007). Lehrerbildung in Finnland und Deutschland – ein zukunftsträchtiger Vergleich? News des GEW Regionalverband Hochschule und Forschung (HuF) Universität Kassel. Verfügbar unter: http://www.alt.gew-huf-kassel.de/news.php?extend.25 März/ [März/April 2012].

Mejer, L., Turchetti, P. & Gere, E. (2011). Trends in European Education During the Last Decade. Eurostats, Nr. 54. Verfügbar unter:http://epp.eurostat.ec.europa.eu/portal/page/portal/product_details/publication?p_product_code=KS-SF-11-054 [März/April 2012].

OECD (2005). Teachers matter. Attracting, Developing and Retaining Effective Teachers. Overview. Verfügbar unter http://www.oecd.org/dataoecd/39/47/34990905.pdf [Mai/Juni 2012].

OECD (2012). TALIS 2013. Teaching and Learning International Survey 2013. Verfügbar unter http://www.oecd.org/document/6/0,3746,en_2649_39263231_47766184_1_1_1_1,00.html [Juni 2012].

Schweizerische Konferenz der Rektorinnen und Rektoren der Pädagogischen Hochschulen (COHEP) (2012). *Studying in Switzerland. Universities of teacher education 2012.* Bern: COHEP. Verfügbar unter http://www.cohep.ch/fileadmin/user_upload/default/Dateien/03_Publikationen/04_Dokumente/2012/120501_Studying_in_Switzerland_web.pdf [Juni 2012].

Steinbacher, R. (2012). Fortbildung für Lehrer – Lernen unerwünscht. *Süddeutsche Zeitung* vom 16.04.2012. Verfügbar unter: http://www.sueddeutsche.de/bildung/fortbildung-fuer-lehrer-lernen-unerwuenscht-1.1333548 [März/April 2012].

Straková, J., Simonová, J. & Polechová, P. (2012). Overcoming school failure. Background Report fot the Czech Republic. Prague: Institute fot Information on Education.

The StateUniversity.com, Education Encyclopedia (2012). Elementary Education. Preparation Of Teachers. Verfügbar unter http://education.stateuniversity.com/pages/1949/Elementary-Education-PREPARATION-TEACHERS.html [März/April 2012].

The StateUniversity.com, Education Encyclopedia (2012). International Perspective Teacher Preparation. New Paradigm in Teacher Education. What Do Teachers Need to Know? Verfügbar unter http://education.stateuniversity.com/pages/2484/Teacher-Preparation-International-Perspective.html [März/April 2012].

The University of Edinburgh. PGDE programmes. Verfügbar unter http://www.ed.ac.uk/schools-departments/education/postgraduate/pgde/overview [April 2012].

Vereinigung der Bayerischen Wirtschaft e.V. (vbw). (Hrsg.) (2012). *Professionalisierung in der Frühpädagogik.Qualifikationsniveau und Bedingungen des Personals in Kindertagestätten.* Münster: Waxmann. Verfügbar unter http://www.vbw-bayern.de/agv/vbw-Aktionsfelder-Bildung-Bildung_neu_denken-Professionalisierung_in_der_FruehpaedagogikGutachten_2012--45166,ArticleID__24430.htm [April 2012].

3. Aktuelle Entwicklungen der Lehrerbildung in den skandinavischen Staaten

Tobias Werler

Im Zeitraum zwischen 1970 und 2009/2010 wurde die Ausbildung der Lehrer in Skandinavien wiederholt reformiert (Tabelle 1). Alle skandinavischen Länder haben die Ziele der Bologna-Erklärung umgesetzt (DK 2001, S 2010, N 2003) und die Lehrerbildung entsprechend modularisiert. Die Studierenden legen einen Bachelorabschluss nach dem erfolgreich durchlaufenen dritten Ausbildungsjahr ab (240 ECTS); die Ausbildung selbst dauert jedoch vier Jahre. Gegenwärtig wird diskutiert, ob und wie diese auf fünf Jahre ausgeweitet werden kann, um zum Masterabschluss zu führen. Allen drei Ländern ist gemeinsam, dass sie durch diese Reformen versuchen, auf veränderte bildungspolitische und soziodemographische Anforderungen (New Public Management; Lehrermangel) zu reagieren. So wurden zum Beispiel verschärfte Zulassungskriterien eingeführt, um den Status der Lehrerbildung und des Lehrerberufes zu heben. Ferner zielten die Reformen darauf ab, die beruflichen Fähigkeiten sowie das naturwissenschaftliche Wissen der angehenden Lehrer zu verbessern. Die Einführung altersspezifischer Lehramtsstudiengänge für die Grundschule (Primarstufe & Sekundarstufe I) (DK 1–6 / 4–9; N 1–7 / 5–10; S 1–3 / 4–6 / 7–9) deutet auf eine stärkere Professionalisierung der Lehrerrolle hin. Der allgemeinbildendende Lehrer, der alle Fächer in allen Jahrgangstufen unterrichtete, wird zusehends vom Spezialisten (Altersstufen-/ Fachlehrer) abgelöst.

Tab. 1: Reformphasen in Dänemark, Norwegen und Schweden

	I	II	III	IV	V
Dänemark	1966	1991	1997	2001	2006
Norwegen	1973	1994	1999	2003	2010
Schweden	1965	1978	1988	2001	2011

Quelle: eigene Zusammenstellung

3.1 Rahmenbedingungen und bildungspolitische Entwicklungen (2003–2010)

Der Blick auf die Debatte zur Reform der Lehrerbildung in Skandinavien zeigt, dass Reformmaßnahmen als geeignetes Instrument zur Steigerung der Schülerleistungen gesehen werden. Eine wesentliche Annahme ist dabei, dass alle Anstrengungen, die

Schülerleistungen zu verbessern, auf Dauer scheitern werden, wenn nicht die Unterrichtsqualität zukünftiger Lehrer verbessert wird. Um Schwachstellen der nationalen Lehrerbildungsprogramme aufzudecken, wurden diese in den Jahren 2003 bis 2008 durch öffentlich arbeitende Kommissionen umfassend evaluiert (DK 2003 (EVA 2003), S 2004 & 2008 (Högskoleverket 2005, 2008), N 2005/06 (NOKUT 2006)). Gemeinsam ist allen Untersuchungen, dass sie über deutliche Qualitätsprobleme in der Lehrerbildung berichten. Das betrifft die Qualifizierung des Personals, institutionelle Strukturen als auch mangelhafte Qualifikation der Studienanfänger.

Die Berichte zeigen, dass insbesondere die Lehrer nicht über das „richtige" Wissen verfügen, um die Bedürfnisse der Schulen zufriedenzustellen. Auch konnte gezeigt werden, dass die interne Integration und Verankerung der Lehrerbildungsprogramme schwach ist. Eine wesentliche Ursache dafür wird in der zu großen Detailregulierung gesehen. Das führte zu einer Situation in der die Studierenden dem fragmentierten Studium weitestgehend selbst Sinn geben mussten. Weiterhin zeigen sich die Berichte besorgt über die Rekrutierung und das Festhalten am Lehrerberuf. Verallgemeinert kann festgehalten werden, dass die Lehrerbildungsprogramme als risikobehaftet beschrieben werden, da den Studierenden eine klare Wissensbasis als auch pädagogisch-didaktische Kompetenzen fehlen. Daher schlugen die Kommissionen in allen drei Ländern die Einführung stärker differenzierter Lehrerbildungsprogramme (Alter der Schüler, Unterrichtsfach) vor. Alle Reformansätze sind dadurch gekennzeichnet, dass sie betonen, dass die stärkere Professionalisierung der Lehrer nur dann gelingen kann, wenn auch die pädagogisch-didaktischen Ausbildungsanteile ihrem Umfang nach erweitert werden. Ferner wird gefordert, die Lehrerbildungsprogramme stärker in der Forschung zu verankern.

3.2 Der Status der Profession

Der soziale Status eines Lehrers setzt sich im Wesentlichen aus dem Status des Berufes (Arbeitsbedingungen, Einkommen) und aus dem Status der (Lehrer-)Ausbildung zusammen. Verallgemeinert kann festgehalten werden, dass sowohl der Lehrerberuf als auch die Lehrerbildung ihren historisch hohen Grad sozialer Anerkennung in Skandinavien (da sie als Wissensfenster zur Welt gesehen wurden (Werler 2004) insbesondere im letzten Jahrzehnt verloren haben. Untersuchungen im dänischen, norwegischen und schwedischen Kontext zeigen, dass der Lehrerberuf und die Lehrerbildung nicht unbedingt an Prestige verlieren, dass aber Lehrerbildung und Lehrerberuf heute im Wettbewerb mit zahlreichen anderen Ausbildungswegen und Berufen (Ingenieure, Krankenpflege, Vorschulerziehung) stehen. Der oben beschriebene Verlust beschreibt also eher eine Entwicklung, hin zu einem normalen Berufsfeld im Vergleich zu anderen (Kjeldsen 2009, S. 128; Kunnskapsdepartementet 2009, S. 32, 83–84; Lindblad 2006, S. 3). Ferner muss auf den negativen Einfluss von Printmedien hingewiesen werden. Eine Rekrutierungsanalyse zeigt, dass junge Skandinavier das Fehlen von positiven Vorbildern in den Medien beklagen (Werler et al. 2010, S. 9). Von wesentlicher Bedeutung scheint für Schüler bei ihrer Studienwahl zu sein, ob die Medien ein extrem negatives Bild über den Lehrerberuf schaffen, von dem sie sich distanzieren wollen oder ob sie eine Beschreibung vorfinden, die ihrer eigenen Schulerfahrungen entspricht. Um dem negativen Bild zu begegnen, wurden in allen skandinavischen Staaten Programme aufgelegt, die das Image der Profession und der Ausbildung verbessern sollen (siehe: www.gnist.no). Darüber hinaus beteiligt Norwegen sich am Teach-First-Programm, mit dem Ziel neue Lehrer aus der freien Wirtschaft zu gewinnen (Kunnskapsdepartementet 2009, S. 33). Gemeinsames Kennzeichen beider Programme ist, dass sie versuchen den Lehrerberuf nicht als „Frauenberuf" darzustellen.

Wichtig für die persönliche Einschätzungen des beruflichen Status der Lehrerprofession sind der Grad, in dem der Beruf als wichtig für die Gesellschaft angesehen wird und ob Empfehlungen von Freunden oder Familienmitgliedern Einfluss bei der Berufswahl eingeräumt wird (Tabelle 2). Die Tabelle zeigt auch, dass dieser Faktor nur geringen Einfluss auf die Wahl von Schülern und Studierenden hat. Aus den Interviews der Studie geht hervor, dass beide Gruppen eher von ihren Lehrern oder Familienmitgliedern, die selbst Lehrer sind, zu ihrer Berufswahl angeregt wurden.

Tab. 2: Wie wichtig sind die folgenden Gründe, eine Ausbildung zu wählen?

Ort/ Land	**Odense (DK)**		**Volda (NO)**		**Göteborg (SE)**	
Befragte	Schüler	Lehrer	Schüler	Lehrer	Schüler	Lehrer
Empfehlung von Freunden & Familie	1,68	1,93	1,92	2,1	2,34	1,95
Die Ausbildung hat einen hohen Status	2,31	1,93	2,64	2,48	2,89	2,40

(Durchschnitt; 4 = sehr wichtig, 3 = ziemlich wichtig, 2 = in einem geringeren Grad wichtig und 1 = nicht wichtig)
Quelle: NMR-Befragung 2010.

Die obigen Ergebnisse zeigen, dass es durchaus eine Rolle spielt, ob der Status einer Ausbildung als hoch angesehen wird oder nicht. Dies wirkt sich wie Tabelle 3 zeigt, auch auf das Ansehen und den Respekt gegenüber dem Beruf aus.

Tab. 3: In welchem Grad sind die folgenden Aspekte eines Berufs deiner Auffassung nach wichtig?

Ort/ Land	**Odense (DK)**		**Volda (NO)**		**Göteborg (SE)**	
Befragte	Schüler	Lehrer	Schüler	Lehrer	Schüler	Lehrer
Die Arbeit ist respektiert und vermittelt einen hohen Status	2,45	2,13	2,69	2,65	3,12	2,72
Die Arbeit ist wichtig für die Gesellschaft	2,82	3,34	2,73	3,57	3,02	3,49

(Durchschnitt; 4 = sehr wichtig, 3 = ziemlich wichtig, 2 = in einem geringeren Grad wichtig und 1 = nicht wichtig)
Quelle: NMR-Befragung

Auffallend ist, dass in allen Ländern der Respekt vor der Arbeit und der Status niedriger gewichtet werden als die Bedeutung der Lehrerarbeit für die Gesellschaft. Vor allem in Dänemark und Norwegen ist der Unterschied zwischen der Gewichtung der beiden Parameter deutlich. Die Interviews der Studie zeigten ferner, dass die Lehramtsstudenten in den skandinavischen Ländern ihre Motivation für den Beruf in einem persönlichen Verständnis über den Lehrerberuf fanden.

3.3 Lehramtsstudierende – Wer sind sie?

Aus Tabelle 7 geht deutlich hervor, dass Lehrerstudierende in der Regel Frauen sind; es scheint eine annähernd direkte Kopplung zur Sekundarstufe II vorzuliegen. In den drei Ländern entspricht der Anteil der Frauen in der Sekundarstufe II, die sich für den Lehrerberuf interessieren, ungefähr dem Anteil der Frauen in der Lehrerbildung. Der Anteil der Schüler und Studenten mit Migrationshintergrund unterliegt einer ähnlichen Kopplung. Allerdings scheinen schwedische Schüler mit Migrationshintergrund das Lehrerstudium weniger attraktiv zu finden. Im Lehrerstudium ist ihr Anteil deutlich geringer, aber der höchste in Skandinavien. Ein anderes charakteristisches Muster ist der soziale Hintergrund der Eltern der Studierenden. Etwa zwei Drittel geben an, dass mindestens ein Elternteil ein Studium absolviert hat. Das Durchschnittsalter der Studierenden im ersten Semester weist darauf hin, dass ein Großteil zwischen dem Ende der Sekundarstufe II (Durchschnittsalter 19) und dem Studienbeginn (Durchschnittsalter 25) einer anderen Tätigkeit nachgegangen sein muss.

Tab. 4: Soziale und demographische Charakteristika der Abgangsschüler und Lehrerstudierenden im ersten Studienjahr

Ort/ Land	**Odense (DK)**		**Volda (NO)**		**Göteborg (SE)**	
Befragte	Schüler	Lehrer	Schüler	Lehrer	Schüler	Lehrer
Geschlecht:						
Frauen	69%	64%	63%	70%	71%	70%
Ethnizität:						
Migranten[(a)]	5%	6%	5%	3%	42%	13%
Ausbildung der Eltern:						
Tertiär[(b)]	70%	63%	58%	69%	35%	56%
Alter:						
Durchschnitt	19	25	18	23	19	25

a = Migranten = Personen die entweder nicht die Staatsbürgerschaft des Aufenthaltslandes besitzen und/oder nicht die Sprache des Aufenthaltslandes zu Hause sprechen und /oder angeben, dass sie nicht im Aufenthaltsland geboren wurden.
b = Tertiär Ausbildung bezeichnet eine kürzere oder längere Ausbildung im Anschluss an die Sekundarstufe II.
Quelle: NMR-Befragung 2009

3.4 Professionsverständnis

Der Besuch eines Lehrerseminares, in der Regel theologischen Ursprungs, bildet das wissenssoziologische Fundament des Großteils der gegenwärtig aktiven Lehrer in den skandinavischen Schulen. Zentrales Merkmal dieser Lehrer ist, dass sie sich einer normativen (Grundtvigianischen) Bildungstradition (Werler 2004) verpflichtet fühlen und diese in ihrem beruflichen Wirken umsetzen möchten. Im Diskurs um die Inhalte der Lehrerbildung hatte dies zur Folge, dass das Fach Pädagogik (mit dem Schwerpunkt Bildungstheorie & Philosophie) als Bindeglied zwischen Fachwissenschaft und der Praxisausbildung gesehen wurde. Es sollte im Wesentlichen der normativen Identitätsbildung dienen und Lehrer dazu befähigen, als Kulturvermittler zu fungieren (Werler 2008). Die bildungspolitischen Entwicklungen in den letzten beiden Jahrzehnten des 20. Jahrhunderts sind innerhalb der skandinavischen Lehrerbildung durch ein starkes Interesse an soziokultureller Theorie (Vygostski, Leave & Wenger) geprägt. Ferner gewann das sonderpädagogisch begründete Inklusionsparadigma Einfluss auf die Lehrerbildung. Lehrer sollten also nicht nur Berater und (Lern-)Manager der Schüler sein, sondern auch deren Therapeuten (Werler 2010). Auffällig ist, dass Lehrer nicht als Wissensvermittler beschrieben werden.

Die umfassende Evaluation der Lehrerbildung (DK 2003, S 2005 & 2008, N 2006) kritisierte das Festhalten an dieser Tradition. Durch die schrittweise Transformation der Lehrerbildung, bzw. durch deren Akademisierung sollen als überholt dargestellte Identitätsmuster durch neue Handlungsmuster ersetzt werden. Die Ziele der Reformen der Lehrerbildung während der letzten Jahre (DK 2006, N 2010, S 2011) bestehen im Wesentlichen darin, dass Lehrer stärker durch deren forschungsbasierte Ausbildung professionalisiert werden. Der Transformationsprozess der Professionalität der Lehrer in Skandinavien ist adäquat beschrieben als der Übergang von der seminaristischen Ausbildung, die auf die persönliche Entwicklung und Bildung des „geborenen Lehrers" zielte, zur akademischen Ausbildung, die auf die Aneignung von Fachwissen, didaktischem Wissen, methodischem Wissen und praktischem Reflexionswissen in Kombination mit der Entwicklung von Forschungskompetenzen baut.

3.5 Ressourcen für die Lehrerbildung

Die Datenlage zu finanziellen und personellen Ressourcen in den skandinavischen Ländern ist auffallend spärlich, wenn man bedenkt, dass zwischen 20 und 30 % aller Studierenden an einem der Lehrerbildungsprogramme teilnehmen. Dieser Befund ist insofern überraschend, da die Lehrerstudierenden ein zentrale Säule der Hochschullandschaft (und damit auch der Finanzierung der Institutionen) bilden. Eine mögliche Begründung hierfür kann sein, dass der Staat den Institutionen seinen maximalen Beitrag pro Lehrstudent vorschreibt, den die Institutionen in ihren Globalbudgets jedoch frei verwenden können. Was bedeutet, dass die zur Verfügung gestellten Mittel letztlich seitens der Hochschulen auch anders verwendet werden können. Das nachfolgend dargestellte Zahlenmaterial stellt den Preis dar, den die Staaten bereit sind, für die Ausbildung eines Lehrers zu zahlen. Die amtlichen statistischen Daten erlauben ferner keine Rückschlüsse auf das in die Lehrerbildung involvierte Personal.

Die staatlichen Bewilligungen für die norwegische Lehrerbildung sind aufgrund intensiver Verhandlungen zwischen den Hochschulen und dem Wissenschaftsministerium pro Studienplatz um ca. 20 % gestiegen, von 99.000 NOK (2009) auf 118.000 (2011). Zentrales Argument der Verhandlungsführer der Hochschulen war, dass die Kosten in Verbindung mit der erst kürzlich zurückliegenden Reform der Lehrerbildung (GLU 2010) gestiegen seien. Ein anderes Phänomen kann in Schweden beobachtet werden. Es wird erwartet, dass der Preis für die Ausbildung der Lehrer für die Klassenstufen 1–5 von 120.000 SEK (2008) auf 99.000 SEK sinkt. Für die Ausbildung der Fachlehrer (Kl. 6–9 sowie Sekundarstufe II) wird erwartet, dass der Preis von 130.000 SEK auf etwa 150.000 SEK steigen wird (SOU 2008, S. 109). Insgesamt soll die

Lehrerbildung für die Klassenstufen 1–5 nicht mehr als 360 Millionen SEK und für die Klassen 6–9 und die Sekundarstufe II 350 Millionen SEK pro Jahr kosten.

In allen drei untersuchten Ländern finanziert der Staat die staatlichen Hochschulen und Universitäten zu 100 %. Private Institutionen erhalten einen Zuschuss (ca. 80 %) zusätzlich zu den Studiengebühren der Studenten. Da die Institutionen ihr Globalbudget selbst verwalten, werden institutionsinterne Verteilungsprinzipien angewandt; diese müssen nicht zwingend dem staatlichen Finanzierungsmodell folgen. Die Finanzierung der Lehrerbildung[1] erfolgt in zwei Schritten. In einer ersten Phase deckt der Staat ca. 60 % der Kosten, die pro bewilligten Studienplatz entstehen. Die restlichen 40 % werden in dem Moment gedeckt, sobald die Studierenden eine vorgeschriebene Anzahl an ECTS-Punkten erreicht haben. Durch dieses System versuchen die Länder auf den zu erwartenden drop-out zu reagieren. Für die Hochschulen und Universitäten hat die unvollständige Finanzierung von Studienplätzen zur Folge, dass sie ein Interesse an geringen dop-out-Raten haben müssen. Untersuchungen (Werler et al. 2009) zeigen aber, dass ca. 40 % eines Jahrgangs das Lehrerstudium aufgeben.

3.6 Das Einkommen von Lehrern

Die Tabellen 5–7 im Anhang geben eine Übersicht über die relative Einkommenssituation von Lehrern in der Primarstufe in den skandinavischen Hauptstädten (Kopenhagen, Oslo, Stockholm). Wenn die Daten aus diesen Städten auch nicht repräsentativ für das jeweilige Land sind, so lebt hier doch ein Großteil der Bevölkerung. Die historische Entwicklung der Lehrergehälter im Vergleich zeigt zunächst auffallende (konjunkturbedingte und zeitlich verzögert einsetzende) Schwankungen. Diese scheinen im Laufe der Jahre dazu genutzt worden zu sein, die vergleichsweise gute Einkommenssituation von Lehrern zu verringern. Das hat dazu beigetragen, dass die Lehrer von einer relativ hohen Position in der Mitte der 1970er Jahre ins Mittelfeld abrutschten (2009).

Im Jahr 2009 verdiente ein Ingenieur in Kopenhagen durchschnittlich 43 % mehr als ein Lehrer. Dieser wiederum verdient pro Jahr nur 700 $ mehr als ein Bauarbeiter, der eine knapp zweijährige Lehre im Anschluss an die Pflichtschulzeit durchlaufen hat. Den stärksten Gehaltszuwachs erfuhren Automechaniker, die auf eine ca. dreijährige Ausbildung zurückblicken: sie konnten ihr Gehalt zwischen 1974 und 2009 um den Faktor 7,5 vergrößern. Eine ähnliche Entwicklung kann in Norwegen beobachtet werden. Ein Ingenieur verdient in Oslo ca. 73 % mehr als ein Lehrer, dieser verdient aber nur 3400 $ mehr als ein Bauarbeiter, der eine zweijährige weiterführende Schule durchlaufen hat. Sowohl Lehrern als auch Automechanikern gelang es, ihr Gehalt

1 Hier am Beispiel Norwegens dargestellt. Die anderen beiden Länder folgen diesem Prinzip.

trotz unterschiedlicher Ausbildungsdauer um den Faktor 6 zu vergrößern. Der Gehaltsvorsprung der Ingenieure gegenüber den Lehrern fällt im schwedischen Stockholm mit 38 % am geringsten aus. Auffällig ist, dass Bauarbeiter hier 1700 $ mehr als Lehrer verdienen. Ähnlich wie in den beiden anderen Städten erhöhte sich das Gehalt der Automechaniker im Vergleich zu dem der Lehrer stärker (Faktor 3,5 zu 3).

Auffallend ist in allen drei Fällen, dass es den Lehrern nicht gelang ihr Gehalt entsprechend der reformbedingt länger werdenden Ausbildung zu steigern. Das wird insbesondere im Vergleich zu Ingenieuren deutlich, deren Ausbildung ebenfalls von drei auf vier (bzw. fünf) Jahre ausgedehnt wurde. Es gelang den Lehrern nicht, den bereits seit den 1970er Jahren bestehenden Gehaltsunterschied zu verringern. Aus den Tabellen geht weiterhin hervor, dass es insbesondere Berufsgruppen mit relativ kurzer Ausbildungsdauer waren, die ihr Gehalt deutlich steigern konnten und nun ähnlich bzw. besser als Lehrer verdienen.

3.7 Struktur und Organisation der Lehrerbildung

Die Struktur der Lehrerbildung ist in den skandinavischen Ländern trotz des ähnlichen Schulsystems (vgl. Werler & Rasmussen 2010, Werler & Cleasson 2010, Werler & Volckmar 2010) ganz unterschiedlich ausgebildet. Gemeinsames Charakteristikum ist, dass die Lehrerbildung aus drei grundlegenden Elementen besteht: Unterrichtsfächer, Professionsfach und Praxis. Diese Felder sind nicht notwendigerweise klar voneinander abgegrenzt. Wie auch die Dauer der Ausbildung variiert, so variiert auch der Umfang der Lehrerbildung zwischen 180 ECTS (BA) in Dänemark und 330 ECTS (MA) in Schweden.

In Dänemark und Norwegen (gegenwärtig drei Programme: 1–7 Kl.; 5–10 Kl.; 8–13 Kl.) dauert die Ausbildung vier Jahre und führt nach drei Jahren zum Bachelorabschluss (180 ECTS). Das gesamte obligatorische Lehrerbildungsprogramm umfasst 240 ECTS. In Schweden variiert die Dauer der Ausbildung je nachdem, für welche Altersgruppe man sich als Lehrer entscheidet, für jüngere Schüler kürzer und für ältere Schüler länger (Vorschule 210 ECTS; Grundschule Kl. 1–6, 240 ECTS, Grundschule Kl. 7–9 270 ECTS, weiterführende Schule 300/330 ECTS). Von wenigen Ausnahmen abgesehen sind die meisten Ausbildungsprogramme für die Klassenstufen 1–10 (9) integrierte Programme, die weder während noch nach der Ausbildung in Phasen eingeteilt sind.

Die Lehrerbildung erfolgt in Schweden und Norwegen an Universitäten und Hochschulen, in Dänemark an Professionshochschulen, die keinen Forschungsauftrag haben. Gemeinsam ist allen drei Ländern, dass die Lehrerbildung nicht mehr durch eigene Gesetze reguliert wird, sondern durch Richtlinien. Das heißt, dass Lehrerbildung unter die jeweiligen nationalen Hochschulgesetze fällt; dort wird aber festgehalten, dass die Lehrerbildung durch rasch änderbare Richtlinien und Vorschriften gesteuert werden soll.

3.8 Der Kern der Lehrerbildung

Die Lehrerbildung soll in den skandinavischen Ländern nicht nur auf die fachliche Eignung zum Lehrerberuf vorbereiten, sondern die Lehrer auch professionalisieren, um Schule als Ganzes entwickeln zu können. Aus dem oben gesagten leiten sich eine Reihe weiterer Konsequenzen für die Zielbestimmung von Lehrerbildung ab. Gemeinsam ist den Ländern, dass die Ziele der Ausbildung nicht nur durch die Richtlinien bestimmt werden sondern auch durch die Aufgaben und Funktionen der Schule. Da es hierfür aber keine allgemeinen Richtlinien gibt, müssen die Ausbildungseinrichtungen hier in engem Praxiskontakt einen Abgleich vornehmen.

Alle skandinavischen Lehrerbildungsinstitutionen haben ihre Programme mit Hilfe von Kompetenzzielen (*learning outcome*) entwickelt und folgen somit dem Bologna Prozess sowie dem Europäischen Qualifikationsrahmenwerk. Eine Analyse der Richtliniendokumente zeigt, dass die Lehrerbildungsprogramme trotz ihrer unterschiedlichen Struktur eine Reihe inhaltlicher Gemeinsamkeiten aufweisen. So wird als wesentlich hervorgehoben, dass die Lehrerbildung:

- das Fachwissen zukünftiger Lehrer steigert, ihnen Kenntnisse und Fertigkeiten im Umgang mit Heterogenität vermittelt (*special education/inclusion, adapted teaching*),
- die Verbindung zwischen Theorie und Praxis stärker in den Mittelpunkt ihrer Tätigkeit rückt,
- forschungsbasiert sein soll (Wissenschaftstheorie & Forschungsmethoden, Bachelor-/Masterarbeit);
- sich stärker mit dem didaktischen Gebrauch der neuen Medien auseinandersetzt und diese im Unterricht zur Anwendung bringt,
- dass sie das allgemeine Fach „Pädagogik“ gegen die Felder Allgemeine Didaktik, Lehrplantheorie, Entwicklungs- & Lernpsychologie, Klassen- und Schulleitung und Grundlegende Kompetenzen austauscht,
- auf den Unterricht in lediglich 2–3 Schulfächern vorbereitet,
- dass die Lehrerstudierenden *generic competences* bei den Schülern entwickeln können.

3.9 Rekrutierungserfolge und Rekrutierungsprobleme

Anhand von Tabelle 8 wird deutlich, dass die Rekrutierungsgrundlage für zukünftige Lehrkräfte zurückging. Auffallend ist dieser Trend besonders für Schweden und Dänemark. Dies führte dazu, dass in Dänemark 89 % und in Schweden 74 % der Bewerber um einen Studienplatz in der Lehrerbildung diesen auch erhielten. In Norwegen erhielten nur 59 % einen Platz zugeteilt. Ein Ziel der neuesten Reformen bestand darin, die Rekrutierungsgrundlage zu verbessern. Erste Evaluationsergebnisse deuten jedoch daraufhin, dass dies in nur sehr geringem Umfang gelingt. Problematisch an der derzeitigen Situation ist, dass innerhalb der nächsten fünf Jahre in Norwegen 18.000 neue Lehrer benötigt werden, diese aber seitens der Ausbildungsinstitutionen gar nicht in dem erforderlichen Umfang ausgebildet werden können. Die Situation in Dänemark und Schweden ist hierbei sehr ähnlich.

Tab. 5: Anzahl der Bewerber auf einen Lehrerstudienplatz und Anzahl angenommener Bewerber

	Dänemark		**Norwegen**		**Schweden**	
Jahr	Bewerber	aufgenommen	Bewerber	aufgenommen	Bewerber	aufgenommen
1995	5468		2657			
1996	4902	3747	6817	2734		
1997	5120	4142	5604	2727		
1998	5041	4520	4643	2772		
1999	5059	4477	4031	2852		
2000	4665	4280	3847	2716		
2001	4836	4392	4025	2751		
2002	5166	4538	2772			
2003	4872	4314	2769		14263	10979
2004	4663	4175	3982	2877	14937	10584
2005	4047	3810	3528		15276	10733
2006	3559	3479	3714	2074	13875	10252
2007	2954	2896	3080		11640	9816
2008	2684	2645	3055	1906		
2009		3205	4096			
in %		89		59		74

Quelle: Eurodyce 2012, eigene Zusammenstellung

Ferner liegt die Drop-out-Rate in der Lehrerbildung in den skandinavischen Ländern zwischen 40 und 60 % (Werler et al. 2010). Ein auffälliges Muster dabei ist, dass mehr

Frauen als Männer das Lehrerstudium beenden sowie schwache Schulleistungen mit drop-out einhergehen. Um dieser Entwicklung entgegen zu wirken, und um den Status sowie die Leistungen (Qualität) zukünftiger Lehrer zu verbessern, wurden vor ca. 5 Jahren in allen drei skandinavischen Ländern Zugangskriterien zum Lehrerstudium geschaffen. In der Regel handelt es sich dabei um die Durchschnittsnote der Hochschulzugangsberechtigung sowie die Abschlussnoten in Fächern wie Muttersprache, Mathematik und Englisch. Allgemein kann festgehalten werden, dass die Bewerber zum oberen Leistungsdrittel eines Altersjahrgangs gehören müssen. Allerdings sind diese Maßnahmen umstritten, da unklar ist, ob sie die gewünschten Effekte erzeugen oder so möglicherweise den bevorstehenden Lehrermangel noch vergrößern.

Die bereits angeführten Studien zeigen, dass in wenigen Jahren in allen skandinavischen Ländern ein hoher Lehrermangel in allen Fachgebieten auftreten wird. Zwei Gründe sind hierfür ausschlaggebend: die Pensionierung von Lehrern und die zu geringe Bewerberzahl für das Lehrerstudium. Um potentielle Studierende zu gewinnen werden seit mehreren Jahren Werbekampagnen über den Lehrerberuf durchgeführt (GNIST (dt. FUNKE) (N); Bliv lærer! (dt: Werde Lehrer!)(DK), För det vidare (dt: Führe es weiter) (S)). Das geschieht einerseits zentral organsiert seitens der für die Universitäten und Hochschulen verantwortlichen Ministerien als auch durch die Hochschulen. Die Werbekampagnen seitens des Staates haben die Aufwertung des Lehrerberufs sowie eine Attraktivitätssteigerung zum Ziel. Diese Kampagnen werden in der Regel internetbasiert durchgeführt und erhalten positive Rückmeldungen. Die regionalen Einrichtungen der Lehrerbildung fokussieren in der Regel auf ihren „Lokalmarkt". Dazu befinden sie sich im Dialog mit den Schulträgern über den zukünftigen regionalen Bedarf an Lehrern. Zum anderen präsentieren sie die regionale Lehrerausbildung sowie deren Bedeutung in den weiterführenden Schulen ihrer Region. Noch ist allerdings unklar, ob die steigenden Studentenzahlen auf die ökonomische Situation oder die Kampagne zurückzuführen sind. Auffällig ist jedoch, dass die Studierendenzahl in der Lehrerbildung sich parallel zur steigenden Studierendenanzahl insgesamt verhält.

3.10 Wege in die Berufspraxis

In den Skandinavischen Ländern gelten Lehrerstudenten als vollständig ausgebildet, wenn Sie alle relevanten Prüfungsleistungen, die eine Prüfungsordnung vorsieht, erfüllt haben. Sie werden dann mit denselben Aufgaben betraut, wie erfahren Lehrer. Das heißt, dass von ihnen verlangt wird, dass sie mit Beginn ihres Arbeitsvertrages unterrichten.

Gemeinsamer Ausgangspunkt für alle Länder ist, dass sie gegenwärtig und zukünftig einen eklatanten Lehrermangel erleben; daher haben alle Länder nicht nur ein starkes Interesse an der weiteren Professionalisierung der Lehrer sondern sie sind auch bestrebt die jungen Lehrer dazu zu motivieren auf Dauer als Lehrer zu arbeiten und nicht in ein finanziell attraktiveres Berufsfeld zu wechseln. Daher haben die Länder Mentorenprogramme eingeführt, welche die Junglehrer und Lehrerinnen in ihrer weiteren professionellen Entwicklung unterstützen sollen.

Besonders markant wird auf diese Programme in Dänemark hingewiesen, dort werden Bewerber bereits in der Stellenausschreibung auf die entsprechenden Programme hingewiesen. Diese bestehen in der Regel aus Einführungskursen zu allgemeinen Fragen, Kursen zum Austausch über Erfahrungen, Mentorvereinbarungen, Kompetenzentwicklungsprogrammen aber auch in Form von höheren Gehältern und weniger abzuleistende Unterrichtsstunden. Die am häufigsten gebrauchte Methode in der folkeskole ist jedoch die Zuweisung eines erfahrenen Kollegen (mit 10 bis 20 Arbeitsstunden) während des ersten Berufsjahres (EVA 2011). Jene Lehrer, die in der Sekundarstufe II unterrichten, können in den ersten beiden Berufsjahren an Programmen teilnehmen, die aus einer Kombination aus Unterricht, Mentorunterstützung, didaktischer Kompetenzentwicklung, Evaluation und Fachstudium bestehen.

Wie auch in Dänemark sind die norwegischen Kommunen die Arbeitergeber der Lehrer und daher rechtsverbindlich zur Unterstützung der Lehrer verantwortlich. Seitens der Kommunen ist diese Verantwortung, und damit auch die über neue Lehrer, auf die Schulleiter übertragen worden. Daher variiert die Unterstützung, und die meisten Lehrer erhalten eine fachliche Begleitung niedriger Intensität ähnlich der in Dänemark (10 bis 20 Stunden) (Bjerkholt & Brokke 2006). Daran hat bis dato auch die Reform der Lehrerbildung wenig ändern können. Allerdings besteht seit 2003 ein nationales Programm (Veiledning av nyutdannede lærere – Beratung neuer Lehrer) an dem Schulen, die ein Mentorsystem aufbauen möchten, teilnehmen können.

Seit 1995 haben neu ausgebildete Lehrer an allen schwedischen Schulen das Recht auf eine Betreuung und auf einen Mentor während des ersten Berufsjahres. Die Verantwortung darüber obliegt der Kommune, die diese an den jeweiligen Schulleiter delegiert. In der Regel nehmen die neuen Lehrer gemeinsam mit anderen neuen Lehrern an Seminaren teil, die dem Erfahrungsaustausch dienen und praktisch-didaktische Lösungsansätze skizzieren.

Gemeinsames Merkmal aller skandinavischen Länder ist, dass nicht jeder Lehrer diese Unterstützung erfährt, da nicht jede Kommune über die dazu notwendige Organisation und Mittel verfügt. In den *policy*-Dokumenten zu den Lehrerbildungsreformen wurde deutlich gemacht, dass die Staaten bereit sind hier weitere Anstrengungen zu unternehmen. Es kann davon ausgegangen werden, dass die Kommunen/ Schulträger aufgrund der neoliberalen Schulpolitik stärker auf *accountability* orientierte Langzeitprogramme setzen müssen. Problematisch ist, dass die Mentorenschaft möglicherweise ihren Charakter verändert und der Mentor nicht mehr als Berater oder Unterstützer, sondern als Kontrolleur wahrgenommen wird.

Der oben angesprochene Lehrermangel hat in allen drei Ländern zu einer Schulpraxis geführt, bei der Lehrkräfte unterschiedlichen Niveaus als Lehrer angestellt werden, auch wenn sie keine Fachausbildung dokumentieren können. Als wesentlich für die Durchführung von Unterricht wird ihr Fachwissen/-können angesehen. Diese Lehrer werden vor Ort seitens der Schulen eingearbeitet. Abseits des Teach-First-Programmes in Norwegen gibt es dazu keine anderen offiziellen Qualifizierungsprogramme. Ferner finden sich hierzu auch keine verlässlichen Quellen bzw. belastbares Datenmaterial. Um dieser Entwicklung zu begegnen, beschloss im Herbst 2011 die konservative Regierung Schwedens die Einführung einer Berufslegitimierung, durch die Lehrer nicht mehr automatisch durch ein Lehrerstudium als zertifiziert gelten sollen. Eine zumindest einjährige Schulpraxis ist notwendig, um als Lehrer zertifiziert und festangestellt werden zu können. Gegenwärtig ist die dazu geltende Verordnung auf unbestimmte Zeit ausgesetzt, da diese Regelung dafür gesorgt hätte, dass nicht fachausgebildete Lehrer zunächst keine Zertifizierung erhalten hätten und anschließend nicht als Lehrer hätten weiterbeschäftigt werden dürfen. Das hätte den ohnehin bestehenden Lehrermangel noch verschärft. In Norwegen wird im Moment diskutiert, ob eine ähnliche Regelung eingeführt werden sollte.

3.11 Inhaltliche Perspektiven in der Lehrerbildung

Allgemein wird in den (reformierten) skandinavischen Lehrerbildungsprogrammen die fachdidaktische Ausbildung betont. Allen Lehrerbildungsprogrammen ist gemein, dass die fachdidaktische Ausbildung in das jeweils studierte Unterrichtsfach integriert ist. Die integrierte fachdidaktische Ausbildung wird angestrebt, da davon ausgegangen wird, dass diese Form wesentlich dazu beiträgt, die Kompetenzen zu erwerben, die einen professionellen Lehrer kennzeichnen. Diese Auffassung verdeutlicht sich daran, dass es keine fachwissenschaftliche Ausbildung gibt; noch ist der Umfang (in Form von ECTS) beziehungsweise die Platzierung der Fachdidaktik bestimmt (siehe Tabelle 9).

Tab. 6: Umfang der Fachdidaktik (Fd), Verortung und Inhalt

	ECTS	Verortung	Inhalt
Dänemark	keine nationale Regulation; Fach & Fachdidaktik	Fd ist in Unterrichtsfach integriert	Lernziele sind in die Modulbeschreibung integriert
Norwegen	keine nationale Regulierung	Fd ist in Unterrichtsfach integriert	Keine Beschreibung fachdidaktischer Lernziele in der Modulbeschreibung
Schweden	keine nationale Regulation	Fd ist in Unterrichtsfach integriert sowie in Spezialisierung	

Quelle: eigene Zusammenstellung

Aus der aktuellen Professionsforschung geht hervor, dass es eine besondere *capacity* der skandinavischen Lehrer ist, fachdidaktisches Wissen mit akademischem Wissen so zu verknüpfen, dass es Schülern (und Schulen) letztlich gelingt, ihre Leistungen zu steigern (Werler et al. 2010, S. 45).

Eine wesentliche Erkenntnis aus der Evaluation der Lehrbildungsprogramme in den skandinavischen Ländern ist, dass der Anteil der Pädagogik[2] in der Lehrerbildung bis zu Beginn des neuen Reformzyklus um ca. 50 % reduziert worden war. Das hatte zur Folge, dass die Lehrerbildung den identitätsstiftenden Kern der Professionsbildung verlor. Im aktuellen Reformzyklus verfolgen die skandinavischen Länder eine gemeinsame Entwicklungslinie und verdoppelten den Umfang der Pädagogikausbildung um 50 % (60 ECTS). Hinzukommt, dass die Stellung von Pädagogik gestärkt wurde, indem ihr die Verantwortung für die Ausbildung im Gebrauch von IKT sowie in grundlegenden Kompetenzen (generic competences) übertragen wurde. Ferner ist die Bachelor-/Masterarbeit in der Pädagogik verankert (ca. 15 ECTS). Auffallend in den *policy*-Dokumenten und den Vorschriften über die Lehrerbildung ist in allen drei Fällen, dass die Pädagogikausbildung als verbindendes Element (zwischen Fachdidaktik und Praxis) und als zentrales Element professioneller Tätigkeit gesehen wird.

3.12 Schulpraxis und Hochschulausbildung

Im Folgenden werden die Organisation, der Umfang und der Inhalt der skandinavischen Lehrerbildungsprogramme beschrieben. Charakteristisches (und im wissenschaftlichen als auch im politischen Diskurs unhinterfragtes) Merkmal aller Programme ist, dass die Praxisausbildung Bestandteil der Lehrerausbildung sein soll.

2 Im Folgenden wird der Begriff Pädagogik gewählt; in diesen Begriff gehen erziehungswissenschaftliche, psychologische, pädagogische und wissenschaftstheoretische Komponenten ein.

Unterschiede bestehen allerdings im Umfang und dem Inhalt der Praxisausbildung. Tabelle 10 gibt einen Überblick darüber.

Tab. 7: Organisation, Umfang und Inhalt der Praxisausbildung

	ECTS	Wochen	Praxisort	Inhalt
Dänemark	36	24	öffentliche und private Schulen	Alle gewählten Unterrichtsfächer in jedem Studienjahr; zusammenhängende Periode (7–9 Wochen) im 3. und 4. Studienjahr
Norwegen	-	20	öffentliche Schulen	obligatorische Fächer und Wahlfach; jedes Jahr
Schweden	minimum 30	20	öffentliche Schulen	2–4 Perioden während des Studiums; mindestens 1 Tag pro Woche im Semester

Quelle: eigene Zusammenstellung

Dänemark ist das Land, in dem die Praxisausbildung am längsten andauert: der Umfang entspricht 15 % der gesamten Studienzeit. Der Umfang ist in Norwegen und Schweden geringer, dort entspricht der Praxisanteil ca. 10 %. In allen Programmen ist die Praxisausbildung so organisiert, dass die Studierenden jedes Semester circa zwei zusammenhängende Wochen in einer Schule verbringen. Die Ausbildungsinstitutionen entscheiden selbst, wie sie die Praxisausbildung organisieren, was zu großer Variation führt. Die Praxisausbildung wird zum einen genutzt, um den Studierenden erste Lehrerfahrungen zu ermöglichen (Beobachtung, Planung und Durchführung von Unterricht), als auch gegen Ende der Studienzeit eine Schule eigenständig zu leiten und Unterricht durchzuführen. Hierbei übernehmen die Studierenden (unter Aufsicht der Hochschullehrer) für einen begrenzten Zeitraum die alltäglichen Aufgaben eines Lehrers / Schulleiters während diese sich vollständig aus der Schule zurückziehen. Ferner dient die Praxis auch als Forschungs- und Unterrichtsentwicklungsarena für die Studierenden. Erfahrungen und Erkenntnisse aus der Praxis werden häufig durch die Pädagogik- als auch die Fachausbildung reflektiert. Dazu sind eigene Unterrichtsphasen vorgesehen.

3.13 Didaktische Praxis als Kern der Profession

Das Ziel der Praxisausbildung ist, dass die Studierenden eigene Praxistheorien entwickeln, indem sie über ihre Praxiserfahrungen (Unterrichten, Planen, Vorbereiten, Zusammenarbeit mit Kollegen, Schülern und Eltern etc.) reflektieren. Durch die Praxisausbildung soll die praktisch-pädagogische Kompetenz als auch die Kompetenz, den eigenen sowie den Unterricht anderer zu analysieren, erlernt werden. Um dies zu erreichen betonen die skandinavischen Verordnungen zur Lehrerbildung, dass die Kopplung zwischen Theorie und Praxis unumgänglich ist. Die reformierten skandinavischen Programme haben als gemeinsames Merkmal, dass die theoretische Ausbildung wesentliche Prämisse zur Entwicklung didaktischer Handlungen ist. Im Studium werden den Studierenden (empirische) Forschungsresultate vermittelt und diese werden im Anschluss daran in die Praxis umgesetzt. Die Reformen der letzten Jahre trugen ganz entscheidend dazu bei, dass der erfahrungs- und handlungsorientierte Ansatz der Lehrerbildung zu Gunsten eines forschungsbasierten Zugangs aufgegeben wurde. Um die didaktischen und diagnostischen Fertigkeiten der Studierenden zu verbessern, müssen z. B. die dänischen Studierenden Unterrichtstunden vorbereiten, durchführen und deren Wirkung evaluieren. Ähnlich ist dies in Norwegen gestaltet: die Studierenden müssen zum einen die Praxisausbildung anhand eines Leitfadens dokumentieren. Zum anderen müssen sie (unter Anleitung) kleinere empirische Forschungsprojekte durchführen. In der letzten Phase der Ausbildung nimmt die Bachelorarbeit einen zentralen Platz beim Aufbau der pädagogischen Kompetenzen ein. Ausgehend von einem gewählten Unterrichtsfach und Pädagogik sollen die Studierenden eine empirische Forschungsarbeit durchführen und dokumentieren, dass sie über wissenschaftliche, fachliche und didaktische Kenntnisse und Kompetenzen verfügen.

3.14 Inklusion und Heterogenität

Die Schulsysteme Skandinaviens haben neben der Wissensvermittlung den Chancenausgleich zwischen unterschiedlichen Bevölkerungsgruppen/-schichten als Auftrag. Für die Lehrerbildung heißt das, dass sie die werdenden Lehrer mit der sozialen Situation und deren Konsequenzen bezüglich der Bildungsbeteiligung vertraut machen muss; daher sollen die Lehrer Kompetenzen und Wissen darüber erwerben, wie sie im bildungspolitischen Interesse darauf adäquat reagieren. Die entsprechenden Lernziele sind in den jeweiligen nationalen Vorschriften über die Lehrerbildung enthalten. Im Wesentlichen handelt es sich dabei um die Lernfelder: Sonderpädagogik (Inklusion) und Diagnostik, altersspezifischer Unterricht, Mehrsprachigkeit, *adapted teaching*, Mobbing und Umgang mit nationalen Minderheiten (Sami). Obwohl die Disziplinprobleme vergleichsweise gering ausgeprägt sind, nimmt das Thema *class room mangement* einen zentralen Platz in allen Lehrerbildungsprogrammen ein und wird seitens der Lehrer im Alltag als Schulsteuerungsinstrument aufgefasst.

3.15 Widerstand gegen Bildungspolitik

In allen skandinavischen Ländern wurden im Diskurs um Schulleistungstests zahlreiche neue (insbesondere administrative) Steuerungsinstrumente im Bildungssektor eingeführt. Diese reichen von Evaluation, Schulaufsicht, nationalen Leistungstests bis hin zu nationalen Standards für die Lehrebildung. Das bildungspolitische Zentralmotiv der aktuellen Bildungsreformen ist „accountability". Die bildungspolitische Debatte, die darüber geführt wird, ist einerseits geprägt von umfassender Befürwortung seitens der Bildungsadministration und starker Ablehnung seitens der Lehrer (und Teilen der Lehrerbildung). Interessant dabei ist, dass die Diskussionspartner darüber übereinstimmen, dass die neuen Steuerungsmechanismen im Gegensatz zu den staatlich definierten Anforderungen an die Schule (wie sie etwa durch die Lehrpläne formuliert sind) stehen. Gegenwärtig liegen noch keine Diskussionsangebote vor, die auf einen Konsens zwischen beiden Gruppierungen schließen lassen. Inwiefern Lehrer bzw. Schulleiter in ihrer Praxis gezielt die staatlichen Vorgaben unterlaufen, ist seitens der Forschung nicht erfasst. In der Tagespresse wird wiederholt darüber berichtet, dass Lehrer oder Schulleiter gezielt staatliche Vorgaben unterlaufen.

3.16 Karrierewege

Wie im Text bereits angedeutet ist die Nachfrage nach Lehrern in den skandinavischen Ländern sehr hoch. Die oben angeführten vergleichenden Studien haben gezeigt, dass eine zentrale Ursache die fehlenden Möglichkeiten zum beruflichen Fortkommen darstellen. Das begründet sich aus der Tradition der Einheitsschule heraus, in der ein Lehrer alle Fächer zu unterrichten hatte. Daraus ergibt sich, dass innerhalb einer Schule der nächste Karriereschritt in der Position des Rektors bestand. Alternativ dazu können interessierte Bewerber in die (lokale, provinziale oder nationale) Schulverwaltung wechseln. Die bildungspolitischen Entwicklungen der vergangenen Jahre verschlossen jedoch zunehmend den Lehrern den Aufstieg innerhalb ihrer Schule, da seit einiger Zeit eine spezielle Ausbildung (Master bzw. ähnlich gelagertes Zusatzstudium) zum Rektor vorgesehen ist. Für die Besetzung von Gruppen- oder Abteilungsleiterstellen gilt gleiches: erwartet werden Zusatzausbildung und/oder fachliche Spezialisierung. Zu erwarten ist, dass die Schulreformen der vergangenen Jahre zu einer zunehmenden Spezialisierung der Lehrkräfte führen wird. Grob vereinfacht besteht diese in Lehrern für die Primarstufe, die Sekundarstufe I und II. Das Ausbildungsprofil der Sekundarstufenlehrer ist dabei stärker fachbezogen. Neueste Studien zeigen (Werler et al. 2011, 2012), dass es dadurch gelingt, den Status (und das Einkommen) der letztgenannten Gruppen zu heben; doch führt dies gleichzeitig zu einer verschärften Rekrutierungssituation für die Primarstufenlehrer. Weiterhin ist ein deutlicher Trend dahingehend zu verzeichnen, dass zahlreiche Lehrer aus dem Schuldienst ausscheiden noch bevor sie das Pensionsalter (67) erreichen und ihre Berufskarriere in ähnlich gelagerten Feldern der freien Wirtschaft fortsetzen. Die Gründe hierfür scheinen in der Lohnentwicklung, den fehlenden beruflichen Verwirklichungsmöglichkeiten sowie im persönlichen Erleben der neuen Steuerungsparadigmen zu liegen.

3.17 Weiterbildung als persönliche Initiative

Um den Lehrerberuf attraktiv zu gestalten und/oder um die Loyalität von Lehrern gegenüber von professioneller Schulleitung bzw. nationaler Steuerungsmechanismen zu gewinnen, wird Lehrern die Möglichkeit zur (kostenfreien) Weiterbildung angeboten. Zwei Angebotslinien zeichnen sich hierbei als wesentlich ab: *class room management* und effektivitätssteigernde Unterrichtsmethoden. Jeder Schulträger (Kommune, Provinz) kann selbst darüber entscheiden, ob den Lehrern Weiterbildungsangebote unterbreitet werden. Die Lehrer haben weder das Recht noch die Pflicht zur Fortbildung.

Literatur

Bjerkholt, E. & Brokke, T. (2006). Norwegian National Network for Mentoring Newly Qualified Teachers. Induction program for Newly Qualified Teachers, Annual Status Report 2005. Notodden: University College of Telemark.

EVA (2003). Læreruddannelsen. Danmarks Evalueringsinstitut (EVA), Kopenhagen.

EVA (2011). Ny lærer. En evaluering af nyuddannede læreres møde med folkeskolen. København: Danmarks Evalueringsinstitut.

Högskoleverket (2005). Utvärdering av den nya lärarutbildningen vid svenska universitet och högskolor. Del 1-3. Högskoleverket, Stockholm.

Högskoleverket (2008). Uppföljande utvärdering av lärarutbildningen. Högskoleverket, Stockholm.

Kjeldsen, C. C. (2009). Lærerpositionen i skolefeltet – en re-produceret anakronisme. Om lærerstuderendes baggrund og dennes indflydelse på positionering, interesseorienteringer og strategier i skolefeltet, Århus, DPU.

Kunnskapsdepartementet (2009). Læreren. Rollen og utdanningen. St.meld. 16, Oslo.

Lindblad, S. (2006). Lärarutbildningar. Rekrytering och yrkesidentitet under omstrukturering (manus), Göteborg, Vetenskapsrådets utbildninvetenskapliga kommitté.

NOKUT (2006). Evaluering av allmennlærerutdanningen i Norge 2006. Del 1: Hovedrapport. Oslo: NOKUT.

SOU (2008). En hållbar lärarutbildning. Stockholm, Utbildningsdepartementet. 109.

USB = Union Bank of Switzerland (1974). Prices and Earnings Around the Globe. Zurich: Union Bank of Switzerland.

USB = Union Bank of Switzerland (1976). Prices and Earnings Around the Globe. Zurich: Union Bank of Switzerland.
USB = Union Bank of Switzerland (1979). Prices and Earnings Around the Globe. Zurich: Union Bank of Switzerland.
USB = Union Bank of Switzerland (1982). Prices and Earnings Around the Globe. Zurich: Union Bank of Switzerland.
USB = Union Bank of Switzerland (1985). Prices and Earnings Around the Globe. Zurich: Union Bank of Switzerland.
USB = Union Bank of Switzerland (1988). Prices and Earnings Around the Globe. Zurich: Union Bank of Switzerland.
USB = Union Bank of Switzerland (1991). Prices and Earnings Around the Globe. Zurich: Union Bank of Switzerland.
USB = Union Bank of Switzerland (1994). Prices and Earnings Around the Globe. Zurich: Union Bank of Switzerland.
USB = Union Bank of Switzerland (1997). Prices and Earnings Around the Globe. Zurich: Union Bank of Switzerland.
USB = Union Bank of Switzerland (2000). Prices and Earnings Around the Globe. Zurich: Union Bank of Switzerland.
USB = Union Bank of Switzerland (2003). A comparison of purchasing power around the globe: Prices and Earnings. Zurich: Union Bank of Switzerland.
USB = Union Bank of Switzerland (2006). A comparison of purchasing power around the globe: Prices and Earnings. Zurich: Union Bank of Switzerland.
Werler, T. (2004). Nation, Gemeinschaft, Bildung. Die Evolution des modernen skandinavischen Wohlfahrtsstaates und das Schulsystem. Baltmannsweiler: Schneider Verlag Hohengehren.
Werler, T. (2010). Et topologisk perspektiv på „den gode læreren". (A topological perspective on the «good teacher») In J. Midtsundstad & I. Willbergh (Hrsg.) Didaktikk: nye teoretiske perspektiver på undervisning (S. 199–217). Oslo: Cappelen Damm Akademisk.
Werler, T. et al. (2011). Frå allmennlærar til grunnskulelærar. Innfasing og oppstart av nye grunnskulelærarutdanningar. Følgjegruppa for lærarutdanningareforma, Rapport nr 1. Universität Stavanger.
Werler, T. et al. (2012). Med god gli i kupert terreng. GLU-reformens andre år. Rapport fra Følgegruppen til Kunnskapsdepartementet. Rapport nr 2. : Universität Stavanger.
Werler, T. & Claesson, S. (2010). Schweden. In Hörner et al. (Hrsg.) Die Bildungssysteme Europas. (S. 645–664) Baltmannsweiler: Schneider Verlag Hohengehren.
Werler, T. & Rasmussen, P. (2010). Dänemark. In Hörner et al. (Hrsg.) Die Bildungssysteme Europas. (S. 155–174) Baltmannsweiler: Schneider Verlag Hohengehren.
Werler, T. & Volckmar, N. (2010). Norwegen. In Hörner et al. (Hrsg.) Die Bildungssysteme Europas. (S. 526–542) Baltmannsweiler: Schneider Verlag Hohengehren.

Tab. 8: Lehrereinkommen 1974–2009 in Kopenhagen im Vergleich zu anderen Berufen (in US-Dollar, inflationsbereinigt)

Rank	1974	1976	1979	1982	1985	1988	1991	1994	1997	2000	2003	2006	2009
1	Personal manager 24,580	Depart-ment manager 26,390	Depart-ment manager 40,300	Depart-ment manager 32,100	Depart-ment manager 29,380	Depart-ment manager 77,100	Engineer 54,330	Engineer 57,100	Engineer 55,300	Depart-ment head 53,080	Product manager 75,300	Depart-ment head 87,000	Product manager 99,100
2	Bus driver 9,560	**Primary school teacher 16,820**	Electrical engineer 31,700	Cook 23,000	Electrical engineer 21,500	Engineer 53,700	Depart-ment manager 51,040	Depart-ment manager 53,600	Depart-ment manager 54,600	Engineer 50,620	Depart-ment head 66,800	Product manager 80,200	Depart-ment head 97,400
3	**Primary school teacher 9,530**	Bank teller 13,480	Cook 28,100	Electrical engineer 21,400	Skilled industrial worker 16,310	Cook 43,400	Cook 33,560	Cook 38,700	Cook 41,700	Cook 38,160	Engineer 63,500	Engineer 72,000	Engineer 80,000
4	Bank teller 8,810	Skilled industrial worker 13,360	Car me-chanic 20,800	Car me-chanic 17,100	Cook 15,880	Skilled industrial worker 32,000	Skilled industrial worker 33,020	Bank credit clerk 37,300	Skilled industrial worker 39,600	Skilled industrial worker 34,850	Cook 49,300	Bank credit clerk 59,500	Cook 66,900
5	Secre-tary 8,190	Building labourer 12,860	Skilled industrial worker 20,700	Skilled industrial worker 16,700	Car mecha-nic 15,730	Car me-chanic 31,300	Bank credit clerk 32,290	Skilled industrial worker 36,900	**Primary school teacher 38,700**	Bank credit clerk 34,490	Skilled industrial worker 47,700	Cook 57,300	Skilled industri-al worker 64,700
6	Car me-chanic 7,990	Car me-chanic 12,200	Building labourer 20,000	Bank teller 16,500	Bank teller 15,310	Secre-tary 29,100	Car me-chanic 31,280	Car me-chanic 36,300	Bank credit clerk 37,300	**Primary school teacher 33,640**	Car me-chanic 46,200	Skilled industrial worker 52,600	Car me-chanic 60,100
7		Bus driver 11,210	Bank teller 19,900	**Primary school teacher 16,200**	**Primary school teacher 15,150**	**Primary school teacher 28,300**	**Primary school teacher 29,070**	**Primary school teacher 33,800**	Car me-chanic 35,100	Secre-tary 33,220	Bank credit clerk 45,000	**Primary school teacher 52,000**	Bank cre-dit clerk 59,600

Rank	1974	1976	1979	1982	1985	1988	1991	1994	1997	2000	2003	2006	2009
8		Secre-tary 10,550	**Primary school teacher 19,600**	Bus driver 14,900	Secre-tary 14,420	Bus driver 27,600	Secre-tary 29,070	Secre-tary 32,800	Secre-tary 33,600	Car me-chanic 32,440	Building labourer 44,300	Car me-chanic 49,800	**Primary school teacher 55,700**
9		Female industrial worker 9,890	Secre-tary 19,600	Secre-tary 14,300	Bus driver 14,110	Bank credit clerk 26,800	Building labourer 28,540	Building Labourer 31,100	Building Labourer 33,400	Building labourer 30,330	**Primary school teacher 42,500**	Personal assistant 46,900	Building labourer 55,000
10			Bus driver 19,100	Building labourer 14,300	Building labourer 13,960	Building labourer 25,000	Bus driver 27,460	Bus driver 27,800	Bus driver 30,30	Bus driver 28,650	Personal assistant 41,300	Building labourer 44,200	Personal assistant 52,300
11			Female industrial worker 13,400	Female industrial worker 12,800	Sales woman 11,880	Female industrial worker 23,600	Female industrial worker 26,190	Female industrial worker 26,700	Female industrial worker 28,000	Female industrial worker 26,180	Bus driver 39,800	Bus driver 42,200	Call cen-ter agent 50,200
12			Sales woman 13,000	Sales woman 11,000	Female industrial worker 11,850	Sales woman 20,100	Sales woman 22,170	Sales woman 24,200	Sales woman 25,900	Sales woman 25,640	Female factory worker 35,500	Call center agent 40,800	Female factory worker 48,500
											Female sales assistant 32,400	Female sales assistant 39,000	Bus driver 48,200
												Female factory worker 37,900	Female sales assistant 43,000

Quelle: USB 1974–2009

Tab. 9: Lehrereinkommen 1974–2009 in Oslo im Vergleich zu anderen Berufen (in US-Dollar, inflationsbereinigt)

Rank	1974	1976	1979	1982	1985	1988	1991	1994	1997	2000	2003	2006	2009
1	Personal manager 17,820	Depart-ment manager 19,110	Electrical engineer 25,500	Electrical engineer 23,900	Electrical engineer 20,040	Depart-ment manager 39,300	Depart-ment manager 28,270	Depart-ment manager 57,500	Depart-ment manager 60,900	Depart-ment head 56,390	Bank credit clerk 77,900	Depart-ment head 93,800	Engineer 82,200
2	Bank teller 9,090	Building labourer 13,650	Depart-ment manager 25,500	Building labourer 23,900	Depart-ment manager 19,190	Electrical engineer 34,900	Bank teller 27,600	Engineer 41,400	Engineer 43,200	Engineer 40,930	Depart-ment head 64,100	Engineer 74,000	Depart-ment head 79,900
3	**Primary school teacher 8,020**	Bank teller 11,700	Cook 18,600	Cook 21,800	Building labourer 18,110	Cook 26,600	Electrical engineer 26,860	Skilled industrial worker 33,100	Bank credit clerk 35,500	Bank credit clerk 33,220	Engineer 48,500	Product manager 89,200	Product manager 74,900
4	Bus driver 7,490	Bus driver 11,560	Building labourer 17,600	Depart-ment manager 19,400	Cook 17,650	Skilled industrial worker 26,200	Building labourer 25,390	Secre-tary 28,100	Skilled industrial worker 33,800	Skilled Industri-al worker 32,380	Product manager 42,500	Cook 54,100	Bank credit clerk 59,500
5	Secre-tary 7,490	Skilled industrial worker 11,370	Bank teller 16,800	Bank teller 19,400	Bank teller 16,650	Building labourer 26,200	Car me-chanic 25,120	Bank credit clerk 26,800	**Primary school teacher** 28,800	**Primary school teacher 29,370**	Skilled industrial worker 32,300	Bank credit clerk 51,800	Skilled industrial worker 47,600
6	Car mecha-nic 7,130	**Primary school teacher 11,150**	Secre-tary 15,200	Skilled industrial worker 17,500	Bus driver 15,350	Sales woman 24,800	Secre-tary 24,580	**Primary school teacher 26,300**	Building labourer 27,300	Building labourer 26,420	Cook 31,600	Skilled industrial worker 51,600	**Primary school teacher 47,500**
7		Secre-tary 10,920	Bus driver 15,200	Car me-chanic 17,500	Skilled industrial worker 14,770	Car me-chanic 24,000	Female industrial worker 22,570	Building labourer 24,900	Secre-tary 27,000	Secre-tary 25,820	**Primary school teacher 30,500**	Car me-chanic 49,900	Building labourer 44,100

Rank	1974	1976	1979	1982	1985	1988	1991	1994	1997	2000	2003	2006	2009
8		Car mechanic 10,920	**Primary school teacher 15,000**	**Primary school teacher 16,600**	**Primary school teacher 14,650**	Bus driver 23,100	Bus driver 22,440	Car mechanic 24,600	Cook 26,000	Bus driver 25,460	Bus driver 28,400	**Primary school teacher 47,300**	Personal assistant 43,300
9		Female industrial worker 8,370	Car mechanic 15,000	Bus driver 16,600	Car mechanic 14,580	Bank teller 22,700	Sales woman 21,700	Cook 23,900	Car mechanic 25,800	Cook 24,800	Personal assistant 26,900	Building labourer 45,900	Car mechanic 42,100
10			Skilled industrial worker 14,700	Secretary 16,600	Secretary 14,150	**Primary school teacher 22,500**	**Primary school teacher 20,970**	Bus driver 22,800	Bus driver 25,400	Car mechanic 24,440	Building labourer 25,300	Personal assistant 44,500	Cook 41,600
11			Female industrial worker 10,200	Female industrial worker 12,100	Female industrial worker 10,770	Secretary 21,600		Female industrial worker 22,700	Female industrial worker 24,700	Saleswoman 23,530	Car mechanic 22,000	Bus driver 41,800	Female factory worker 39900
12			Sales woman 9,800	Sales woman 11,300	Sales woman 9,920	Female industrial worker 19,000		Sales woman 22,200	Sales woman 23,500	Female industrial worker 22,510	Female sales assistant 20,300	Female sales assistant 39,000	Bus driver 38,400
13											Female factory worker 18,700	Call center agent 36,000	Call center agent 37,500
14												Female factory worker 35,800	Female sales assistant 36,900

Quelle: USB 1974–2009

Tab. 10: Lehrereinkommen 1974–2009 in Stockholm im Vergleich zu anderen Berufen (in US-Dollar, inflationsbereinigt)

Rank	1974	1976	1979	1982	1985	1988	1991	1994	1997	2000	2003	2006	2009
1	Personal manager 21,170	Department manager 22,670	Department manager 32,700	Department manager 28,900	Department manager 20,730	Department manager 48,600	Department manager 38,650	Department manager 39,000	Department manager 54,100	Department head 52,300	Department head 52,800	Department head 75,000	Department head 72,200
2	**Primary school teacher 11,060**	Bank teller 13,600	Electrical engineer 20,400	Electrical engineer 19,700	Electrical engineer 16,880	Electrical engineer 41,400	**Primary school teacher 28,130**	Engineer 33,900	Engineer 37,400	Engineer 41,600	Engineer 47,700	Product manager 65,600	Product manager 57,800
3	Bank teller 9,640	Building labourer 12,960	Cook 19,900	**Primary school teacher 16,800**	**Primary school teacher 12,770**	Skilled industrial worker 27,200	Secretary 28,130	Building labourer 26,300	Skilled industrial worker 27,900	Skilled industrial worker 28,600	Product manager 41,700	Engineer 48,100	Engineer 48,100
4	Bus driver 9,640	**Primary school teacher 12,780**	Building labourer 17,900	Bus driver 16,700	Bus driver 11,810	Building labourer 26,800	Building labourer 28,070	**Primary school teacher 24,700**	**Primary school teacher 27,100**	Bank credit clerk 26,600	Skilled industrial worker 40,000	**Primary school teacher 37,600**	Bank credit clerk 44,700
5	Car mechanic 8,940	Skilled industrial worker 12,380	**Primary school teacher 17,300**	Building labourer 15,700	Bank teller 11,350	**Primary school teacher 22,800**	Electrical engineer 26,260	Secretary 22,600	Building labourer 27,100	**Primary school teacher 26,000**	**Primary school teacher 32,300**	Bank credit clerk 37,300	Skilled industrial worker 42,400
6	Secretary 7,760	Car mechanic 11,420	Bank teller 15,900	Bank teller 15,500	Car mechanic 10,960	Bus driver 20,700	Cook 25,320	Bank credit clerk 21,900	Bank credit clerk 25,900	Building labourer 25,900	Bank credit clerk 31,200	Skilled industrial worker 36,300	Building labourer 36,600
7		Bus driver 11,330	Car mechanic 15,600	Car mechanic 14,600	Building labourer 10,920	Secretary 19,200	Skilled industrial worker 24,990	Bus driver 21,500	Bus driver 25,100	Cook 24,400	Building labourer 29,600	Cook 34,500	Cook 35,700

Rank	1974	1976	1979	1982	1985	1988	1991	1994	1997	2000	2003	2006	2009
8		Secre- tary 11,110	Skilled industrial worker 15,300	Skilled industrial worker 14,400	Skilled industrial worker 10,810	Sales woman 19,200	Bank teller 24,920	Skilled industrial worker 21,400	Car me- chanic 24,600	Bus driver 24,000	Personal assistant 29,100	Building labourer 33,800	**Primary school teacher 34,900**
9		Female industrial worker 9,430	Bus driver 14,800	Secre- tary 13,000	Cook 10,770	Bank teller 18,800	Bus driver 24,380	Car me- chanic 20,700	Secre- tary 24,300	Car me- chanic 23,600	Cook 29,100	Call center agent 33,000	Bus driver 32,000
10			Secre- tary 14,300	Cook 11,700	Secre- tary 10,650	Car me- chanic 17,800	Car me- chanic 23,450	Cook 20,600	Cook 23,800	Secre- tary 22,900	Car me- chanic 28,800	Car me- chanic 32,700	Personal assistant 32,000
11			Sales woman 11,800	Sales woman 11,200	Sales woman 9,000	Cook 16,800	Sales woman 22,570	Female industrial worker 19,100	Sales woman 22,700	Sales woman 21,200	Bus driver 26,200	Bus driver 32,100	Car me- chanic 31,800
12			Female industrial worker 11,000	Female industrial worker 10,100	Female industrial worker 8,650	Female industrial worker 16,800	Female industrial worker 22,510	Sales- woman 18,400	Female industrial worker 21,600	Female factory worker 19,700	Female factory worker 23,900	Female sales assistant 30,600	Female sales assistant 30,600
13											Female sales assistant 23,700	Female factory worker 29,800	Call center agent 30,600
14												Personal assistant 29,800	Female factory worker 30,300

Quelle: USB 1974–2009

4. Entwicklungstrends in der Lehrerbildung in England

Tobias Werler

Während der vergangenen 15 Jahre wurde in England ein nationales System der Lehrerbildung geschaffen, das im Wesentlichen durch seine starke staatliche Kontrolle charakterisiert ist. Ein wesentlicher Effekt dieser Reformbewegung ist, dass die Lehrerbildung weitaus stärker den nationalen Politikinteressen und Prioritäten unterworfen ist als früher. Selbst praktische Alltagsvorschriften sind von dieser Entwicklung nicht ausgenommen.

4.1 Lehrersein in England

Die englische Lehrerschaft sah sich in den 1980er und frühen 1990er Jahren Kritik seitens des Chief Inspector, der Regierung und der Presse ausgesetzt, dass sie über einen vergleichsweise niedrigen Status verfüge (Ball 1990; Woods et al. 1997). Das hatte Konsequenzen für die Rekrutierung und für das Verbleiben von Lehrern in der Profession. Die niedrige Arbeitsmoral wurde dabei als Teil des Problems aufgefasst. In der Folge wurden zahlreiche Initiativen mit dem Ziel der Statusverbesserung durchgeführt. Eine umfassende Untersuchung (Hargreaves et al. 2007, S. 19ff.) kommt zu dem Schluss, dass Lehrer bezüglich ihres Status als gleichgestellt mit Sozialarbeitern wahrgenommen werden. Auf Rektoren trifft dieses Bild nicht zu, diese haben denselben (vergleichsweise hohen) Status wie Managementberater. Etwa ein Drittel der Befragten gab an, dass die Klassenleitung den am wenigsten geschätzten Anteil an der Lehrerarbeit ausmacht. Nichtsdestotrotz gaben knapp 50% der Befragten an, dass der Lehrerberuf eine attraktive Karriere beinhalte. Doch trotz aller Anstrengungen gelang es der Regierung nicht, dem Lehrerberuf innerhalb der Profession zu einem besseren Ansehen zu verhelfen. Auf einer 5-Punkteskala sank die professionsinterne Beurteilung des eigenen Status von 4,3 Punkten (1967) auf 2,2 (2003), um daraufhin leicht anzusteigen (2,6 Punkte 2006) (ibid. S. 33). Als Ursachen können die starke externe Kontrolle und Regulierung der täglichen Arbeit identifiziert werden (ibid. S. 24ff.). Die befragten Lehrer geben an, dass mit hoher Wahrscheinlichkeit größere Möglichkeiten, ihre professionellen Fähigkeiten selbständig einbringen zu können sowie die Verringerung der Arbeitsbelastung als auch die verbesserten Möglichkeiten zur Zusammenarbeit mit Kollegen einen positiven Einfluss auf den eigenen Status haben würden.

4.2 Wer sind die Lehramtsstudierenden?

Großbritannien gilt allgemein als eine multikulturelle Nation, wobei die Ursachen dafür in der eigenen Kolonialgeschichte liegen. Von den gegenwärtig rund 52 Millionen Einwohnern Englands gehören 85,7% der Kategorie „White British" an. Etwa 14% der Bevölkerung weisen einen Migrationshintergrund auf (Census 2005). Dieses Verhältnis spiegelt sich auch an Englands Universitäten und Hochschulen wieder. Von den knapp 2 Millionen Studierenden (davon 102.000 Lehrerstudierende) gehörten 2011 ca. 18% einer ethnischen Minderheit an (eigene Berechnung nach HESE 2012). Innerhalb des Fachgebietes „Education" ist dieses Verhältnis zu Gunsten der Studierenden ohne Migrationshintergrund verschoben; 87% aller Education-Studierenden sind White British. Zieht man zusätzlich in Betracht, dass 94% aller Lehrer ebenfalls White British sind (Weedon et al. 2010, S. 24), wird deutlich, dass nur ein geringer Bruchteil der Studierenden mit Migrationshintergrund ein Lehrerstudium gewählt hat. Darüber zählen 50% der Lehrer mit Migrationshintergrund zum westlichen Kulturkreis. Auch wenn die vorliegenden Daten teilweise eine Dekade alt sind, so ist nicht auszuschließen, dass sich dieses Verhältnis wesentlich verändert hat. So weisen Ross und Hutchings 2003 darauf hin, dass der Anteil derjenigen mit privilegiertem sozioökonomischen Hintergrund von 15% (1989) auf 33% (1997) anstieg. Aufgrund der drastischen Erhöhung der Studiengebühren in England (2012) steht nicht zu erwarten, dass sich diese Werte wesentlich verändert haben.

4.3 Professionalität im Lehrerberuf

Die englische Lehrerbildung ist vom Aufeinandertreffen von zwei grundsätzlich verschiedenen Konzepten geprägt: dem von *education* und *training*. Traditionell schätzen die englischen Universitäten die akademische (Aus-)Bildung als hochwertig und dem praktischen Training gegenüber als überlegen ein (Stephens, Tønnessen & Kyriacouet 2004). Das hat zur Konsequenz, dass das Jura- oder Medizinstudium als akademisch-professionell bildend angesehen wird. Diese eigenwilligen begrifflichen Konstruktionen resultieren dann im *teacher training* welches von *university faculties of teacher education* angeboten wird. Die Begriffe *training* und *education* deuten auf verschiedene pädagogische Kulturen hin: die praktische auf der einen Seite und die gelehrsame auf der anderen Seite. Das Ende des Trainings ist folglich dann erreicht, wenn unterrichten ähnlich der Durchführung einer mechanischen Aufgabe vollzogen wird. Der Begriff von *education* umfasst daher ein Lehrverständnis, bei dem der gute Unterricht auf Fachwissen und Gelehrsamkeit – sichtbar in der Anwendung auf neue Situationen – aufbaut. Diese begriffliche Teilung hat Konsequenzen für die Professionalisierung von Lehrern. Denn diese erfolgt in erster Linie praxisbasiert in der Schule (ca. 24

Wochen von 36), angeleitet durch die Universitäten. Professionalität, so Furlong et al. (2000) ist eine Form der Vorbereitung auf die Unterrichtspraxis durch praktisches Training, bei dem Verhaltenskompetenzen zentral sind. Sie sollen durch intensives fachmethodisches Training eingeübt werden. Diese Verhaltensnormen wurden 2010 in Unterrichtsrichtlinien und 2012 in Richtlinien für Verhaltensstandards von Lehrern überführt (Evans 2011). Lehrerprofessionalität verkörpert sich in England als Schnittmenge von professionellen Standards, und dem damit einhergehenden gesetzlichen Performance-Management-System, welches durch die Labour-Regierung 2007 eingeführt wurde. Ferner benennt ein Diskussionspapier über die Bildungspolitik in England bezüglich der Professionalität von Lehrern (DfEE 1998) weitere Kriterien. Unter anderem wird von Lehrern erwartet, dass sie das Prinzip von *accountability* akzeptieren und dass sie ihre unterrichtsrelevanten Entscheidung auf der Basis von „evidence of what works in schools in the UK and internationally“ treffen sowie die Mitwirkung und Einbringung von Außenstehenden (Eltern, Firmen etc.) begrüßen. Die in der gegenwärtigen englischen Lehrerbildung vorfindliche Ausbildung zu performativer Professionalität zielt darauf ab, den Einzelnen als Selbst-Unternehmer zu bilden, der persönliche Überzeugungen und Werte außer Acht lässt und sein Handeln den von außen auferlegten Maßstäben unterordnet.

4.4 Ressourcen und Finanzierung der Lehrerbildung

In den allermeisten Fällen wird die Lehrerbildung in England durch den Staat finanziert. Hierbei werden etwa 50% der Kosten seitens des Bildungsministeriums gedeckt, wobei den Universitäten und Hochschulen dann ein Globalbudget zur Verfügung gestellt wird. Dieses besteht dabei aus leistungsabhängigen Komponenten und individuell verhandelten Faktoren. Einen nicht unwesentlichen Teil tragen die Studierenden selbst zur Finanzierung bei. Das Lehrerstudium, welches als 4-jähriges Bachelorstudium aufgebaut ist, wird pro Jahr mit 14.700 £ pro Student seitens des Staates finanziert. Diejenigen Studienangebote, die auf ein postgradiertes Studium aufbauen (PGCE, 1 Jahr) werden mit 10.000 £–15.400 £ pro Student finanziert. Hinzukommen die Studiengebühren der Studiereden. Seit 2012 können die Universitäten deutlich höhere Studiengebühren verlangen als früher (3000 £). Ein vierjähriges Bachelorstudium kann somit maximal 24.000 £ kosten. Weitere 9.000 £ sind von den Studierenden pro Jahr für postgraduierte Studiengänge zu entrichten (WP 2011). Für die Lehrerstudierenden besteht hierbei allerdings eine Ausnahme: sofern sie nicht bereits als Lehrer tätig sind können sie ein Stipendium erhalten, dessen Höhe nach gewählten Fachgebiet variiert. So können die Studierenden zwischen 5.000 £ (z. B. Wirtschaft, Englisch, Tanz, Drama, Geographie, ICT, Biologie) und 20.000 £ (Physik) erhalten (Dep. of Education

2012). Das Lehrerstipendium dient daher auch als Instrument, um besser qualifizierte Studierende für den Lehrerberuf zu interessieren.

4.5 Das Einkommen von Lehrern

Aus Tabelle 3 (Anhang) geht die relative Einkommenssituation (alle Angaben in US-Dollar) von Lehrern in London in der Primarstufe, sowie deren historische Entwicklung hervor. Die Daten aus dieser Stadt sind, auch wenn sie nicht repräsentativ für England sind, von Interesse, da sie Auskunft über die relative Gehaltsentwicklung in unterschiedlichen Brachen bieten. Auch wenn die Daten in diesem Fall auf London bezogen sind, so können diese doch auch auf andere Regionen übertragen werden, wenn gleich dabei die Gehaltshöhe für alle Gruppe geringer ausfällt. Die historische Entwicklung der Lehrergehälter im Vergleich zu anderen Berufsgruppen zeigt zunächst auffallende (konjunkturbedingte und zeitlich verzögert einsetzende) Schwankungen. Bis Ende der 1980er Jahre sinken die Gehälter der Lehrer deutlich ab, um dann zu Beginn der 1990er Jahre markant zu steigen. Daraufhin ist ein ähnlicher Abrutscheffekt zu verzeichnen. Sie verloren ihre vergleichsweise sehr gute Position und befinden sich nun in einer mittleren Einkommensschicht. Das heisst sie verdienen weniger als ein gelernter Industriearbeiter, aber mehr als eine Person, die im Pflegebereich arbeitet (personal assistant). Ingenieure, deren Ausbildung ähnlich lang andauert, verdienen ca. 50% mehr. Die Tabelle zeigt deutlich, dass es insbesondere Lehrer waren, die entweder deutlich an Einkommen dazugewannen (um 1975/1990) oder verloren (nach 1982/2000). Andere Berufsgruppen verblieben relativ stabil. Aus Tabelle 1 gehen die Grundgehälter für Lehrer an englischen Schulen nach 10-jähriger Dienstzeit im Jahr 2010 hervor. Diese können durch besondere Leistungszulagen deutlich nach oben abweichen. Deutlich wird auch, dass Primarstufen Lehrer durchschnittlich schlechter verdienen, als ihre Kollegen, die in der Sekundarstufe unterrichten, obwohl beide Gruppen innerhalb der gleichen Gehaltsgruppen liegen.

Tab. 1: Gehalt der Lehrer in England

Gehalt	**Minimum**		**Maximum**		**Durchschnittsgehalt**	
Schultyp	£	€	£	€	£	€
Primarstufe	21102	35929	35929	40327	31700	34795
Sekundarstufe I	21102	35929	35929	40327	35100	38499
Sekundarstufe II	21102	35929	35929	40327	35100	38499

Quelle: School Workforce in England, Additional Table G (Teachers' Pay), Department for Education (2010).

4.6 Struktur und Organisation der Lehrerbildung

Bis vor etwa dreißig Jahren bestand das wesentliche Ziel der Lehrerbildung in England in der Ermöglichung von Selbstverwirklichung, persönlichem Wachstum sowie Freiheit für Lehrer (und Schüler) (Halstead 2003). Um diese zu gewährleisten, gab es keine nationalen Lehrpläne für die Lehrerbildung und die Lehrer erfreuten sich großer Autonomie im Vergleich zu ihren kontinentalen Kollegen. Die Ausbildung der Lehrer fand in den Universitäten, Fachhochschulen oder Pädagogischen Hochschulen nach vergleichsweise freien Kriterien statt. Seit den 1970er Jahren wurde dieses Konzept immer stärker in Frage gestellt und im Jahr 1984 wurde durch das *Council for Accreditation of Teacher Education* (CATE) ein verpflichtender Lehrplan für die Lehrerbildung erlassen. Durch diesen Plan wurden einerseits die fachlichen Inhalte der Lehrerbildung festgelegt, als auch die Bedeutung der pädagogischen Fächer (Pädagogik, Soziologie, Psychologie) stark beschnitten. CATE wurde 1994 durch die *Teacher Training Agency* (TTA) ersetzt. Deren zentrale Aufgabe bestand in der Überführung von *teacher education* zu *teacher training* (Moon 2003). Im Ergebnis wurde die Lehrerbildung stärker auf Praxis und das zu unterrichtende Fach ausgerichtet. Die didaktischen Elemente verschwanden fast vollständig (Stephens et al. 2004).

4.7 Der Fokus der Lehrerbildung

Entscheidend für die aktuellen Ziele der Lehrerbildung in England war die Bildungspolitik der Labour-Regierung unter Tony Blair. Sie verwarf die Idee eines Nationalen Curriculums (1988) und bevorzugte die zentralisierte Kontrolle der Unterrichtsqualität (Furlong 2005); dadurch änderte sich der gesamte Fokus der Bildungspolitik: Prozesskontrolle wurde durch Resultatkontrolle ersetzt. Darüber hinaus wurden zahlreiche neue Möglichkeiten geschaffen, den Lehrerberuf zu ergreifen. Entscheidend war, dass auch die Idee eines Kerncurriculums für die Lehrerbildung aufgegeben wurde. An seine Stelle trat nun eine Standardbeschreibung der Lehrerkompetenzen. Diese beschreiben das Wissen, Können und die Fertigkeiten eines Lehrers, um eine qualifizierten Lehrerstatus (*Qualified Teacher Status*, QTS; TDA 2007) zu erhalten. Alle Lehrerbildungsprogramme müssen es den Studierenden ermöglichen, diesen Status zu erreichen; welcher nicht durch die Ausbildungsinstitutionen sondern durch die Teaching Agency (TA) verliehen wird. Der QT-Status stellt insofern eine Lehrerlizensierung dar und bildet die Voraussetzung, um als Lehrer angestellt werden zu können. Ferner wird der Status auf vier Niveaus (C, P, E, A entsprechend dem Kompetenzumfang) verliehen und hat direkte Konsequenzen für die Bezahlung der Lehrer. Interessant dabei ist, und dies unterstreicht die obigen Ausführungen, dass TDA die

Kompetenzen der Lehrer als „craft of teaching" bezeichnet (TDA 2008, S. 1), was das allgemeine Professionsverständnis auf ein Handwerk reduziert.

4.8 Rekrutierungserfolge und Rekrutierungsprobleme

Der mittlere Status der Lehrer in England hat scheinbar zur Folge, dass die Lehrerbildung in geringerem Ausmaß von Rekrutierungsproblemen gekennzeichnet ist als vergleichsweise in Nordeuropa. Seit 2005 sind die Bewerber- und Zulassungszahlen zum Lehrerstudium vergleichsweise stabil, wenn man vom starken Zuwachs 2009/10 im Zuge der ökonomischen Krise absieht. Betrachtet man noch zusätzlich den Zeitraum zuvor, so wird deutlich, dass dieses Muster verhältnismäßig stabil ist. Im Zeitraum zwischen 2000 und 2005 stiegen die Bewerber von knapp 25.000 auf etwa 40.000 (Furlong 2005). Ferner ist das Rekrutierungsmuster in der englischen Lehrerbildung weit weniger stark durch weibliche Studierende geprägt. Etwa 29% der während der letzten sieben Jahre zugelassenen Bewerber sind männlich (siehe Tab. 2).

Tab. 2: Rekrutierung in der englischen Lehrerbildung 2005–2011

Jahr	2005	2006	2007	2008	2009	2010	2011
zugelassen	29070	26704	25217	25244	27421	26050	23975
zugelassen männlich	8848	7838	7495	7548	8380	8068	7160
nicht zugelassen / zurückgezogen	31073	32191	28714	26372	35717	41239	37925
Bewerber gesamt	60143	58895	53931	51616	63138	67289	61900
Bewerber männlich	19822	18893	17071	16391	21544	23158	20348
Bewerber weiblich	40321	40002	36860	35225	41594	44131	41552

Quelle: GTTR 2006–12

Ferner sind die Lehrerstudierenden verhältnismäßig jung, wenn sie ihre Ausbildung beginnen. Auch hier zeigt sich ein dauerhaft stabiles Muster, der Schwerpunkt der Bewerber liegt in der Altersgruppe 22–26 Jahre. Jährlich gehören dieser Gruppe etwas 65% der zugelassenen Bewerber an (eigene Berechnung, GTTR 2006–12). Gleichwohl die Bewerberlage gut ist, gelingt es den Schulen nicht, diese auf Dauer an sich zu binden. Etwa 30–50% der Lehrer, die als Lehrer angefangen haben zu arbeiten, verlassen die Profession innerhalb von fünf Jahren wieder (Passey & Golden 2010). Als wesentliche Gründe dafür gelten die starke zentrale Kontrolle und Verwaltung der Profession als auch die vergleichsweise geringen Gehälter sowie deren leistungsabhängige Komponenten (Burghes et al. 2009).

Aus Statistiken geht deutlich hervor, dass der Schwerpunkt bei der Auswahl der Studienfächer seitens der Studierenden auf modernen Fremdsprachen, Englisch und Mathematik liegt (vgl. GTTR 2012, S. 16–17). Hier stehen einem Studienplatz etwas mehr als ein Bewerber gegenüber. Vergleichsweise stark nachgefragt sind auch musisch-ästhetische Fächer, hier stehen ca. vier Bewerber einem Platz gegenüber. Diese Entwicklung hat nun allerdings dazu geführt, dass es vergleichsweise wenige Bewerber für die zahlreichen Studienplätze in den Fächern Chemie und Physik gibt. Wie oben bereits auf hat der Staat darauf mit einer Rekrutierungskampagne reagiert und bietet je nach Attraktivität gestaffelte Stipendien an.

4.9 Programme der Lehrerbildung

Um in England Lehrer werden zu können müssen interessierte Kandidaten bestimmte Voraussetzungen erfüllen: in Mathematik darf ihr Schulnotendurchschnitt nicht schlechter als C sein und sie müssen in Englisch und Naturwissenschaft das *Certificate of Education at Advanced Level* (GCE) nachweisen können. Die Lehrerbildung setzt sich aus einem Trainingsprogramm sowie einem Kompetenztest im Anschluss daran zusammen (ab September 2013 müssen Studierende diesen Test vor Beginn des Studiums ablegen). Die Programme der Lehrerbildung sind dreigeteilt:

- Undergraduate (3–4 Jahre)
  - Bachelor of education (BEd)
  - Bachelor of arts oder science mit QTS

- Postgraduate (1 Jahr, baut auf einem BA auf und führt zum Masterabschluss)
  - Postgraduate certificate in education (PGCE)
  - School-centred initial teacher training (SCITT)

- arbeitsplatzbasierte Programme
  - Graduate Teacher Programme (GTP)
  - Registered Teacher Programme (RTP)
  - Teach First

Es werden sowohl Vollzeit als auch Teilzeitprogramme angeboten. Am stärksten nachgefragt sind die PGCE-Programme, etwa 59% aller Lehrerstudierenden belegen diese. Rund 19% der Studierenden wählen den Einstieg in den Lehrerberuf über ein Bachelorstudium. Ein dritter Ausbildungsbestandteil ist das sogenannte *newly qualified teachers year* (NQT). Qualifizierte Lehrer, die an einer Schule eine Beschäftigung erhalten müssen, nachdem sie das QTS-Zertifikat erhalten haben ein staatlich gestaltetes und überwachtes Einführungsjahr ablegen (NQT). Um an diesem Programm teilnehmen zu können ist ihre Arbeitszeit um 10% reduziert. Neben den traditionellen Ausbildungswegen wurden alternative Programme eingerichtet, um dem Lehrermangel im Land zu begegnen. So nimmt England am Teach First-Programm teil (wenn auch mit bescheidenen Teilnehmerzahlen, etwa 260 pro Jahr, HC 2010, S. 15).

4.10 Inhaltliche Perspektiven in der Lehrerbildung

Wie oben bereits angeklungen, so ist es den Hochschulen und deren Angestellten selbst überlassen, wie sie ihre Lehrerbildungsprogramme gestalten. Das betrifft sowohl deren strukturelle wie inhaltliche Ausgestaltung. Der Grund dafür ist, dass nur noch seitens TDA das erwartete Resultat beschrieben wird und von inhaltlichen Fragestellungen abgesehen wird. Um ein genaueres Bild zu erhalten empfiehlt sich die Durchführung umfassender Studien, die im Rahmen dieser Untersuchung nicht geleistet werden können. Um ungefähr Verständnis über die inhaltliche Ausrichtung der Lehrerbildung in England zu gewinnen wird im Folgenden auf die Standards für die Qualifizierung zum Lehrer (QTS, TDA 2007) zurückgegriffen. Die Institutionen müssen ihre Studierenden auf die Erfüllung von 33 Standards vorbereiten, die sich in drei Kategorien einordnen lassen. So wird von den Lehrern erwartet, dass

- sie *professionelle Kennzeichen* aufweisen (Zusammenarbeit mit Kindern und Jugendlichen, Kommunikation und Arbeit mit anderen, eigene professionelle Entwicklung),
- sie über *professionelles Wissen und Verstehen* in den Bereichen Unterrichten und Lernen, Überwachung und Testen, Fachwissen und Lehrplan, ICT, Leistung und Heterogenität, Gesundheit und Wohlbefinden verfügen und
- das sie *professionelle Fertigkeiten* (Unterrichtsplanung, Unterrichten, Überwachen, Bewerten, Feedbackgeben etc.) beherrschen.

Auffallend am QTS-System ist, dass sich lediglich *eine* Aussage findet, die auf die pädagogischen Kompetenzen der Lehrer abzielt. Der Punkt C15 betont, dass die Lehrer einerseits über solides Fachwissen als auch über geeignete Methoden der Vermittlung desselben verfügen sollen (TDA 2007b, S. 9). Anhand der Programme der Lehrerbildung der Universitäten von York und Bath wird deutlich, dass diese Verknappung sich auch in der Struktur der Lehrerbildung niederschlägt. In einem drei- oder vierjährigen Bachelorstudium wird der größte Teil der Zeit für die Ausbildung in der gewählten Disziplin verwendet. Zwischen 33% und 25% (bzw. 20% bei PGCE) der gesamten Studienzeit werden für den professionsbildenden Anteil verwendet, von denen allerdings mindestens 24 Wochen (Schulpraxis) innerhalb der Schule verbracht werden. Daraus kann geschlussfolgert werden, dass für sowohl fachdidaktische als auch allgemeindidaktische Inhalte kaum Unterrichtszeit aufgewendet werden kann.

Als Konsequenz ergibt sich daraus, dass Lehrer nur grundlegende Kompetenzen und Fähigkeiten zur Gestaltung von Unterricht an den Universitäten erlernen können. Dies wiederum zieht nach sich, dass Lehrer der Fortbildung immer dann bedürfen, wenn sie mit Problemen im Schulalltag konfrontiert werden, die in der „craft"-Ausbildung nicht vorgesehen sind.

Die berufliche Fortbildung stellt in der englischen Schulwirklichkeit eine Notwendigkeit dar, um pädagogische oder diagnostische Kompetenzmängel ad hoc auszugleichen. Doch eine genauere Analyse zeigt, dass per Einzelkursangebot die Trainingspraxis aus der Lehrerbildung weitergeführt wird. So werden Kurse nachgefragt, die unmittelbar anwendbare Strategien aufzeigen (CUREE 2008) und von Personen angeboten werden, die über praktische Expertise verfügen (Miller & Glover 2007) oder aber auch nur Problemlösungen versprechen (Bolam & Weindling 2006). Für die teilnehmenden Lehrer ergibt sich als praktische Konsequenz, dass sie in den oben erwähnten Kompetenzstufen (Gehaltsklassen) aufsteigen. Darüber hinaus zeigen Pedder und Opfer (2010), dass die Planung und Organisation der Fortbildungsmaßnahmen, die in der Verantwortung der Schulen liegt von strategischen Fehlern gekennzeichnet sind, die zu einer Fragmentierung möglicher bestehender Fortbildungskonzepte durch Angebote externer Anbieter führen.

Literatur

Ball, S.J. (1990). Policy and Policy-making in Education. London: Routledge.

Bolam, R. & Weindling, D. (2006). Synthesis of research and evaluation projects concerned with capacity-building through teachers' professional development. London: General Teaching Council for England.

Burghes, D., Howson, J., Marenbon, J., O'Leary, J. & Woodhead, C. (2009). Teachers Matter: recruitment, employment and retention at home and abroad. The report of the Politeia Education Commission. London: Politeia.

Centre for the Use of Research and Evidence in Education (CUREE) (2008). Qualitative study of school-level strategies for teachers' CPD. London: General Teaching Council for England.

Department of Education (2012). Initial teacher training funding and allocations: Training bursaries. Verfügbar unter http://www.education.gov.uk/schools/careers/traininganddevelopment/initial/b00204256/itt-funding-and-allocations/bursaries [08.07.2012].

DfEE (Department for Education and Employment) (1998). Teachers: meeting the challenge of change. London: Green Paper London, DfEE.

Evans, Linda (2011). The ‚shape' of teacher professionalism in England: professional standards, performance management, professional development and the changes proposed in the 2010 White Paper. British Educational Research Journal, 37, No. 5, 851–870.

Furlong, J. (2005). New Labour and teacher education: the end of an era. Oxford Review of Education, 31 (1), 119–34.

Furlong, J., Barton, L., Miles, S., Whiting, C. & Whitty, G. (2000). Teacher Education in Transition: re-forming professionalism? Buckingham: Open University Press.

Graduate Teacher Training Registry (GTTR) (2006). Graduate Teacher Training Registry 2005. Cheltenham.

Graduate Teacher Training Registry (GTTR) (2007). Graduate Teacher Training Registry 2006. Cheltenham.

Graduate Teacher Training Registry (GTTR) (2008). Graduate Teacher Training Registry 2007. Cheltenham.

Graduate Teacher Training Registry (GTTR) (2009). Graduate Teacher Training Registry 2008. Cheltenham.

Graduate Teacher Training Registry (GTTR) (2010). Graduate Teacher Training Registry 2009. Cheltenham.

Graduate Teacher Training Registry (GTTR) (2011). Graduate Teacher Training Registry 2010. Cheltenham.

Graduate Teacher Training Registry (GTTR) (2012). Graduate Teacher Training Registry 2011. Cheltenham.

Halstead, V. (2003). Teacher education in England: analysing change through scenario thinking. European Journal of Teacher Education, 26, 63–75.

Hargreaves L., Cunningham, M., Hansen, A., McIntyre, D. & Oliver, C. (2007). The Status of Teachers and the Teaching Profession in England: Views from Inside and Outside the Profession. Final Report of the Teacher Status Project. Cambridge: University of Cambridge.

Higher Education Statistics Agency (HESE) (2012). Statistics – Students and qualifiers at UK HE institution. Verfügbar unter http://www.hesa.ac.uk/index.php?option=com_content&task= view&id=1897&Itemid=239, [07.07.2012].

House of Commons HC (2010). Training of Teachers. Fourth Report of Session 2009–10. London.

Miller, D. & Glover, D. (2007). Into the unknown: The professional development induction experience of secondary mathematics teachers using interactive whiteboard technology. Learning, Media and Technology 32, No. 3, 319–31.

Moon, B. (2003). Teacher education in England: current models and new developments, in: B. Moon, L. Vlasceanu & L. Barrows (Eds.) Institutional Approaches to Teacher Education within Higher Education in Europe: Current Models and New Development. Bucharest: UNESCO-CEPES.

Office for National Statistics (2005). Census 2001: General report for England and Wales.

Passy, R. & Golden, S. (2010). Teacher Resignation and Recruitment Survey: Report No. 41 (LGA Research Report). Slough: NFER.

Pedder, D. & Opfer, V. D. (2010). Planning and organisation of teachers' Continuous Professional Development in schools in England. The Curriculum Journal. 21, No. 4, 433–452.

Ross, A. & Hutchings, M. (2003). Attracting, Developing and Retaining Effective Teachers in the United Kingdom of Great Britain and Northern Ireland. OECD Country Background Report. London: Institute for Policy Studies in Education, London Metropolitan University.

Stephens; P., Tønnessen; F. & Kyriacou, C. (2004). Teacher Training and Teacher Education in England and Norway: A Comparative Study of Policy Goals. Comparative Education, 40, No. 1, 109–130.

Training and Development Agency for Schools (TDA) (2007a). Professional Standards for Teachers. Qualified Teacher Status. London.

Training and Development Agency for Schools (TDA) (2007b). Professional Standards for Teachers. Core. London.

Training and Development Agency for Schools (TDA) (2008). Professional standards for teachers: Guidance on the craft of teaching. London.

USB = Union Bank of Switzerland (1974). Prices and Earnings Around the Globe. Zurich.

USB = Union Bank of Switzerland (1976). Prices and Earnings Around the Globe. Zurich.

USB = Union Bank of Switzerland (1979). Prices and Earnings Around the Globe. Zurich.

USB = Union Bank of Switzerland (1982). Prices and Earnings Around the Globe. Zurich.

USB = Union Bank of Switzerland (1985). Prices and Earnings Around the Globe. Zurich.

USB = Union Bank of Switzerland (1988). Prices and Earnings Around the Globe. Zurich.

USB = Union Bank of Switzerland (1991). Prices and Earnings Around the Globe. Zurich.

USB = Union Bank of Switzerland (1994). Prices and Earnings Around the Globe. Zurich.

USB = Union Bank of Switzerland (1997). Prices and Earnings Around the Globe. Zurich.

USB = Union Bank of Switzerland (2000). Prices and Earnings Around the Globe. Zurich.

USB = Union Bank of Switzerland (2003). A comparison of purchasing power around the globe: Prices and Earnings. Zurich.

USB = Union Bank of Switzerland (2006). A comparison of purchasing power around the globe: Prices and Earnings. Zurich.

USB = Union Bank of Switzerland (2009). A comparison of purchasing power around the globe: Prices and Earnings. Zurich.

Weedon, E., Ahlgren, L., McCluskey, G. & Riddell, S. (2010). Muslim Pupils' Educational Experiences in England and Scotland (MEEEPS). Working Paper 1 – Educational Policy and Structures in England.

Woods, P., Jeffrey, B., Troman, G. & Boyle, M. (1997). Restructuring Schools, Reconstructing Teachers: Responding to change in the primary school. Buckingham, Philadelphia: Open University Press.

Tab. 3 Lehrereinkommen 1974–2009 in London im Vergleich zu anderen Berufen in US-Dollar, inflationsbereinigt

Rank	1974	1976	1979	1982	1985	1988	1991	1994	1997	2000	2003	2006	2009
1	Personal manager 9,820	Depart-ment manager 10,870	Electrical engineer 12,700	Electrical engineer 16,800	Electrical engineer 17,810	Depart-ment manager 37,600	Depart-ment manager 33,690	Engineer 39,800	Depart-ment manager 41,700	Depart-ment head 47,010	Product manager 60,100	Depart-ment head 76,300	Depart-ment head 57,900
2	**Primary school teacher 5,770**	**Primary school teacher 8,080**	Depart-ment manager 18,500	Depart-ment manager 16,700	Depart-ment manager 15,380	Electrical engineer 28,600	**Primary school teacher 26,930**	Depart-ment manager 37,000	Engineer 34,300	Engineer 37,380	Depart-ment head 60,100	Engineer 63,100	Product manager 57,000
3	Bus driver 5,640	Bank teller 6,610	**Primary school teacher 12,200**	**Primary school teacher 13,800**	Cook 12,080	Bank teller 28,300	Electrical engineer 24,450	**Primary school teacher 29,500**	**Primary school teacher 32,100**	Bank credit clerk 36,590	Bank credit clerk 60,100	Product manager 60,500	Engineer 54,900
4	Bank teller 5,400	Bus driver 6,480	Bus driver 11,000	Bus driver 12,700	Bank teller 11,770	Secre-tary 21,400	Secre-tary 20,230	Skilled industrial worker 25,300	Skilled industrial worker 28,500	**Primary school teacher 35,750**	Engineer 40,800	Bank credit clerk 52,100	Skilled industrial worker 46,000
5	Secre-tary 5,400	Skilled industrial worker 6,210	Bank teller 10,300	Bank teller 12,200	**Primary school teacher 11,150**	Bus driver 21,300	Bank teller 18,560	Bank credit clerk 21,700	Bank credit clerk 27,100	Skilled industrial worker 28,890	Building labourer 35,300	Skilled industrial worker 46,500	**Primary school teacher 45,600**
6	Car me-chanic 4,660	Car me-chanic 5,890	Skilled industrial worker 9,800	Skilled industrial worker 11,600	Skilled industrial worker 10,500	Sales woman 21,200	Skilled industrial worker 18,560	Car me-chanic 21,200	Cook 25,700	Secre-tary 27,630	**Primary school teacher 33,700**	**Primary school teacher 42,400**	Personal assistant 37,400
7		Building labourer 5,800	Car me-chanic 10,500	Car me-chanic 11,100	Secre-tary 9,540	**Primary school teacher 20,900**	Bus driver 18,560	Building labourer 19,600	Secre-tary 24,700	Cook 27,380	Personal assistant 32,100	Personal assistant 42,100	Bank credit clerk 35,300

8	Secretary 5,300	Secretary 8,700	Secretary 10,700	Bus driver 9,080	Cook 19,700	Car mechanic 17,680	Bus driver 18,500	Car mechanic 22,500	Car mechanic 25,340	Car mechanic 32,100	Cook 37,100	Bus driver 31,600
9	Female industrial worker 3,800	Cook 8,700	Cook 10,100	Car mechanic 8,650	Skilled industrial worker 19,200	Building labourer 13,460	Secretary 18,400	Bus driver 19,400	Bus driver 21,910	Skilled industrial worker 28,800	Building labourer 36,800	Car mechanic 31,200
10		Building labourer 9,600	Building labourer 9,900	Building labourer 8,500	Car mechanic 17,500	Cook 11,790	Cook 16,900	Building labourer 16,000	Sales woman 17,690	Bus driver 25,600	Female sales assistant 34,600	Call center agent 29,900
11		Sales woman 6,500	Sales woman 7,300	Sales woman 5,920	Building labourer 16,500	Sales woman 10,110	Female industrial worker 14,400	Female industrial worker 14,600	Building labourer 17,270	Cook 24,800	Car mechanic 32,800	Cook 29,800
12		Female industrial worker 5,700	Female industrial worker 6,900	Female industrial worker 5,730	Female industrial worker 11,300	Female industrial worker 10,110	Sales woman 12,300	Sales woman 13,900	Female factoryl worker 15,590	Female factory worker 24,100	Bus driver 31,600	Female factory worker 23,800
13										Female sales assistant 22,500	Female factory worker 28,900	Female sales assistant 23,500
14											Call center agent 26,300	Building labourer 23,000

Quelle: USB 1974–2009

5. Die Ausbildung von Lehrerinnen und Lehrern in Österreich

Ferdinand Eder

Vorbemerkung

Die folgende Darstellung bezieht sich auf die beiden Hauptformen der Lehrerbildung in Österreich, nämlich die Ausbildung der Lehrpersonen für die Pflichtschulen, die seit 2007 an Pädagogischen Hochschulen erfolgt und die Ausbildung der Lehrpersonen für das Lehramt an Höheren Schulen (Gymnasien). Diese beiden Gruppen unterrichten in der Sekundarstufe I teilweise die gleiche Klientel von Schüler/innen, insofern die erste Leistungsgruppe der Hauptschule und die Unterstufe der allgemeinbildenden Höheren Schule (AHS = Gymnasium) als schulrechtlich äquivalent angesehen werden. Dies bedeutet, dass die Ausbildung der Pflichtschullehrer und Lehrerinnen den Unterricht in der gesamten Alterskohorte der 10–14-Jährigen abdeckt; jener der Gymnasiallehrpersonen nur den Unterricht in der AHS (das sind ca. 30% eines Altersjahrganges).

Darüber hinaus existieren gesonderte Lehrer/innenbildung für spezifische Bereiche, insbesondere für den Unterricht in wirtschaftlichen Fächern („Wirtschaftspädagogen"), in Berufsschulen und in den berufspraktischen Fächern der berufsbildenden mittleren und höheren Schulen.

5.1 Rahmenbedingungen und Vorgaben für die Lehrerbildung

Welches öffentliche Ansehen hat der Lehrerberuf?

Das kontinuierlich durchgeführte IFES-Schulmonitoring weist für den Beruf der Lehrpersonen ein „mittleres" Ansehen in der Bevölkerung aus, das nach einem Tief Anfang der 2000er Jahre wieder im Steigen ist. Fast 50% der Bevölkerung konstatieren dem Lehrerberuf „(sehr) hohes" Ansehen. Das relativ höchste Ansehen genießen die universitär ausgebildeten Lehrpersonen (Gymnasiallehramt), das niedrigste jene an den Hauptschulen und Polytechnischen Schulen.

> „Die Lehrkräfte selbst sehen die Sache freilich anders. Von ihnen stuften lediglich 27 Prozent das Ansehen ihrer Berufsgruppe positiv ein; ebenso viele vergaben hier negative Noten. … Vor allem seit der Veröffentlichung der PISA-Ergebnisse ist bei

den Lehrern und Lehrerinnen eine beachtliche Verunsicherung zu konstatieren, die bis Dato anhält." (IFES 2007, S. 17).

Breitenuntersuchungen zur Berufszufriedenheit ergeben allerdings klare Hinweise auf hohe Berufszufriedenheit (Wentner & Havranek 2000, S. 125 f.); im internationalen Vergleich ist die Berufszufriedenheit österreichischer Volksschullehrpersonen relativ hoch (7. Rang bei 23 teilnehmenden Ländern in PIRLS 2006, vgl. Bergmüller & Wiesner 2009, S. 222).

Wie ist das Verhältnis von Lehrkräften und sozialem Hintergrund?

Die folgende Abbildung zeigt den familiären Bildungshintergrund (Bildungsniveau des Vaters) für Studierende an wissenschaftlichen Hochschulen in Österreich insgesamt (Quelle: Studierenden-Sozialerhebung 2009 des IHS, 2010), das Bildungsniveau des Vaters für Lehramtsstudierende an der Universität sowie für die Lehramtsstudierenden an Pädagogischen Hochschulen.

Abb. 1: Familiärer Bildungshintergrund von Lehramtsstudierenden

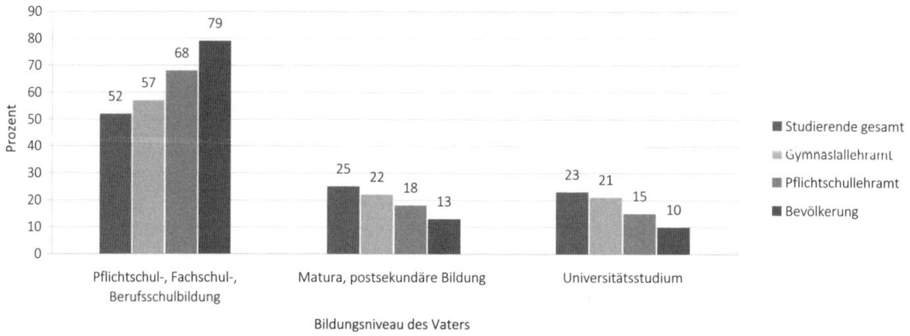

Anmerkungen: Grundgesamtheit der Lehramtsstudierenden an der Universität Salzburg ab 2006 (N=2151) sowie an der Pädagogischen Hochschule Salzburg ab 2010 (N = 525).
Quelle: IHS 2010: Studierenden-Sozialerhebung 2009 des IHS 2010

Der Beruf eines Lehrers oder einer Lehrerin ist (nach wie vor) ein Vehikel für den sozialen Aufstieg. Überproportional viele Lehramtsstudierende kommen aus den unteren Bildungsschichten; offenbar bietet der Lehrberuf ausreichend Sicherheit für eine Statuspassage nach oben, während er für junge Menschen aus Familien mit höherem Bildungsstatus eine zunehmend geringere Attraktivität aufweist. Im Hinblick auf den Bildungsstatus liegen die Lehramtsstudierenden an den Pädagogischen Hochschulen am nächsten beim Bevölkerungsdurchschnitt. Bei etwa 30% der Studienanfänger übt zumindest ein Elternteil den Beruf eines Lehrers oder einer Lehrerin aus (Eder et al. 2011, S. 213).

Was ist das Verständnis von Professionalität im Lehrerberuf und wie bildet sich dies in der Lehrerbildung ab?

Im Hinblick auf Professionalität wird hier unterschieden zwischen einem *Selbstverständnis* als „Profession", Professionalität als *Arbeitshaltung*, und Professionalität als *Ausbildungsziel*. Lehrer und Lehrerinnen in Österreich verfügen nicht über eine „professionelle" (im Sinne einer „Kammer" organisierte) Standesorganisation, sondern über den einzelnen Schulsparten (z. B. Pflichtschulen) zugeordnete *Standesvertretungen*, die gewerkschaftliche Aufgaben erfüllen und noch einmal fraktionell nach politischen Parteien untergliedert sind. Soweit in diesem Kontext auch fachliche Diskurse stattfinden, sind sie geprägt durch parteipolitische Ausrichtungen der einzelnen Publikationsorgane.

In ihrem beruflichen Selbstverständnis sind österreichische Lehrpersonen in zumindest mittlerem Ausmaß durch ein Denken charakterisierbar, das dem „Autonomie-Paritätsmuster" zuordenbar ist: Sie verstehen sich überwiegend als berufliche Einzelkämpfer und Einzelkämpferinnen mit einem hohen Paritätsanspruch, sind aber tendenziell für Kooperation im Lehrkörper offen (Altrichter & Eder 2004; Eder et al. 2011).

Die Pädagogischen Hochschulen haben im Zuge des Bologna-Prozesses modularisierte Ausbildungspläne entwickelt und für diese Module teilweise Ziele, Inhalte und Ähnliches formuliert, für die sie die Bezeichnung „Kompetenzen" verwenden, und die eine gewisse Abstimmung untereinander aufweisen (siehe Websites der PHs[1]). Hier kann tendenziell von einer Ausrichtung an professionellen Kompetenzen gesprochen werden. Die Ausbildung an den Universitäten ist traditionell an fachlichen Inhalten ausgerichtet; in der sog. „allgemeinen pädagogischen Ausbildung" findet sich zumindest an einigen Universitäten ansatzweise eine Ausrichtung an professionellen Kompetenzen (vgl. z. B. Universität Innsbruck).

Welche materiellen und personellen Ressourcen sind für die verschiedenen Phasen und Stufen der Lehrerausbildung und der Lehrerbildung insgesamt verfügbar?

Die Gesamtkosten der Lehrerausbildung in Österreich sind schwer abschätzbar. Zwar sind die Pädagogischen Hochschulen selbstständige Körperschaften, sodass die staatlichen Aufwendungen dafür bestimmt werden können; dazu kommen allerdings nicht unerhebliche Aufwendungen privater Hochschulträger (z. B. der Kirche). Teilt

1 Siehe z. B. http://www.phsalzburg.at/index.php?id=89

man die jährlichen staatlichen Aufwendungen für die Pädagogischen Hochschulen durch die Anzahl der Studierenden, ergibt sich ein Betrag von ca. 14.000 € (Budgetjahr 2010), der aufgrund der nicht berücksichtigten privaten Aufwendungen vermutlich eine *Unterschätzung* darstellt.

An den Universitäten bilden die Lehramtsstudierenden knapp 5% der Gesamtzahl der Studierenden; ihr aliquoter Anteil am Universitätsbudget würde umgerechnet auf die Personenzahl einen Jahresaufwand von ca. 10.600 € pro Lehramtsstudierenden ergeben, wobei dieser Betrag vermutlich eine *Überschätzung* bedeutet, weil die Lehramtsstudien im Schnitt nicht zu den „teuren" Studien zählen. Bei einer Studiendauer von drei Jahren an der PH bzw. durchschnittlich 5 Jahren an der Universität ergäbe sich ein rechnerischer Gesamtaufwand pro Studierenden von 42.000 bzw. 53.000 €[2] (Quellen: Schätzungen auf Basis von Statistiken der Statistik Austria).

Das Ausmaß der personellen Ressourcen ist lediglich für die Pädagogischen Hochschulen bestimmbar; dort besteht ungefähr eine Relation von 1:12 zwischen Lehrenden (Vollzeitäquivalente) und Studierenden. An den Universitäten ist wegen der engen Verknüpfung zwischen Fachausbildung, fachdidaktischer und pädagogischer Ausbildung eine getrennte personelle Zuordnung zu den Lehramtsstudien nicht möglich.

Wer bezahlt die Ausbildung der zukünftigen Lehrkräfte?

Die Ausbildung der Lehrkräfte wird an den Universitäten und den staatlichen Pädagogischen Hochschulen aus dem staatlichen Bildungsbudget finanziert. Private (meist konfessionelle) Pädagogische Hochschulen kommen zum Großteil selbst für ihren „Sachaufwand" auf; der Aufwand für das lehrende Personal wird vom Bund getragen.

Wie ist die Einkommenssituation der Lehrkräfte im Verhältnis zu vergleichbaren Berufsgruppen?

Das durchschnittliche Jahreseinkommen der österreichischen Lehrpersonen mit akademischer Ausbildung liegt im Schnitt etwa 10 % unter dem Durchschnittseinkommen von akademischen Berufen; im Hinblick auf die Lebensverdienstsumme liegen sie aufgrund der für Beamte und Beamtinnen sehr günstigen Pensionsregelungen eher über dem Durchschnitt (vgl. Tab. 1).

---

2 Quellen für die Berechnungen sind Datenzusammenstellungen der Statistik Austria (http://www.statistik.at/), insbesondere „Staatliche Bildungsausgaben 2010 nach Ebenen und Bildungseinrichtungen" sowie „BILDUNG IN ZAHLEN, Tabellenband 2010", sowie „Lehramt-Studierende an Pädagogischen Hochschulen".

Tab. 1: Nettojahreseinkommen Lehrkräfte im Vergleich mit akademischen Berufsgruppen

Akademische Berufe	32.485
Physiker/innen, Mathematiker/innen und Diplomingenieur/innen	33.693
Biowissenschaftler/innen, Mediziner/innen und Apotheker/innen	44.167
Lehrkräfte mit akademischer Ausbildung	30.385
Sonstige akademische Berufe	30.276
Techniker/innen und gleichrangige Berufe	24.448
Technische Fachkräfte	29.804
Biowissenschaftliche und Gesundheitsfachkräfte	21.635
Lehrkräfte ohne akademische Ausbildung	18.046
Sonstige nichttechnische Fachkräfte	23.228

Quelle: Statistik Austria http://www.statistik.at/web_de/statistiken/soziales/personen-einkommen/allgemeiner_einkommensbericht/index.html

5.2 Struktur und Organisation der Lehrerbildung

Die Lehramtsausbildung an der Universität (Gymnasiallehrerausbildung) weist folgende Grundstruktur auf:

Tab.2: Aufbau der universitären Lehrerbildung

	Allgemeine Pädagogische Ausbildung	**1. Unterrichtsfach**	**2. Unterrichtsfach**
Einführung	Studieneingangsphase	(Studieneingangsphasen der Fächer)	(Studieneingangsphasen der Fächer)
1. Abschnitt	Lehrveranstaltungen Einführungsphase zum Schulpraktikum	Fachwissenschaftliche LV Fachdidaktische LV Schulpraktikum	Fachwissenschaftliche LV Fachdidaktische LV Schulpraktikum
2. Abschnitt	Lehrveranstaltungen	Fachwissenschaftliche LV Fachdidaktische LV	Fachwissenschaftliche LV Fachdidaktische LV
Studienabschluss	Portfolio-Prüfung (teilweise)	Diplomarbeit Diplomprüfung	Diplomprüfung
		↓ Unterrichtspraktikum	
Zeitlicher Umfang	14 SWS + 2 SWS Schulpraktikum	Ca. 100 SWS + 5 SWS Schulpraktikum; Anteil Fachdidaktik: 6–12 SWS	Ca. 100 SWS + 5 SWS Schulpraktikum; Anteil Fachdidaktik: 6–12 SWS

Anmerkungen: SWS Semesterwochenstunden
Quelle: eigene Zusammenstellung

Die Ausbildung an den Pädagogischen Hochschulen trennt zwischen den Lehrämtern für Volksschule, Hauptschule und Sonderschule. Im Bereich der Hauptschule müssen die Studierenden verpflichtend mindestens ein Lehramtsfach aus der Fächergruppe Deutsch / Englisch/ Mathematik wählen. Das zweite Lehramtsfach können sie entweder ebenfalls aus dieser Gruppe oder den übrigen Fächern wählen. Das Studium für das Hauptschullehramt weist folgende Verteilung von Credits auf die einzelnen Studienfachbereiche auf:

Tab. 3: Studienumfang an der Pädagogischen Hochschule

Humanwissenschaften	(39 ECTS)
Fachwissenschaften und Fachdidaktiken	(84 ECTS)
Schulpraktische Studien	(36 ECTS)
Ergänzende Studien	(12 ECTS)
Bachelorarbeit	(9 ECTS)

Was sind die Ziele der Lehrerausbildung?

Die generelle Zielsetzung der universitären Lehrerbildung definiert das Universitätsstudiengesetz:

> „Das Lehramtsstudium dient der fachlichen, der fachdidaktischen und der pädagogischen wissenschaftlichen oder wissenschaftlich-künstlerischen Berufsvorbildung unter Einschluß einer schulpraktischen Ausbildung in jeweils zwei Unterrichtsfächern für das Lehramt an höheren Schulen.“ (Anlage 1 zum Universitätsstudiengesetz)

Die konkreten Ziele der Ausbildung sind in den Studienplänen der einzelnen Universitäten geregelt, insofern dort dem vorausgehend zitierten Passus entsprechende Zielformulierungen entwickelt und in ein Qualifikationsprofil umgesetzt werden. Dazu ein Beispiel aus dem Studienplan der Universität Klagenfurt:

Abb. 2: Studienplan für das Lehramtsstudium an der Fakultät für Kulturwissenschaften an der Universität Klagenfurt (gültige Version ab 01.10.2011). Verfügbar unter: http://www.uni-klu.ac.at/germ/downloads/Studienplan_Lehramt_Deutsch.pdf

§ 1 Bildungsziele

Das Lehramtsstudium an der Universität Klagenfurt vermittelt eine wissenschaftliche Berufsvorbildung und ist dabei folgenden allgemeinen Bildungszielen verpflichtet:

1. Bildung durch Wissenschaft;
2. Förderung der Interessen an der Wissenschaft und des Verständnisses für ihre soziale und kulturelle Bedeutung;
3. Entwicklung von Toleranz, demokratischem Verhalten, Solidarität und Wahrnehmung der Verantwortung gegenüber der menschlichen Gesellschaft und gegenüber der Natur;
4. Achtung der Menschenrechte und Grundfreiheiten;
5. Achtung der Gleichwertigkeit von Frauen und Männern.

§ 2 Qualifikationsprofil

Primäres Ziel der Lehramtsstudien ist die wissenschaftliche (fachliche, fachdidaktische und pädagogische) Vorbereitung auf das Lehramt an Mittleren und Höheren Schulen. Die Studierenden werden dazu qualifiziert, die Bildungsziele des österreichischen Schulwesens verantwortungsvoll zu realisieren. Sie lernen an ihrer eigenen Persönlichkeit zu arbeiten, entwickeln in Ansätzen eine Berufsrollen-Identität und richten ihr individuelles Studium darauf hin aus.

Dabei lassen sich analytisch drei Bereiche von Kompetenzen unterscheiden, die jedoch nicht getrennt, sondern nur in integrativer Weise erwerbbar sind:

- Fähigkeit zum konstruktiven und kritischen Umgang mit dem Fachwissen
- Kompetenzen zur Gestaltung von Lehr- und Lernprozessen
- soziale Kompetenzen und die Fähigkeit, diese anderen zu vermitteln

Diese Qualifikationen können im Rahmen einer verantwortungsvollen wissenschaftlichen Ausbildung nur grundgelegt werden. Sie müssen in einer zweiten Phase der Ausbildung (Unterrichtspraktikum) weiter entwickelt und schließlich in einer Adritten Phase durch selbstständige Fortbildung ständig erhöht werden.

Diese umfassende Ausbildung, die umfangreicher ist als die eines Diplomstudiums, qualifiziert die AbsolventInnen der Lehramtsstudien in ausgezeichneter Weise auch für eine Reihe von anderen Berufsfeldern, beispielsweise für Aufgaben im Bereich der formalen Erwachsenenbildung, der informellen Bildung und der Medien.

Für das Lehramt an Pflichtschulen kam es im Rahmen der Einführung der Pädagogischen Hochschulen bzw. der Überführung der Pflichtschullehrerausbildung in das Bologna-System gegenüber der früheren Pädagogischen Akademie zu einer Neuformulierung der Aufgaben:

> „Die Pädagogische Hochschule hat die Aufgabe, wissenschaftlich fundierte berufsfeldbezogene Bildungsangebote in den Bereichen der Aus-, Fort- und Wei-

terbildung in pädagogischen Berufsfeldern, insbesondere in Lehrberufen, zu erstellen, anzubieten und durchzuführen. Den Anforderungen des Lehrberufes ist durch Angebote der humanwissenschaftlichen, fachwissenschaftlichen, fachdidaktischen, pädagogischen und schulpraktischen Ausbildung (Praxisschulen) Rechnung zu tragen." (Hochschulgesetz 2007, §8 (1)).

Eine Art Konkretisierung erfolgt im nächsten Paragraphen des Hochschulgesetzes:

„§ 9. (1) Die Pädagogischen Hochschulen und sämtliche im Rahmen dieses Bundesgesetzes angebotenen Studiengänge und Studienangebote haben durch die Vermittlung von fundiertem, auf den neuesten wissenschaftlichen Erkenntnissen basierendem Fachwissen und umfassenden Lehrkompetenzen sicher zu stellen, dass die österreichische Lehrerinnen- und Lehrerbildung die Unterrichtsqualität an den österreichischen Schulen gewährleistet.
(2) Dieser Grundsatz ist verbunden mit dem Ziel, die Lehrerinnen und Lehrer zu professionalisieren, damit sie den gesellschaftlichen Herausforderungen gewachsen sind und ihre Unterrichts- und erzieherischen Pflichten und Aufgaben bestens erfüllen können.
Ausgehend von diesen Zielen und Aufgaben wurden an den Pädagogischen Hochschulen kompetenzorientierte und modularisierte Studiengänge entwickelt, die sich allerdings an den verschiedenen Standorten erheblich unterscheiden können."

Welche Zugangsvoraussetzungen müssen von den Bewerbern und Bewerberinnen erfüllt werden? Welche Rekrutierungsmuster für künftige Lehrkräfte gibt es?

Lehramt für Pflichtschulen:	Lehramt für höhere Schulen:
• Eintrittsvoraussetzung ist die erfolgreiche Ablegung der Reifeprüfung, Berufsreifeprüfung oder Studienberechtigungsprüfung. • Spezielle Eignungsvoraussetzungen: Überprüfung der Beherrschung der deutschen Sprache; Überprüfung der Sprech- und Stimmleistung, musikalisch-rhythmische Eignung, körperlich-motorische-Eignung.	• Eintrittsvoraussetzung ist die erfolgreiche Ablegung der Reifeprüfung, Berufsreifeprüfung oder Studienberechtigungsprüfung. • Grundsätzlich ist der Zugang zum Lehramtsstudium frei. • Für das Unterrichtsfach Bewegung und Sport sowie die am Mozarteum angesiedelten bildnerischen und musischen Lehramtsstudien sind Aufnahmeprüfungen erforderlich.

Die Verweigerung der Aufnahme in das Studium aufgrund fehlender Eingangsvoraussetzungen ist an den Pädagogischen Hochschulen eher selten.

Die Reproduktion über die Generationen hinweg erfolgt primär über den Erwerb der Studienberechtigung (Matura) über Gymnasien und berufsbildende höhere Schulen. Die folgende Abbildung zeigt getrennt für Lehramtsstudierende der Universität und der Pädagogischen Hochschule die Verteilung der verschiedenen Herkunftswege.

Abb. 3: Schulische Herkunft der österreichischen Lehramtsstudierenden.

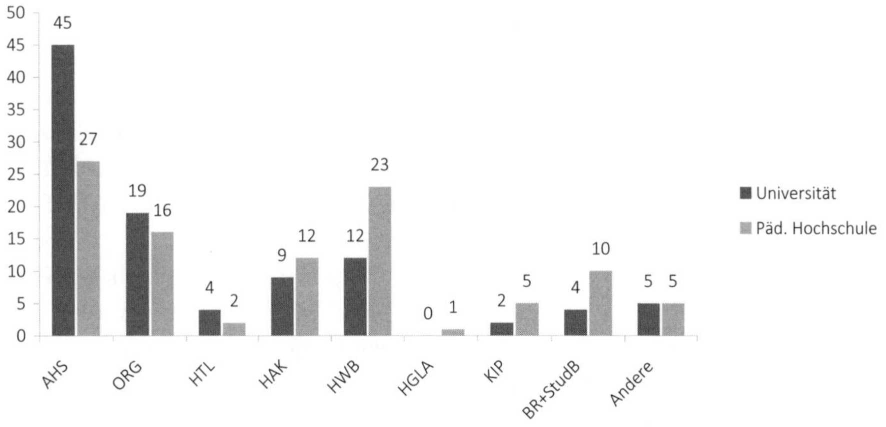

Anmerkung: Grundgesamtheit der Lehramtsstudierenden an der Universität Salzburg ab 2006 (N=2151) sowie an der Pädagogischen Hochschule Salzburg ab 2010 (N = 525)
Quelle: Hochschulstatistik Österreich

Nach der Hochschulstatistik haben etwa 61% der inländischen Studierenden ihren Hochschulzugang an AHS (Gymnasien) erworben (AHS+ORG), etwa 12% an Handelsakademien (HAK), etwas über 13% an Höheren technischen, gewerblichen sowie land- und forstwirtschaftlichen Lehranstalten (HTL+HGLA), 1,6 % an Bildungsanstalten sowie ca. 5% über nachträgliche Berechtigungen (Berufsreifeprüfungen, Externistenprüfungen, Studienberechtigungsprüfung).

Nach der Schulstatistik kommen ca. 44% der Abiturienten und Abiturientinnen aus dem Bereich der allgemeinbildenden höheren Schulen (Gymnasien), etwa 25% von den technisch-gewerblichen und landwirtschaftlichen höheren Schulen, 15% aus den kaufmännischen Schulen, 12% aus den wirtschaftsberuflichen Schulen und ca. 4% aus den Bildungsanstalten für Kindergärten u.Ä.

Daraus ergibt sich eine erhebliche Überrepräsentanz der Gymnasien in der universitären Lehrerbildung und eine Unterrepräsentanz der technisch-gewerblichen höheren Schulen und der Handelsakademien.

Die Studierenden an den Pädagogischen Hochschulen rekrutieren sich zu einem erheblich größeren Anteil aus den frauendominierten höheren wirtschaftlichen Lehranstalten.

Reproduktion primär über Matura an Gymnasien und berufsbildende höhere Schulen, die überwiegend von Frauen besucht werden (Höhere Lehranstalt für wirtschaftliche Berufe, BAKIP).

Gibt es spezifische Maßnahmen, um Lehrkräfte für Mangelfächer (z. B. Naturwissenschaften, Musik) zu gewinnen?

Rund 1% der Lehrerstellen können zur Zeit nicht mit adäquat geprüften Lehrpersonen besetzt werden; hier wird zum Teil versucht, Fachleute aus anderen Bereichen für den Unterricht in der Schule zu gewinnen, wobei ihr Einsatz nicht selten ohne spezielle Ausbildung erfolgt. Dies betrifft vor allem Experten für naturwissenschaftliche Fächer (Physik, Informatik).

Generell wird versucht, „Quereinsteiger" sowie „Quereinsteigerinnen" zu gewinnen und zu qualifizieren. An einzelnen Pädagogischen Hochschulen werden dafür speziell für Berufstätige konzipierte Studienangebote angeboten. „Quereinsteiger und -einsteigerinnen" werden vom Bildungsministerium wie auch von der, für die Weiterentwicklung der Pädagogenbildung zuständigen Expertenkommission für eine positive „Auffrischung" in der Schule gehalten, die Lebenserfahrung sowie Kompetenz und Know-how aus der Wirtschaft in die Schule hineinbringen könnten. Der Ausbau entsprechender Ausbildungsangebote wird als wichtige Maßnahme zur Weiterentwicklung der Pädagogischen Hochschulen gesehen.

Welche Phasen/Stufen innerhalb der Lehrerbildung gibt es?

Die Ausbildung an den Pädagogischen Hochschulen (Pflichtschullehrerausbildung) ist eine einphasige Ausbildung. Die Absolventen und Absolventinnen sind unmittelbar im Schuldienst einsetzbar. Häufig erhalten sie zunächst zeitlich befristete Anstellungen mit reduzierter Stundenverpflichtung und wechseln zwischen mehreren Schulen, bevor sie eine Dauerstelle an einem Standort erhalten.

Die Ausbildung an der Universität ist unecht zweiphasig, d. h. nach Abschluss der universitären Ausbildung verfügen die Absolventen und Absolventinnen über alle erforderlichen Ausbildungsvoraussetzungen für eine Tätigkeit als Lehrkraft an einer Schule. Das (nachträglich eingeführte) Unterrichtspraktikum wird als „Anstellungsvoraussetzung" im öffentlichen Dienst interpretiert.

Wie sind die ersten beiden Berufsjahre neu ausgebildeter Lehrkräfte gestaltet und welche Unterstützung (support) erhalten sie dabei?

Studierende der Universität absolvieren nach dem Abschluss des Studiums ein einjähriges Unterrichtspraktikum, das nicht als erstes Berufsjahr, sondern noch als Ausbildungsphase gesehen wird, die nicht mehr von der Universität, sondern an der Schule angeboten und durch Lehrveranstaltungen von Fortbildungsinstitutionen begleitet wird. Die Praktikanten und Praktikantinnen unterrichten, je nach Unterrichtsfach, eine oder mehrere Klasse pro Fach (bei einer Zeitverpflichtung von ca. 10 Unterrichtseinheiten) und werden dabei von einer Betreuungslehrperson (Mentor) begleitet. Am Ende des Praktikums erfolgt eine Beurteilung durch die Leitung der Schule, an der es absolviert wurde. Darüber hinaus besteht keine explizite Unterstützung während der ersten Berufsjahre.

Für Absolventen und Absolventinnen der PH ist keine explizite Betreuung oder Supervision während der ersten Berufsjahre vorgesehen; allerdings sind die Schulleiter und Schulleiterinnen im Rahmen ihrer allgemeinen Aufgaben zu einer entsprechenden Unterstützung gehalten. An einigen PHs (z. B. Oberösterreich, Niederösterreich) bzw. für einzelne Fächer (z. B. Religionspädagogik) gibt es unverbindliche Betreuungsangebote für Berufseinsteiger.

Welche Rolle spielen sogenannte Seiteneinsteiger in den Lehrerberuf und wie werden sie qualifiziert?

Personen, die aus einer bereits bestehenden Berufstätigkeit in eine Lehrtätigkeit an einer Schule wechseln, werden als „Quereinsteiger" bezeichnet (vgl. Abschnitt 2.3). Sie werden von der Bildungsadministration und Vertretungen der Wirtschaft als wichtige Quelle gesehen, die Schule lebens- und wirtschaftsnäher zu gestalten. Quereinsteiger dieser Art erhalten zum Teil maßgeschneiderte Ausbildungskonzepte angeboten (z. B. Kurse für Frauen, die nach einer Familienphase in einen neuen Beruf wechseln wollen; berufsbegleitende Kurse), sind aber derzeit von ihrer Größenordnung her (noch) nicht sehr relevant. Zu dieser Gruppe gehören auch „Seiteneinsteiger und Seiteneinsteigerinnen", die nach einem frühen Einstieg in die Berufs- und Arbeitswelt auf dem Weg über „Berufsreifeprüfung" oder „Studienberechtigungsprüfung" eine eingeschränkte Studienzulassung erwerben und in ein reguläres Lehramtsstudium einsteigen und auf diesem Wege auch ihre beruflichen Erfahrungen aus einem ganz anderen Bereich in die Schule einbringen.

Davon abzugrenzen sind „ungeprüfte" Lehrpersonen, die auf Basis einer dem Schulfach sehr ähnlichen fachlichen Kompetenz bei Lehrermangel herangezogen werden (z. B. aktive Künstler für das Fach „Bildnerische Erziehung"; Physiker oder

Informatiker aus der Wirtschaft). Die Verwendung solcher Personen unterliegt zyklischen Schwankungen; die auf diese Weise in den Schuldienst aufgenommenen Personen erhalten in der Regel nach einiger Zeit die Möglichkeit, eine verkürzte pädagogische Ausbildung zu absolvieren und damit eine Lehrberechtigung zu erlangen.

In den Berufsschulen und berufsbildenden mittleren und höheren Schulen ist es die Regel, dass erfahrene Praktiker aus der Wirtschaft eingeladen werden, in der Schule berufspraktische Fächer zu unterrichten; sie beginnen in der Regel ohne pädagogisch-didaktische Ausbildung zu unterrichten, absolvieren aber in den ersten Jahren berufsbegleitend eine vollständige pädagogische Ausbildung.

5.3 Inhaltliche Charakteristika der Lehrerbildung

Wie ist das Verhältnis von Fachwissenschaft und Fachdidaktik gestaltet?

In der universitären Ausbildung sind Fachwissenschaft und Fachdidaktik in der Regel organisatorisch stark miteinander verschränkt, insofern die Fachdidaktik an den Fachinstituten angesiedelt ist, oft ohne klare organisatorische Infrastruktur. Lediglich an einigen Standorten sind Fachdidaktiken aus verwandten Fächern zusammengezogen (z. B. für Didaktik der Naturwissenschaften an der Universität Salzburg) oder fachdidaktisch ausgerichtete Kompetenzzentren für einzelne Fächer eingerichtet (z. B. Austrian Educational Competence Centre Chemistry an der Universität Wien). Im Regelfall sind die fachlichen Lehrveranstaltungen im Rahmen des Studiums an der Universität nicht speziell auf die Lehramtsstudierenden ausgerichtet, sondern diese nehmen einfach am fachwissenschaftlichen Programm des jeweiligen Institutes teil. Der Anteil der fachdidaktischen Lehrveranstaltungen am Gesamtcurriculum ist relativ niedrig (je nach Fach etwa 5–10%); sie werden häufig von Praktikern aus der Schule angeboten. Es gibt wenig habilitierte und auch wenig an der Universität vollzeitangestellte Fachdidaktiker und Fachdidaktikerinnen. Das Ausmaß fachdidaktischer Forschung in Österreich ist insgesamt sehr gering; dies hängt auch mit der sehr unselbstständigen Organisationsform der Fachdidaktiken zusammen.

An den pädagogischen Hochschulen werden fachdidaktische und fachwissenschaftliche Veranstaltungen in der Regel ohne strenge Abgrenzung angeboten; sie machen zusammen etwa 47% des Lehrangebotes aus. In der Volksschul- und Sonderschullehrerausbildung gibt es explizit kein Fachstudium; in der Ausbildung der Hauptschullehrpersonen werden fachwissenschaftliche und fachdidaktisch ausgerichtete Lehrveranstaltungen oft von denselben Lehrpersonen angeboten. Viele von ihnen sind im höheren Schulbereich tätig. Nach der Überführung der ehemaligen Pädagogischen Akademien in Pädagogische Hochschulen erhielt diese einen auf „berufsfeldbezogene Forschung" eingeschränkten Forschungsauftrag, zu dessen Umsetzung vereinzelt auch fachdidaktische Forschungseinrichtungen gegründet wurden.

Welchen Anteil an der Ausbildung haben Erziehungswissenschaft, Pädagogik und Psychologie?

(1) Das Studium an der PH umfasst insgesamt 180 ECTS; davon entfallen mindestens 39 (= ca. 22%) auf „Humanwissenschaften"; dieser Anteil kann durch ergänzende Studien sowie durch die Ausrichtung der Bachelorarbeit noch etwas erhöht werden.
(2) An der Universität entfallen etwa 25% der ECTS-Punkte auf die pädagogische, fachdidaktische und schulpraktische Ausbildung; die pädagogisch-psychologische Ausbildung im engeren Sinne umfasst ca. 12% der Credits.

Wie erfolgt die Einbeziehung von pädagogischer (Alltags)Praxis in die Ausbildung?

Praktika spielen in den Hauptformen der Lehrerbildung eine wichtige Rolle.
(1) An den PH gibt es Praktika im Rahmen der Eingangsphase des Studiums (2 Semester) sowie als „Tagespraktikum" vom 1. bis zum 5. Semester: Studierende sind einen Vormittag pro Woche an einer Schule, an der sie in der Regel dann 2 Unterrichtseinheiten unterrichten und dafür Rückmeldungen in Form einer Vor- und Nachbesprechung erhalten. Im 4. und 5. Semester gibt es zusätzlich ein Blockpraktikum, in dem sie für mehrere Wochen den Unterricht in einer Praxisklasse übernehmen. Im 6. Semester findet das Tagespraktikum in geblockter Form statt. Praktika sind mit pädagogischen, fachwissenschaftlichen und fachdidaktischen Lehrveranstaltungen vernetzt und werden in einem Praxisteam organisiert und betreut. Ein solches besteht aus der Praxislehrperson, einer Lehrperson an der PH sowie 1–3 Studierenden. Praktika und Lehrveranstaltungen orientieren sich an einem gemeinsamen Kompetenzkatalog.
(2) An den Universitäten sind zwei Praktika in das Studium integriert, ein „Erkundungspraktikum" im Ausmaß von 20 Stunden in der Studieneingangsphase sowie ein „Schulpraktikum" im Umfang von 8 Wochen (90 Stunden), das idealtypisch im 5. Semester des Lehramtsstudiums angeordnet ist, in der Regel aber deutlich später absolviert wird. Das Erkundungspraktikum ist eher am Kennenlernen der Tätigkeiten von Lehrpersonen und der dafür notwendigen Kompetenzen ausgerichtet, das Schulpraktikum am Erlernen und Üben des Unterrichtens. Es wird häufig in Gruppen bis maximal 4 Studierenden absolviert und wird von Universitätslehrern und -lehrerinnen begleitet, die dabei in Kontakt mit den Betreuungslehrpersonen an der Schule stehen. Die Art der Kooperation ist nicht explizit geregelt. Univer-

sitäre Lehrveranstaltungen werden zur Vorbereitung und zur Aufarbeitung des Praktikums angeboten.
(3) In der wirtschaftspädagogischen Ausbildung ist ein Praktikum von 180 Wochenstunden vorgesehen.

Wie werden die diagnostische und die didaktische Kompetenz der Lehrkräfte gefördert?

Die Förderung der *didaktischen* Kompetenz ist ein eher zentrales Anliegen in der Lehrerbildung. In der universitären Ausbildung erfolgt sie stufenweise zunächst durch Beobachtung des Verhaltens von Lehrpersonen im Erkundungspraktikum, durch die Vermittlung von Modellvorstellungen des Unterrichtens in der allgemeinen pädagogischen Ausbildung, durch Lehrübungen in der fachpraktischen Ausbildung und durch Lehrauftritte zunehmender Komplexität während des Schulpraktikums in der Mitte des Studiums. In allen praktischen Phasen erhalten die Studierenden Rückmeldungen durch ausgebildete Betreuungslehrpersonen. Das Unterrichtspraktikum dient in konzentrierter Form dem Aufbau, der Sicherung und der Weiterentwicklung der didaktischen Kompetenz.

Die Ausbildung an den Pädagogischen Hochschulen umfasst ebenfalls theoretische Veranstaltungen zur Vermittlung von didaktischen Modellen und kontinuierliche Praktika, in denen Übungs- und Lehrauftritte in Schulklassen erfolgen, die gemeinsam mit Betreuungslehrpersonen vorbereitet und nachbesprochen werden.

Diagnostische Kompetenz wird traditionell nur durch Lehrveranstaltungsanteile angesprochen, in denen Fragen der Leistungsbeurteilung thematisiert werden. Dies erfolgt in einem eher geringen Ausmaß in allgemeinpädagogischen und in deutlich höherem Ausmaß in fachdidaktischen Lehrveranstaltungen, zunehmend aber auch in der Fortbildung.[3] Die in den letzten Jahren zunehmend angesprochenen diagnostischen Kompetenzen, die sich auf den Lernprozess (nicht auf die Lernergebnisse) einzelner Schüler und Schülerinnen beziehen, sind nicht systematisch in die Ausbildung integriert, werden aber zunehmend durch Angebote in der Fortbildung angesprochen.

Wie werden (künftige) Lehrkräfte auf den Umgang mit besonders schwierigen Themen der pädagogischen Praxis (z. B. Inklusion, Heterogenität, Disziplin, Schulverweigerung usw.) vorbereitet?

In der universitären Lehrerbildung sind dies keine hervorgehobenen Themen. Sie werden im Rahmen allgemein pädagogischer Lehrveranstaltungen angesprochen;

3 Vgl. z. B. das Themenprogramm „Prüfungskultur" im Rahmen des IMST-Programms https://www.imst.ac.at/texte/index/bereich_id:13/seite_id:45.

in der Regel gibt es die Möglichkeit, sich im Rahmen von Wahlfächern mit solchen Schwerpunkten auseinanderzusetzen. Es gibt jedoch kein einschlägiges Curriculum.

An den Pädagogischen Hochschulen bestehen dazu vereinzelt Spezialangebote, soweit sie mit Schwerpunktbildungen im Schulbereich zusammenfallen (z. B. für Inklusive Pädagogik).

Wie kommen Lehrkräfte mit neuen bildungspolitischen Anforderungen (z. B. Inklusion, Evaluationen usw.) zurecht und wie werden sie darauf vorbereitet?

Lehramtsanfänger und -anfängerinnen sowie Praktiker kommen mit diesen Bereichen nur eher unsystematisch in Berührung, insofern es sich um mögliche Inhalte in die Ausbildung und in der Fortbildung handelt; das mögliche Ausmaß der Auseinandersetzung hängt von den Intentionen der Leiter der Veranstaltungen bzw. von den veranstaltenden Institutionen ab. Vereinzelt wird versucht, durch das Angebot einschlägiger Lehrveranstaltung eine Art Statistical Literacy bei Lehramtsstudierenden zu fördern und zu unterstützen.

Welche beruflichen Entwicklungsperspektiven bestehen für Lehrkräfte? Welche Selektionsschritte gibt es in der weiteren Berufskarriere, und welche Kriterien (insbesondere bei der Auswahl für Leitungsfunktionen) gelten dabei?

Realistischerweise müssen Lehrpersonen davon ausgehen, dass sie zwar durch automatische Gehaltsvorrückungen mit zunehmendem Lebensalter mehr verdienen und entsprechende Amtstitel erhalten werden, ein echter beruflicher Aufstieg innerhalb des Systems jedoch eher die Ausnahme sein würde. Berufliche Weiterentwicklung unter Beibehaltung der Unterrichtstätigkeit sind Tätigkeiten als Leiter und Leiterinnen von fachbezogenen Arbeitsgemeinschaften am Standort, Kustodiate für einzelne Fächer; außerhalb der eigenen Schule bietet vor allem die Übernahme von Aufgaben in der Lehrerbildung (Praxislehrer, Dozenten an PHs, Unis für Fachdidaktik) eine Möglichkeit, eine Expertiseposition zu erreichen.

Berufliche Weiterentwicklung mit ganz- oder teilweisem Ausstieg aus der Unterrichtstätigkeit sind Positionen als Administrator, Abteilungsleiter bzw. Abteilungsleiterin in berufsbildenden höheren Schulen) oder Schulleiter/Schulleiterin. Positionen von Schulleitern oder Schulleiterinnen werden in der Regel nach Bewerbung auf Basis von Punktesystemen vergeben. In diesen Punktesystemen spielen neben den nachgewiesenen fachlichen Leistungen auch Schlüsselkompetenzen (Kommunikations- und Teamfähigkeit, Führungsqualität, Belastbarkeit) ein Rolle. Die Erhebung dieser Merkmale erfolgt in verschiedenen Bundesländern auf sehr unterschiedliche

Weise (z. B. computergestützte Potentialanalyse, Assessmentcenter). Im Rahmen des Bestellungsverfahrens erfolgen auch Hearings an den Schulen, bei denen die Vertreter und Vertreterinnen der Schulpartner ihre Einschätzungen einbringen können. Seit einigen Jahren können sich Interessenten und Interessentinnen durch Teilnahme an Ausbildungskursen, z. B. „Leadership Academy" auf den Umgang mit Führungsaufgaben vorbereiten.

Welche Formen der beruflichen Fortbildung sind vorgesehen, welche Inhalte werden vermittelt? Ist Fortbildung verpflichtend vorgesehen?

Systeminterne Fortbildung wird für alle Schulformen zentral von den Pädagogischen Hochschulen angeboten und organisiert; zusätzlich gibt es in geringem Ausmaß Fortbildungsangebote von Universitäten und von privaten Anbietern. Für individuelle Fortbildungen melden sich Lehrpersonen in der Regel zu Einzelveranstaltungen und Kursen an, die sie im Fortbildungsprogramm der Pädagogischen Hochschulen auswählen. Die Zusammenstellung dieses Programms erfolgt durch Einholung von Angeboten sowie unter Berücksichtigung von zentral vorgegebenen Schwerpunkten (z. B. Leseförderung). Zusätzlich sind schulinterne Fortbildungen (SCHILF) möglich; diese basieren darauf, dass eine Schule ein maßgeschneidertes Programm für ihre Entwicklung bzw. die Unterstützung von Personen mit entsprechenden Kompetenzen für Schulentwicklung übernimmt.

Inhaltlich deckt Fortbildung ein breites Spektrum ab, das von unmittelbarer fachlicher Weiterbildung über kreatives Gestalten bis zu Präventionsmaßnahmen gegen Stress und Burnout reicht.

Für Lehrpersonen im Pflichtschulbereich (Absolventinnen der PH) ist Fortbildung im Ausmaß von 15 Stunden pro Jahr verpflichtend und Bestandteil des Arbeitszeitmodells.

An der Universität ausgebildete Lehrpersonen sind zur Fortbildung verpflichtet, jedoch bestehen keine expliziten Regelungen betreffend Ausmaß und Form. Die österreichischen Lehrpersonen zeigen im internationalen Vergleich eine breite Beteiligung an der Fortbildung (fast 97%), hinsichtlich der Intensität liegen sie mit durchschnittlich 2–3 Fortbildungstagen jedoch im unteren Drittel. Der Großteil der Aktivitäten entfällt auf Kurse, Einzelveranstaltungen und Schulinterne Fortbildung; einen gewissen Stellenwert haben auch Tagungen der Lehrerverbände.

Literatur

Altrichter, H. & Eder, F. (2004). Das ‚Autonomie-Paritäts-Muster' als Innovationsbarriere? In H. G. Holtappels (Hrsg.), Schulprogramme – Instrumente der Schulentwicklung. Konzeptionen, Forschungsergebnisse, Praxisempfehlungen (S. 195–221). Weinheim und München: Juventa.

Bergmüller, S. & Wiesner, C. (2009). Schule als Ort sozialer Interaktion und Konfrontation: Schulklima, Gewalterfahrungen und Einbindung der Eltern. In B. Suchan, C. Wallner-Paschon & C. Schreiner (Hrsg.), Pirls 2006. Die Lesekompetenz am Ende der Volksschule. Österreichischer Expertenbericht (S. 219–228). Graz: Leykam.

Eder, F. (2008). Persönlichkeitsmerkmale von Lehramtsstudierenden. In F. Eder & G. Hörl (Hrsg.), Gerechtigkeit und Effizienz im Bildungswesen. Unterricht, Schulentwicklung und LehrerInnenbildung als professionelle Handlungsfelder (Österreichische Beiträge zur Bildungsforschung, Band 6, S. 273–293). Wien: LIT.

Eder, F., Dämon, K. & Hörl, G. (2011). Das „Autonomie-Paritäts-Muster": Vorberuflich erlerntes Stereotyp, Bewältigungsstrategie oder Ergebnis der beruflichen Sozialisation? Zeitschrift für Bildungsforschung, 1 (3), 199–217.

Eder, F. & Hörl, G. (Hrsg.). (2008). Gerechtigkeit und Effizienz im Bildungswesen: Unterricht, Schulentwicklung und LehrerInnenbildung als professionelle Handlungsfelder. Österreichische Beiträge zur Bildungsforschung, Band 6. Wien: LIT.

Grafendorfer, A., Neureiter, H. & Längauer-Hohengaßner, H. (2009). Fortbildung. In J. Schmich & C. Schreiner (Hrsg.), TALIS 2008: Schule als Lernumfeld und Arbeitsplatz. Graz: Leykam.

Holtappels, H. G. (Hrsg.). (2004). Schulprogramme – Instrumente der Schulentwicklung. Konzeptionen, Forschungsergebnisse, Praxisempfehlungen. Weinheim: Juventa.

IFES (2007). Schul-Monitoring. Bevölkerungsbefragung zum Schul- und Bildungswesen. Studienbericht 2007. Wien: Institut für empirische Sozialforschung.

IFES (2009). Schul-Monitoring 2009. Bevölkerungsbefragung zum Schul- und Bildungswesen. Wien: Institut für empirische Sozialforschung.

IHS (2010). Studierenden- Sozialerhebung 2009. Bericht zur sozialen Lage der Studierenden. Wien: Institut für Höhere Studien.

Mayr, J. & Neuweg, G. H. (2009). Lehrer/innen als zentrale Ressource im Bildungssystem: Rekrutierung und Qualifizierung. In W. Specht (Hrsg.), Nationaler Bildungsbericht Österreich 2009. Das Schulsystem im Spiegel von Daten und Indikatoren (S. 99–119). Graz: Leykam.

Suchan, B., Wallner-Paschon, C. & Schreiner, C. (Hrsg.). (2009). Pirls 2006. Die Lesekompetenz am Ende der Volksschule. Österreichischer Expertenbericht. Graz: Leykam.

Wentner & Havranek. (2000). LehrerIn 2000: Arbeitszeit, Zufriedenheit, Beanspruchungen und Gesundheit von LehrerInnen in Österreich. Wien. Verfügbar unter http://www.bmukk.gv.at/schulen/sb/lehrerin2000.xml […]

6. Lehrerbildung in Frankreich, Italien, Spanien und Portugal

Wolfgang Hörner
unter Mitarbeit von Jesus Maria Sousa, Carlos Furio, Wolfgang Lippke, Sara-Julia Blöchle und Guillaume Many

6.1 Rahmenbedingungen

Öffentliches Ansehen des Lehrberufs

In *Frankreich* hat der Lehrberuf grundsätzlich seit Ende des 19. Jahrhunderts ein bedeutendes gesellschaftliches Ansehen als weltanschaulich neutrale und moralische Instanz, die die Einheit der Nation festigen soll, auch wenn die Öffentlichkeit in vielen Fällen dem Lehrberuf unterschiedliche Wertschätzung entgegenbringt. Während die Schule als Institution und Verteiler gesellschaftlicher Positionen von einer großen Mehrheit der Bevölkerung auch heute noch unbestritten anerkannt ist, werden Privilegien des Lehrerberufs (berufliche Sicherheit durch Beamtenstatus, scheinbar niedrige Anzahl an Unterrichtstunden, lange Schulferien) im Vergleich zu anderen Berufen eher kritisch gesehen. Die Streikkultur der Lehrerschaft (die durchaus auch die Interessen der Schüler/Eltern betrifft) wird u. a. von den Medien und von einem Teil der Öffentlichkeit je nach politischer Tendenz kritisch dargestellt. Diese Entwicklungen erklären die Variationen im Ansehen des Lehrerberufs.

In *Italien* genießen die Lehrer in der Gesellschaft grundsätzlich eine hohe Autorität. Die Eltern sind im internationalen Vergleich (lt. OECD 2008, S. 130 ff.) überdurchschnittlich zufrieden mit Schulen und Lehrern.

Für *Portugal* wird von Lehrerbildungsexperten ein deutlicher Statusverlust im Ansehen der Lehrer in den letzten 10 Jahren festgestellt, nachdem die Lehrer nach der portugiesischen Revolution von 1974 als Alphabetisierungspioniere in benachteiligten Regionen ein hohes soziales Ansehen hatten. Bildung sollte zur Befreiung beitragen. Mit dem Wandel der (partei-)politischen Orientierung verblasste allerdings auch das gesellschaftliche Ansehen des Lehrerberufs. Weitere Grunde für die Schmälerung des Sozialprestiges war die Bildungsexplosion (Erweiterung des Zugangs zu höherer Bildung – *mass education*), die mit dem quantitativen Anstieg der Schülerzahlen auch einen Qualitätsrückgang der eingesetzten Lehrer infolge von Defiziten in der Lehrerbildung, einer verschlechterten Einkommenssituation und damit ein weiter sinkendes gesellschaftliches Ansehen mit sich brachte. Aus dem Lehrer als „professional" wurde der Lehrer als Quasi-Proletarier. Dazu kam, dass die schlechten PISA-Ergebnisse Portugals den Lehrern angelastet wurden. Kritische Lehrerbildungsexperten sehen darüber hinaus das Schwinden des Prestiges des Lehrberufs in einer gewissen Deregulierung der Lehrerbildung durch den Bologna-Prozess. Da die inhaltliche Ausfüllung der Lehrerbildung in der Hand der Hochschulen liegt, wird die Zersplitterung in 300 verschiedene Lehrerbildungsprogramme für ein kleines Land wie Portugal als zu weitgehend angesehen, sie schadet dem gesellschaftlichen Ansehen der Lehrer.

In *Spanien* hatte das öffentliche Ansehen der Lehrer in der Franco-Ära einen Tiefststand erreicht, von dem es sich erst langsam erholt hat. Es wird heute von Experten als durchschnittlich eingeschätzt, die Lehrer selbst sind der Ansicht, dass ihr Sozialprestige angesichts ihrer realen gesellschaftlichen Funktion noch nicht hoch genug ist. Die Lehrer an katholischen Privatschulen genießen andererseits einen besseren gesellschaftlichen Ruf als die der öffentlichen Schulen.

Verständnis von Professionalität

In *Italien* bedeutet Professionalität im Lehrerberuf traditionell ein umfassend gebildeter Experte seines wissenschaftlichen Faches zu sein, was sich, wie im Folgenden deutlich werden wird, auch in der Ausbildungsstruktur widerspiegelt.

In *Frankreich* ist die Situation analog, wobei infolge der immer noch zentralistischen Strukturen vom Ministerium definiert wird, was die Professionalität von Lehrern ausmacht. Die strenge Hierarchie des Beamtentums, so wird von einigen Experten betont, bringt es mit sich, dass die Lehrer als Körperschaft vergleichsweise wenig Einfluss auf die Entwicklung der Professionalität haben. Die Kernkompetenzen des Lehrers werden gesetzlich (!) definiert (siehe auch: 6.3 Inhalte/Ziele).

Für *Portugal* betonen Experten die Notwendigkeit kritischer Reflexion der Lehrinhalte und das Bewusstsein der gesellschaftlichen Rolle des Lehrers als Teil des professionellen Selbstverständnisses (siehe auch: 6.3 Inhalte).

Wer bezahlt die Ausbildung?

Da die Ausbildung in allen vier Ländern allein an die Universitäten verlagert wurde, tragen die Hauptkosten der Ausbildung die Träger der Universitäten, d. h. der Staat bzw. die autonomen Regionen. Indirekt werden aber auch die Lehramtsstudenten selbst über die eigenen Studienkosten an den Ausbildungskosten beteiligt. Das fällt vor allem dort ins Gewicht, wo die praktische Ausbildungsphase (vergleichbar mit dem deutschen Referendariat) wegfällt, die früher (z. B. in *Frankreich*) bereits besoldet war.

Einkommenssituation

In *Frankreich* sind die Gehälter der Lehrer an den staatlichen Schulen in das komplexe Tarifsystem des Öffentlichen Dienstes integriert. Das bedeutet, dass sie deutlich niedriger sind als die Gehälter anderer Masterabsolventen in freien Berufen oder in der Wirtschaft, aber den Vorteil der Beschäftigungssicherheit mitbringen.

Nach der EU-Statistik (European Commission 2012/13, S. 42) bewegte sich das Lehrergehalt in Frankreich im Schuljahr 2012/13 zwischen 23 464 € (Eingangsstufe) und 44 754 € (Endstufe) für die Primarstufenlehrer und mit ähnlicher breiter Spreizung zwischen Anfangs- und Endgehalt zwischen 26 169 € (Anfang) und 47610 € (Endgehalt) für die Lehrkräfte der Sekundastufe I. Das Gehalt der Lehrer der Sekundarstufe II ist am Anfang wie am Ende etwa 200 € mehr.

Deutlich geringere Endgehälter verzeichnet *Italien*. Die EU-Statistik gibt für das Stichjahr 2012/13 (ebd., S. 44) für Primarschullehrer eine Spanne zwischen 23 048 und 33 885 € zwischen Anfangs- und Endgehalt an, für die Lehrer der Sekundarstufe I ist die Spanne zwischen 24 846 und 37 212 €, für die Lehrer der Sekundarstufe II steigt das Endgehalt bei gleichem Anfangsgehalt auf 38 902 € an. Damit liegt das Lehrergehalt im unteren Feld der Gehälter im Öffentlichen Dienst. Lehrer an Privatschulen verdienen zudem deutlich weniger.

In *Spanien* entspricht das Einkommen der Lehrer in etwa dem Einkommen anderer Berufsgruppen mit entsprechenden akademischen Abschlüssen. Die schon zitierte EU-Statistik (ebd., S. 40) verzeichnet eine Spreizung zwischen Anfangs und Endgehalt von 27 993 und 39 676 € für die Lehrkräfte der Primarstufe, von 31 342 bis 43 920 € für die Sekundarschullehrkräfte. Dazu gewonnen haben die Lehrkräfte der Primarstufe, die infolge der Verlagerung ihrer Ausbildung an die Universitäten auch gehaltsmäßig aufgewertet wurden, relative Einbußen mussten die Sekundarschullehrer hinnehmen. Durch die Finanzkrise bleiben die Lehrergehälter seit einigen Jahren eingefroren.

Das bescheidenste Anfangsgehalt für Lehrer verzeichnet *Portugal* im Stichjahr 2012/13 mit 20 439 € (für alle Lehrerkategorien) bei einem Endgehalt von 37 952 €. Hier sind die Gehaltskürzungen im Öffentlichen Dienst im Zusammenhang mit der Europäischen Finanzkrise deutlich spürbar.

Von besonderem Interesse ist es, die Lehrergehälter der vier Referenzländer im Verhältnis zum Pro-Kopf-Brutto-Inlandsprodukt zu vergleichen (ebd., S. 8-9). Auffällig ist, dass sowohl bei den Anfangsgehältern als auch bei den höchsten Lehrereinkommen, trotz der Kürzungen infolge der Finanzkrise die beiden iberischen Länder 2012 noch deutlich über 100% des Brutto-Inlands-Produkts liegen: In Spanien sind es 123% bezogen auf das des Anfangsgehalts der Primarlehrer bis zu 149% bei den neu eingestellten Sekundarlehrern, in Portugal mit seinen einheitlichen Tarifen für alle Schulstufen sogar 131%. Noch stärker wird die Relation bei den Endgehältern, wo Portugal mit 243% an der Spitze steht, gefolgt von Spanien mit knapp 200% (bei den Sekundarschullehrern), während Frankreich und Italien beide etwa gleichauf bei den Anfangsgehältern deutlich unter 100% bleiben und bei den Endgehältern auf höchstens 150% kommen.

6.2 Struktur und Organisation der Lehrerbildung

In *Italien* gibt es seit dem Schuljahr 2011/2012 ein neues Lehrerbildungssystem, das im Kern eine Erweiterung des Studiengangs für die Grundschullehrer und eine Verkürzung der Ausbildung der Lehrer an Sekundarschulen vorsieht:

Grundschullehrer und Erzieher werden in jetzt 5-jährigen (früher 4-jährigen) speziellen Studiengängen an Hochschulen ausgebildet. Anschließend müssen sich die Absolventen um einen Platz in den zulassungsbeschränkten Befähigungskursen bewerben.

Lehrer für Mittel- und Sekundarschulen absolvieren ein reguläres 3-jähriges wissenschaftliches Fachstudium (Bachelor)und bewerben sich anschließend um einen Platz in den 2-jährigen zulassungsbeschränkten Masterstudiengängen. Nach dem Abschluss des Masters folgt unmittelbar ein 1-jähriges Schulpraktikum mit einer Präsenzzeit von 475 Stunden an einer Schule. Eine erfahrene Lehrkraft übernimmt die Rolle des Tutors bzw. der Tutorin.

Bezüglich der Zugangsvoraussetzungen wurde 1999 der bis dahin für alle Funktionen des öffentlichen Dienstes übliche Zugangswettbewerb mit Ranglisten für die Lehrer der Sekundarschulen nach dem akademischen Studium ersetzt durch einen zweijährigen Spezialisierungsstudiengang, für den man sich bewerben musste; die erfolgreichen Absolventen des Zusatzstudiums kamen automatisch auf die Rangliste. Die Selektion erfolgt also erst nach den schulpraktischen Studienanteilen. Das neueste System (seit 2011) verlagert die Selektion bereits auf die Ebene der Zulassung zum Master bzw. zunächst auf das letzte Jahr, das Schulpraktikum. Für Absolventen der jeweils vorigen Systeme gab und gibt es spezielle Übergangsregelungen.

In *Portugal* wurde im Zusammenhang mit der Implementation des Bologna-Prozesses offiziell der Übergang von einem instruktionistischem zu einem konstruktionistischen Ausbildungsmodell propagiert. Dort findet die Selektion zum Lehramt ebenfalls auf der Ebene der Zulassung zum Master (berufsbezogenes Masterstudium, unterschiedlich nach Schulstufen und Fächern) statt. Voraussetzung für das Lehramt an Grundschulen bzw. den Elementarbereich und Sek-I um in den berufsbezogenen Masterstudiengang aufgenommen zu werden, ist ein dreijähriger BA (180 ECTS) in Grundschulbildung, für die Sek-II ein fachspezifischer BA in einer Natur- oder Geisteswissenschaft, bzw. im künstlerischen oder technologischen Bereich, davon je nach Fach 120–160 ECTS in der Fachwissenschaft.

In Frankreich wurden die früheren *Instituts Universitaires de Formation de Maîtres (IUFM),* die 2010 bereits den Universitäten angegliedert worden waren, durch selbständige „Lehrerhochschulen" *(Ecoles Supérieures du professorat et de l'Education)* ersetzt. Diese neuen Institutionen bereiten einen eigenen zweijährigen Master für Berufe im Bildungswesen vor. Dieser Masterstudiengangvermittelt eine gemeinsame pädagogische Ausbildung für alle Berufe des Bildungswesens und dazu fachliche Spezialisierungen je nach Lehramt. Die schulpraktische Ausbildung ist in das zweite Masterjahr integriert, in dem Theorie- und Praxisphasen alternieren sollen. Die Praxisphasen werden vergütet um den Lehrberuf für alle sozialen Gruppen der Bevölkerung attraktiver zu machen (vgl. Hörner & Many 2014).

Auch in *Spanien* geht die Lehrerbildung über einen Master-Studiengang, der schulstufenspezifisch durchgeführt wird (Elementarbereich; Primarschule; Sekundarstufe I). Die Ausbildungsstufen für die Sek-II und die Berufsbildung sind bisher freiwillig. Zugangsvoraussetzung sind Abitur und eine Aufnahmeprüfung (es besteht ein Numerus clausus). Der Lehrer für die Sekundarstufe II muss vor dem Lehramts-Master ein abgeschlossenes Fachstudium nachweisen.

Spezifische Maßnahmen zur Rekrutierung von Lehrkräften in Mangelfächern

In *Frankreich* wird das Problem über die Freigabe von mehr Planstellen bei den Wettbewerbsprüfungen gesteuert (in der Regel gibt es jedoch in allen Fächern mehr Bewerber/Masterabsolventen als Planstellen!). Die gleiche Wettbewerbsstruktur löst das Problem in *Italien*.

Spanien hat einerseits einen Numerus clausus bei Studienbeginn, das Land verfügt andererseits ebenfalls über ein Wettbewerbssystem zur Aufnahme in den Staatsdienst, durch den der Bedarf reguliert werden kann. Analoge regulierende Maßnahmen trifft die *portugiesische* Regierung auf der Masterebene: die Zahl der Lehramtsmasterstudienplätze wurde in den Massenfächern um 20% reduziert, in den Naturwissenschaften, einschließlich Mathematik und Technologie entsprechend erhöht.

Unterstützung in den ersten Jahren der Berufstätigkeit gibt es in *Italien* im Rahmen des neu eingeführten Schulpraktikums, in *Frankreich* ist die Betreuung durch Tutoren in der Anfangsphase der neu eingestellten Lehrer zwar in Theorie vorgesehen, nach Expertenberichten kann dies jedoch nicht regelmäßig realisiert werden. In *Portugal* ist strukturell keine Unterstützung vorgesehen, dies zu organisieren wird der Initiative der Einzelschulen überlassen.

Rolle von Seiteneinsteigern

In *Italien* gibt es Seiteneinsteiger aus anderen Berufen vereinzelt in modernen Fremdsprachen und in neuen Technologien. In *Frankreich* gibt es Quereinsteiger in Lehrerstellen durch sog. interne Prüfungen. Das betrifft Aushilfslehrer und Erziehungsassistenten mit mindestens drei Jahren Erfahrung in der Schule.

6.3 Inhaltliche Charakteristika der Lehrerbildung

Ziele

In *Frankreich* werden per Gesetz als Kennzeichen ihrer Professionalität zehn berufliche „Kompetenzen“ als Ziel der aktuellen Lehrerbildung aus sehr unterschiedlichen Kategorien proklamiert:

- verantwortlich als Staatsbeamte handeln;
- die französische Sprache beherrschen;
- über ein hohes Fach- und Allgemeinwissen verfügen;
- seinen Unterricht aufbauen und durchführen können;
- die Arbeit in der Klasse organisieren;
- die Vielfalt der Schüler berücksichtigen;
- die Schülerleistung evaluieren können;
- die neuen Medien beherrschen;
- im Team arbeiten und mit den Eltern und anderen Partnern des Schulsystems kooperieren;
- sich (weiter-)bilden und innovativ sein.

In *Portugal* beginnt die Formulierung der Ziele auf einer sehr hohen Allgemeinheitsebene. Lehrerbildung soll zur Hebung des Bildungsniveaus des portugiesischen Volkes beitragen, d. h., das Qualifikationsniveau der Bevölkerung mindestens auf Sekundarschulniveau anheben. Mittel dazu sollen sein:

- Verbesserung der Qualität der Lehrerausbildung
- Aufwertung des sozioprofessionellen Status der Lehrer
- Anpassung der Leistung der Lehrer an die gesellschaftlichen Wandlungsprozesse unter Berücksichtigung der wissenschaftlichen und technologischen Entwicklungen und der relevanten Beiträge der Bildungsforschung.

Dagegen sind die Zielvorgaben für die neue Lehrerbildung in *Italien* eher pragmatisch:

- Ergänzung des Fachwissens durch praktisches Unterrichtswissen
- Englischkenntnisse und Verwendung neuer Technologien im Unterricht als Standard
- Schaffung eines schlankeren Lehrerbildungsmodells durch gemeinsame Planung von Schulen und Universitäten
- Kostenreduzierung durch verkürzte Studienzeiten

- Bekämpfung prekärer Beschäftigungsverhältnisse durch eine strenge und bedarfsorientierte Zulassungsbeschränkung
- strengere Selektion des Lehrpersonals.

Inhalte

In *Italien* spielte bis zum Jahr 1999 das Thema Fachdidaktik in der Ausbildung für Mittel- und Sekundarschullehrer keine Rolle. Die inhaltliche Ausgestaltung der 1999 an den Universitäten eingeführten Spezialisierungsstudiengänge für den Unterricht an Sekundarschulen lag allein bei den einzelnen Universitäten und diese unterschieden sich dementsprechend. In der Regel wurden die Studenten in den Spezialisierungsstudiengängen entsprechend ihrer Fachdisziplinen gruppiert. In welchem Verhältnis Fachdidaktik und pädagogische Fächer standen, kann nur beispielhaft durch einen Blick auf die Studienpläne eruiert werden. So sahen die Studienpläne der toskanischen Universitäten Florenz, Pisa und Siena universitätsübergreifende Spezialisierungsstudiengänge für den Unterricht an Sekundarschulen mit einer gemeinsamen Programmatik vor. Laut Art. 2 der Satzung sollte die Ausbildung der Anwärter für den Lehrerberuf an Sekundarschulen Kompetenzen in Erziehungswissenschaften und pädagogischer Interaktion, für die Unterrichts- und Schulpraxis sowie die aktuelle Fachdidaktik und ihre Genese fachspezifisch und fachübergreifend vermitteln. Außerdem war ein Schulpraktikum Bestandteil der 2-jährigen Ausbildung. Für das seit dem Schuljahr 2011/2012 geltende Modell „Master (2) plus Schulpraktikum (1)" liegen noch keine Ausbildungspläne vor. In jedem Fall ist der neue Ansatz deutlich stärker praxisorientiert.

Auch in *Frankreich* ist der größte Anteil der Lehrerausbildung bis heute auf Fachwissen ausgerichtet. Fachdidaktische Veranstaltungen gibt es zwar auch, die Vorbereitung auf die Prüfung ist jedoch fast ausschließlich fachwissenschaftlich orientiert. Die konkrete Organisation des Masters hängt von den unterschiedlichen Universitäten und Fächern ab. Allerdings ist deutlich zu merken, dass der größte Teil der Ausbildung in der Aneignung von Fachwissen besteht. Im vierten (dem letzten) Semester ist ein Praktikum, sowie die Teilnahme an erziehungswissenschaftlichen Veranstaltungen vorgesehen. Der Anteil an nicht-direkt fachlichem Wissen beträgt im besten Fall 20%. Die Einbeziehung in die pädagogische Alltagspraxis erfolgt durch das erwähnte Praktikum, meistens im letzten Semester des Masterstudiengangs.

In *Portugal* gibt es seit 2007 ein nationales Rahmencurriculum für die Lehrerbildung des Vorschul- und Pflichtschulbereichs, das folgende Bereiche umfasst: Allgemeine Pädagogik, Fachdidaktik(en), Einführung in die Unterrichtspraxis, kulturelle, soziale und ethische Bildung, Methodik der Bildungsforschung, Bildung in den Unterrichtsfächern und Lernfelder der jeweiligen Schulstufe. Im Rahmen der Grundschule wird großer Nachdruck auf die Lernfelder gelegt, die sich gleichmäßig in vier große Felder aufteilen sollen: Muttersprache, Mathematik, Umwelt (sozial-anthropologisch, historisch, geographisch, natürlich) und Ausdruck (Drama, Sport, Musik, Kunst). Ihnen werden 120–135 ECTS gewidmet. Die Absolventen des ersten Studienzyklus („Bachelor") können in einen der vier möglichen berufsbezogenen Masterstudiengänge aufgenommen werden: Master in Frühkindlicher Erziehung (60 ECTS), Grundschulpädagogik (60 ECTS) oder eine Kombination der beiden (90 ECTS), daneben auch Grundschule und Sek-I (90–120 ECTS). Innerhalb dieser Masterstudiengänge gibt es 5–10 ECTS in Bildungswissenschaften und 25–30 ECTS in Fachdidaktik. Den größten Raum nimmt die Unterrichtspraxis ein (40–45 ECTS). Zwischen den verschiedenen Schulstufen gibt es kleine Variationen.

Was die anderen Masterstudiengänge (der Sek-II) angeht, werden die Absolventen reiner natur- oder geisteswissenschaftlicher Fachstudien zum ersten Mal mit dem Lehrerberuf konfrontiert. Die vorgesehenen 120 ECTS werden von den meisten Hochschulen in einen Zweijahresstudiengang gegliedert, die wie folgt verteilt werden: 25% Bildungswissenschaft, 25% Fachdidaktik, 45% Unterrichtspraxis, 5% Vertiefung der Fachwissenschaft. Psychologische Inhalte tauchen im Kontext der Entwicklungs- und Lernpsychologie auf, soweit sie sich auf Bildungsprozesse beziehen. Andere Curriculumbausteine sind Geschichte und Philosophie der Bildung, Bildungssoziologie, Curriculumtheorie und -entwicklung, Schulmanagement, Unterrichtstechnologie, Bildungsforschung usw., die von den Hochschulen im Rahmen ihrer Autonomie angeboten werden können.

Im Grundschulstudiengang ist der Praxisbezug von Anfang an gegeben. Die Lehrerstudenten erkunden zunächst außerschulische Praxisfelder um ihren pädagogischen Horizont zu erweitern. Dann übernehmen sie schrittweise das Unterrichten von kleinen Einheiten im Rahmen von Stützunterricht bis sie in das Master-Programm einsteigen, das weitgehend der Unterrichtspraxis gewidmet ist. Die Studierenden sollen die Verantwortung für den Unterricht zuerst mit anderen Lehrerstudenten teilen und sie dann unter der Leitung eines Mentors und eines Hochschullehrers allein übernehmen. In den anderen Masterstudiengängen gewinnen die Studenten keine große Erfahrung mit unterschiedlichen Gruppen auf unterschiedlichen Schulstufen, sondern beschränken ihre Unterrichtspraxis auf eine Schule und ein oder zwei Klassen. Auch sie stehen in der Obhut eines Mentors und eines Hochschullehrers, der die Aufnahme übernimmt, die unterschiedlichen Leistungsmessungskriterien der verschiedenen Schulen zusammenzubringen. Zwischen den Hochschulen und den Schulen werden Partnerschaften geschlossen, in denen die wechselseitigen Rollen und Verantwortlichkeiten der Partner klar formuliert werden. Je nach Hochschule legen manche Curricula stärkeren Nachdruck auf kritisches Denken und Forscherhaltung als andere, um die künftigen Lehrer nicht nur zu Unterrichtstechnikern zu machen, sondern ihnen ihre gesellschaftspolitische Rolle bewusst zu machen, als wahre „professionals" kritisch zu reflektieren, was sie lehren und eher nach dem „Wozu" ihrer Lehre zu fragen als nach dem „Wie". Hierin kann man ein wichtiges Element ihrer Professionalität sehen.

In *Spanien* werden Lehramtsstudiengänge von reinen Fachstudiengängen unterschieden. Die Ausbildung der Lehrer der Sekundarstufe II unterteilt sich in reine Fachstudiengänge (ohne jegliche didaktische Komponenten) und spezifische Fachdidaktiken, die unverbunden nebeneinander stehen. Pädagogik, Psychologie und Soziologie werden als eigenständige Fächer in der Lehrerausbildung angeboten. An der Universität Valencia z.B. sind sie im ersten Kurs der Lehrerausbildung für die Vorschulerziehung und die Primarstufe enthalten. Im Curriculum der Masterausbildung für die Sekundarstufe I sind diese Fächer mit jeweils vier Kreditpunkten (ECTS) vertreten. Es gibt jedoch keine curriculare Integration für diese Fächer noch für die Fachdidaktiken. Am Beispiel des neuen Masterstudiengangs für die Lehrer der Sekundarstufe II an der Universität Valencia lässt sich die Gewichtung der einzelnen professionsspezifischen Bausteine für die Sek-II aufzeigen:

- Lehre und Entwicklung der Persönlichkeit (4 ECTS = 32 Stunden in den ersten 4 Semestern; zu Lasten (d.h. unter der Verantwortung) des Fachbereichs Psychologie)
- Prozesse und Inhalte der Erziehung (8 ECTS zu Lasten der philosophischen Fakultät und den Erziehungswissenschaften)
- Gesellschaft, Familie und Erziehung (4 ECTS zu Lasten der Soziologie und der Sozialwissenschaften)
- Ergänzungen zur didaktischen Ausbildung (6 ECTS zu Lasten der Fachwissenschaften, der Wissenschaftsgeschichte und der medizinischen Fakultät)
- Lernen und Lehren der entsprechenden Fächer der Sekundarstufe II und der Vorbereitung auf das Abitur (16 ECTS zu Lasten der Fachdidaktik der lehrerausbildenden Fakultät)
- Innovatives Lehren und Einführung in die erziehungswissenschaftliche Forschung (6 ECTS zu Lasten einer Fachdidaktik oder der Abteilung für Methoden der erziehungswissenschaftlichen Forschung der Philosophischen Fakultät und der Erziehungswissenschaften)
- Fachpraktikum (14 ECTS, wobei die Abschlussarbeit für den Master eingeschlossen ist). Dieses wird an einer Sekundarschule durchgeführt mit einem Lehrer als Mentor und einem verantwortlichem universitären Fachdidaktiker.

Die gesamte professionsspezifische Ausbildung für die Sekundarstufe II von 58 ECTS umfasst in diesem Modell also 22 Kreditpunkte für Bildungswissenschaften, 22 Kreditpunkte der Fachdidaktik und 14 Kreditpunkte für die praktische Ausbildung.

Sowohl in der Ausbildung der Grundschul- wie der Sekundarstufenlehrer sind Praktika vorgesehen, in denen die Studierenden am Unterricht der Schulklassen teilnehmen und wo sie von Lehrern angeleitet werden, die diese Aufgaben freiwillig übernehmen. Die Studenten stehen zwar unter Aufsicht von Professoren der universitären Lehrerausbildung, es muss aber kritisch angemerkt werden, dass es für diese Praktika keine Integration von Theorie und Praxis gibt, da keine Zusammenarbeit zwischen Schullehrern und Hochschullehrern vorgesehen ist.

Vorbereitung auf besondere Probleme der pädagogischen Praxis

Auch die Vorbereitung auf besondere Probleme der pädagogischen Praxis (Inklusion etc.) hängt in *Italien* von den individuellen Angeboten der einzelnen Universitäten ab.

In *Frankreich* wird der Umgang mit schwierigen Themen der pädagogischen Praxis wie *Inklusion, Heterogenität* usw. im zweiten Masterjahr durch die erziehungswissenschaftlichen Anteile vorbereitet und evtl. durch Praktika in schulischen Einrichtungen unterfüttert. Der Umgang mit diesen Themen soll dann aber vor allem in der pädagogischen Praxis als aktiver Lehrer mit Hilfe von Tutoren in den ersten Praxisjahren gelernt werden.

Berufliche Entwicklungsperspektiven

In *Spanien* ist durch die spezifischen Auswahlprüfungen für die unterschiedlichen Stufen des Bildungssystems der Wechsel in ein „höheres" System kaum möglich. Dies gilt im Prinzip auch für *Frankreich*, dort können allerdings Lehrkräfte sich durch Erfahrung, Weiterbildung und interne Prüfungen auf weitere Lehrtätigkeit spezialisieren, wie z. B. als Lehrer für Eliteklassen. Der Zugang zu Leitungsfunktionen erfolgt entweder intern auf Empfehlung von Leitungspersonal, oder die Vorbereitung darauf erfolgt in Form von Weiterbildung für einen besonderen Wettbewerb. In *Italien* muss für eine Schulleiterposition eine fünfjährige Tätigkeit als festangestellte Lehrkraft nachgewiesen werden, die Vergabe der Stellen erfolgt durch öffentliche Wettbewerbe (i.d.R. durch schriftliche Prüfungen). Die erfolgreichen Kandidaten müssen dann Vorbereitungskurse für ihre neuen Aufgaben besuchen.

Formen der beruflichen Fortbildung

Vor über zwei Jahrzehnten wurden in fast allen Autonomen Regionen *Spaniens* Lehrerbildungszentren gegründet, deren Aufgabe die Fortbildung der Primar- und Sekundarstufenlehrer ist. Zurzeit unterstützen die Schulministerien mit einem kleinen zusätzlichen Entgelt die Bereitschaft der Lehrkräfte, an mindestens 100 Stunden Fortbildung in jeweils sechs Jahren teilzunehmen. Die Fortbildungsangebote werden in der Regel von den Lehrerzentren entsprechend den Direktiven der Regierung geplant. Die meisten Fortbildungskurse werden in den folgenden Fächern angeboten: Informatik Englisch, Psychologie und Naturwissenschaften. Darüber hinaus gibt es an vielen Universitäten wie z.B. der Universität Valencia ein Postgraduierten-Studium (Master und Promotion) für fachdidaktische Forschung (zusammen mit einem weiteren Block aus den Bereichen Naturwissenschaft und Mathematik, Sozialwissenschaften sowie anderen Didaktiken), für den sich derzeit interessierte Sekundarstufenlehrer einschreiben können. Demnächst soll dieses Studium auch für Primarstufenlehrer möglich sein.

In *Italien* wird die Bedeutung der beruflichen Fortbildung im Nationalen Arbeitsvertrag für Lehrkräfte festgeschrieben. Die Lehrkräfte haben das Recht fünf Tage im Schuljahr für Fortbildungsmaßnahmen zu beanspruchen. Der Begriff „Pflicht" wird dabei nicht verwendet. Allerdings wurde die Klage einer Lehrkraft gegen eine disziplinarische Stundenreduktion wegen Fernbleibens von einer Fortbildungsmaßnahme vom italienischen Staatsrat abgewiesen und betont, dass Fortbildung eindeutig zur Grundpflicht von Lehrkräften gehöre.

In *Frankreich* spielt Weiterbildung im Lehrerberuf eine große Rolle, die immer mehr zunimmt. Sowohl staatliche als auch private Einrichtungen bieten Weiterbildungsveranstaltungen an. Die Weiterbildung wird den Lehrern angeboten und ist ein Recht jedes Lehrers, sie stellt aber keine Pflicht dar. Sie wird allerdings bei Evaluationen und beruflichen Entwicklungswünschen positiv in Betracht gezogen, so dass sie bei den meisten Lehrkräften eine gute Resonanz hat.

Literatur

Döbert, H., Hörner, W., von Kopp, B. & Reuter, L. R. (Hrsg.) (2010). *Die Bildungssysteme Europas.* Baltmannsweiler: Schneider-Verlag Hohengehren.

EACEA Eurydice (2012). Key data on Education 2012.

EACEA Eurydice (2012). The European Higher Education Area in 2012: Bologna Process Implementation Report. Verfügbar unter http://eacea.ec.europa.eu/education/eurydice/documents/thematic_reports/138EN.pdf (2012).

Europäisches Parlament: Fachreferat Kultur und Bildung Strukturpolitik und Kohäsion (2008). Inhalt und Qualität der Lehrerausbildung in der Europäischen Union. Verfügbar unter http://edz.bib.uni-mannheim.de/daten/edz-ma/ep/08/EST20841.pdf [März/April 2012].

European Commission (Ed.) (2012/2013). *Teachers' and School Heads Salaries and Allowances in Europe*. Eurydice Facts and Figures. Verfügbar unter eacea.ec.europa.eu/education/eurydice/documents/facts_and_figures/salaries.pdf.

European Encyclopedia on National Education Systems: France (o.J.). Verfügbar unter https://webgate.ec.europa.eu/fpfis/mwikis/eurydice/index.php/France:Specific_Ongoing_Reforms_and_Policy_Developments_at_National_Level#Developing_experimentation_and_innovation.

European Encyclopedia on National Education Systems: Portugal (o.J.). Verfügbar unter https://webgate.ec.europa.eu/fpfis/mwikis/eurydice/index.php/Portugal:Initial_Education_for_Teachers_Working_in_Early_Childhood_and_School_Education [Juni 2012].

Eurostats (2011). Trends in European Education During the Last Decade. Verfügbar unter http://epp.eurostat.ec.europa.eu/portal/page/portal/product_details/publication? p_product_code=KS-SF-11-054 [März/April 2012].

Eurydice (2002). Der Lehrerberuf in Europa: Profil, Tendenzen und Anliegen. Bericht I. Lehrerbildung und Maßnahmen für den Übergang in das Berufsleben. Allgemeinbildender Sekundarbereich I. Verfügbar unter http://edkwww.unibe.ch/xd/2003/48.pdf.

Hörner, W. & Many, G.: France. In: Döbert, H. u.a. (Eds.): *The Education Systems of Europe*. Dortrecht: Springer 2014 (im Druck).

OECD (2008). *Education at a Glance 2008*. Verfügbar unter www.oecd.org/education/skills-beyond school/41284038.pdf.

OECD (2012). Teacher Education Curricula in the EU. Final Report. (2009). Education and Training 2010: Three studies to support School Policy Development, Lot 2. Finnish Institute for Teachers salaries Annual statutory salaries in public institutions, minimum training. Verfügbar unter http://www.oecd-ilibrary.org/education/teachers-salaries_teachsal-table-en.

OECD (2013). TALIS 2013 Teaching and Learning International Survey 2013. Verfügbar unter http://www.oecd.org/document/6/0,3746,en_2649_39263231_47766184_1_1_1_ 1,00.html [Juni 2012].

Santiago, P. u. a.: Teacher Evaluation in Portugal. Gesamtstudie (2009). OECD. Verfügbar unter http://www.oecd.org/dataoecd/17/32/43327186.pdf [März/April 2012].

7. Lehrerbildung in Polen im Umbruch

Inetta Nowosad

7.1 Lehrerbildungsreform zwischen Tradition und Innovation

Der europäische Hochschulraum (oft auch als europäischer Hochschul- und Forschungsraum bezeichnet) ist der durch den seit 1999 zu realisierenden Bologna-Prozess definierte Hochschulraum in Europa mit wesentlichen strukturellen, organisatorischen und inhaltlichen Veränderungen. Die internationale Zusammenarbeit wurde wesentlich verstärkt, was sich nicht zuletzt in der Anzahl der Staaten, die die Bologna-Erklärung akzeptieren, widerspiegelt. Der Prozess der Realisierung zeigte jedoch trotz einheitlicher politischer Rahmenbedingungen eine jeweils spezifische Dynamik, die sich weitgehend aus der Konstellation von Traditionen in den einzelnen Staaten und der Politik der Europäischen Union erklärt. Das gilt auch für Polen: Eine erste Bilanz der Veränderungen, die auch im polnischen Hochschulwesen stattgefunden haben, zeigt, dass die meisten Kontroversen um den Bologna-Prozess im Rahmen der Lehrerbildung aufgetreten sind. Es gibt verschiedene Ursachen für diesen Sachverhalt, wie z. B. die Korrelation zwischen der Bologna Erklärung und den Anforderungen an die berufliche Lehrervorbereitungsphase zur Arbeit in der neuen reformierten Schule.[1] Die demografischen Entwicklungen und die Bedürfnisse des Arbeitsmarktes haben sich in Polen als besonders wichtig erwiesen (Uździcki, 2009). Sie haben die eingeführten Lösungen enorm beeinflusst.

Im Folgenden sollen der Stand der Realisierung des Bologna-Prozesses, die derzeitige Struktur der Lehrerbildung sowie die aufgetretenen Dilemmata näher beschrieben werden. Um den Entwicklungsprozess, die Probleme und den Zustand der Lehrerbildung in Polen mit seinen spezifischen Dilemmata besser zu verstehen, soll zunächst die Aufmerksamkeit auf den breiten Kontext der Veränderungen des Hochschulwesens gelenkt werden.

---

1 Im Jahre 1999 wurde in Polen eine Schulreform durchgeführt. Die Reform hat die folgenden Veränderungen beabsichtigt: die Verbreitung der mittleren und höheren Bildung, den Chancenausgleich in Bezug auf den Zugang zur Bildung, die integrative Verbindung von Erziehung, der Bildung von Fähigkeiten und Fertigkeiten sowie der Aneignung von Wissen. Die Reform enthielt gleichzeitig die Vorbereitung der schon vorhandenen Lehrer zum Umgang mit den neuen Aufgaben sowie die Ausbildung und Vorbereitung der künftigen Lehrer zur Arbeit in der reformierenden Schule.

Veränderungen im polnischen Hochschulwesen

Die zwei letzten Dekaden kann man im Hochschulwesen als eine Zeit intensiver Entwicklungen bezeichnen. Der Entwicklungsprozess hat 1989 angefangen. Die damalige staatliche Transformation hat im Endeffekt zu einer breiten Streuung der Lehrerbildungsinstitutionen und der von ihnen angebotenen Programme in Polen geführt. Auf Grund des *Gesetzes zur Hochschulbildung vom 12. September 1990* wurden die institutionellen Autonomieprinzipien, die Unabhängigkeit gegenüber staatlicher Verwaltung und die akademische Freiheit (in Form von der freien Forschung und unabhängiger Lehre) eingeführt. Neue Führungsgrundsätze im Hochschulbereich wurden durch Maßnahmen wie z. B. durch ein konkurrenzfähiges Finanzierungssystem und die Entwicklung interner Autonomie realisiert. Das Gesetz hat die Möglichkeit geschaffen die Studiengebühren für einige Studiengänge (Typen) einzuführen, was wiederrum auf die Entwicklung des Studienangebots (Abendstudium, Fernstudium) der öffentlichen Hochschulen und Universitäten wirkte. Ein weiterer Reformaspekt, der durch das Gesetz angeregt wurde, betraf die Möglichkeit zur Gründung privater Hochschulen. Die privaten Hochschulen und Universitäten entwickelten sich sehr dynamisch und im Studienjahr 2007/2008 konnte man schon 324 Hochschulen dieser Art verzeichnen.

Weitere Reformen wurden im Rahmen des *Gesetzes zur Berufshochschulbildung vom 26. Juni 1997* durchgeführt. Das Gesetz schuf die rechtliche Grundlage für die Entstehung der öffentlichen und privaten Berufshochschulen, die die Befugnis zur Verbreitung ihres Studienangebots und Verleihung des BA-Grades oder eines gleichgestellten Grades bekommen haben. Am 27. Juni 2005 wurde eine neue *Verordnung über das Hochschulwesen* verabschiedet, die die bisher genannten Gesetze und Verordnungen ersetzte. Erneut formulierte man die Grundlagen der Organisation und des Funktionierens des polnischen Hochschulwesens, diesmal unter der besonderen Berücksichtigung der Bologna-Erklärung. Diese Verordnung bestimmte die wichtigsten Institutionen und Organe des Hochschulwesens, wie z. B. den Obersten Rat für das Hochschulwesen, die Staatliche Aufsichtskommission über das Hochschulwesen und die Rektorenkonferenzen. In Folge der neuen rechtlichen Veränderungen kann man eine intensive quantitative Entwicklung im Hochschulwesensbereich verzeichnen. Die Zahl aller Hochschulen stieg von 112 im Studienjahr 1990/1991 bis auf 456 im Studienjahr 2008/2009, wobei 131 öffentliche Hochschulen und 325 private Hochschulen sind (davon werden 13 durch die Kirche bzw. konfessionelle Organisationen geführt). An allen Hochschulen studierten 2010/2011 ca. 2 Millionen Studierende.

Seit Mitte der 90er Jahre haben die Hochschulen in Polen angefangen, das zweigliedrige Studiensystem zu realisieren. Es handelt sich um das dreijährige Aufbaustudium ersten Grades (*undergraduate*) und das zweijährige Studium zweiten Grades (*graduate*): „3+2"-Modell. Am Anfang wurde das zweigliedrige Studium als Alternative zum regulären Studium (vier- bis fünfjähriges Magisterstudium) angeboten. Das gegenwärtige System „3+2" gilt an allen Hochschulen in Polen.

Das Studium an den Hochschulen in Polen ist grundsätzlich kostenfrei. Lediglich in Sonderfällen, wenn bestimmte Leistungen nicht erbracht wurden oder auch die Wiederholung eines Semesters bzw. einzelner Fächer sind nicht unentgeltlich. Aufnahmebedingung an allen Hochschulen und Universitäten in Polen ist das bestandene Abitur (*Matura*). Über die Aufnahme zum Studium entscheiden die Ergebnisse der Abiturprüfung. Jedoch können die einzelnen Hochschulen und Fakultäten zusätzliche Eingangsvoraussetzungen, wie z. B. Eignungsgespräch, einführen.

Zum Stand der Realisierung des Bologna-Prozesses

Im polnischen Hochschulwesen sind bedeutungsvolle Fortschritte im Rahmen der Verwirklichung der Bologna-Erklärung seit 1999 zu verzeichnen. Die genannte Verordnung über das Hochschulwesen von 2005 hat im vollen Ausmaß die Empfehlungen der Bologna-Erklärung berücksichtigt. Im Dezember 2004 wurde eine „Bologna Expertenkommission" gegründet. Zu den Aufgaben dieser Kommission gehörte vor allem das Propagieren des Bologna-Prozesses und seiner Ziele im akademischen Bereich. Die Kommissionsmitglieder fungierten auch als Berater des Ministeriums in Sachen Bologna-Prozess.

Nachfolgend soll ein Überblick über die Realisierung des Bologna-Prozesses in Polen gegeben werden.

Die Entwicklung des dreigliedrigen Studiensystems

Die polnischen Hochschulen und Universitäten haben die Struktur und Organisation des Studiums dem Modell „3+2+3" angepasst. Es beinhaltet über die schon beschriebene Struktur (BA-Studiengänge bzw. Diplom-Ingenieur-BA) hinaus auch das Master (MA)-Studium und ein eventuelles Promotionsstudium. Die Verordnung über das Hochschulwesen schuf die gesetzlichen Rahmenbedingungen für die Entstehung dieser dreigliedrigen Studienstruktur. Durch eine Verordnung aus dem Jahre 2006 wurden die Hochschulen und Universitäten zur Einführung solch einer Studienstruktur verpflichtet. In der Folge ersetzte man die bisher angebotenen einheitlichen Magisterstudiengänge durch die verpflichtende zwei- bzw. dreigliedrige Studienstruktur.

Das Studium in vier Studienrichtungen (Kosmologie, Sozialarbeit, Medizinische Rettungsassistenz, Zahnärztliche Techniken) sollen ausschließlich als Studienrichtungen des ersten Grades angeboten werden. Für elf Studienausrichtungen (unter anderem für das Schauspielstudium, für Medizin, Pharmakologie, Jura und Psychologie) wird die Studienstruktur unverändert bleiben. Sie sollen als einheitliche Magisterstudiengänge angeboten werden. Zwei Studienrichtungen überlassen die Wahl den Studierenden. Sie werden sowohl in Form des zweigliedrigen Studiums als auch als einheitliches Magisterstudium angeboten.

Promotionsstudien werden an den Fakultäten und in den Instituten nach wie vor angeboten, die eine entsprechende Genehmigung zur Promotion erhalten haben. Die entsprechende Zulassung wird durch die Hauptkommission für wissenschaftliche Titel und Grade auf Grund der wissenschaftlichen Qualität vergeben und ist von der Zahl der Wissenschaftler mit Professorentitel oder mit Habilitation abhängig. Um eine Aufnahme zum Promotionsstudium können sich nur Kandidaten mit Master- oder Magistergrad oder mit gleichgestelltem Grad bemühen. Das drei- bis vierjährige Promotionsstudium kann als Direkt- oder Fernstudium angeboten werden. Die Doktoranden haben die gleichen Ansprüche wie die BA- und MA-Studierenden (wie z. B. Sozialversicherung, Krankenversicherung, soziale Unterstützung in Form von Stipendien, Unterstützungen in Falle eines Unfalls).

Das europäische System der Leistungspunkte und Akkumulation (ECTS)

Seit Mitte der 90er Jahre haben die Hochschulen und Universitäten in Polen auf freiwilliger Basis an dem Europäischen Credit-Punkte-System oder am European Credit Transfer System (ECTS) teilgenommen. Meistens sind es in Polen öffentliche Hochschulen mit einer ökonomisch-humanistischen Studienausrichtung.

Eine bedeutsame Mehrheit von ihnen verwendet das ECTS-System schon für alle Studienrichtungen und -typen. In rasantem Tempo wächst die Zahl der öffentlichen Berufshochschulen und privaten Hochschulen und Universitäten, die ECTS einführen, weil die Verordnung über das Hochschulwesen sie dazu verpflichtet. Alle Hochschulen und Universitäten sind nunmehr gehalten, die Transferpunkte im Studium des ersten und zweiten Grades zu übernehmen und zu akzeptieren.

Diploma Supplement

Im Studienjahr 2000/2001 wurde ein Versuchsprojekt in 69 Hochschulen und Universitäten aller Typen eingeführt, welches das Supplement für das Diplom (*Diploma Supplement)* als zusätzliches Dokument einsetzen sollte. Das Formular des Supplements wurde für Projektzwecke in polnischer und englischer Version erstellt. Die positive Beurteilung, die das Versuchsprojekt vom Ministerium für Wissenschaft und Hochschulwesen bekommen hat, entschied über Einführung des Supplements in allen Hochschulen und Universitäten. Dafür sprach auch die Notwendigkeit der zusätzlichen Informationen über das Studium selbst und über die akademischen und beruflichen Fähigkeiten und Fertigkeiten der Studierenden. 2005 hat man alle Lehranstalten obligatorisch dazu verpflichtet, das Supplement des Diploms den Studenten auszustellen. Das Supplement wird kostenlos und automatisch in der polnischen Sprache und auf Wunsch des Absolventen im Englischen ausgestellt. Seit Januar 2007 ist das Supplement auf französisch, deutsch, spanisch und russisch erhältlich. Das Supplement gibt Informationen über das abgeschlossene Studium, die Fähigkeiten des Absolventen, die Hochschule bzw. die Universität und über das polnischen Bildungssystem und Hochschulwesen. Es gibt derzeit keine rechtliche Grundlage für das Ausstellen eines Supplements für Absolventen der Promotionsstudiengänge. Die Realisierung der Verordnung über das *Diploma Supplement* prüft die polnische Bologna-Expertenkommission im Rahmen der externen Evaluation der Bildungsqualität an den Hochschulen und Universitäten.

Bildungsqualität

Auf Grund der Hochschulautonomie wurden die früheren Dilemmata der Bildungsqualität im Rahmen der einzelnen Hochschulen weitgehend gelöst. Seit 1990 werden Aufgaben, die vor allem die Qualität der Lehre und des Studiums betreffen, durch die dazu berufenen Gremien[2] vorgenommen. Diese Gremien bestehen aus den Akademikern und Vertretern der staatlichen Verwaltung. Im Jahre 2002 wurde die Staatliche Kommission des Hochschulwesens (Państwowa Komisja Akredytacyjna – PKA) ins Leben gerufen, die die Entwicklung des Hochschulwesens überwacht und die Evaluation der Qualität an allen polnischen Hochschulen und Universitäten durchführt. Diese Kommission ist eine unabhängige staatliche Agentur, deren Mitglieder durch den Minister für Wissenschaft und Hochschulwesen berufen werden. Die Kandidaten werden durch den *Obersten Rat des Hochschulwesens, die Rektorenkonferenz der akademischen und beruflichen Hochschulen*, das *Studentenparlament der Republik Polen, die Hochschul- und Universitäts-Senate, durch staatliche Vereine der Wissenschaft sowie durch die Arbeitgeberverbände* vorgeschlagen. Zu den Aufgaben der Staatlichen Hochschulkommission gehören u. a. die Bewertung der Qualität aller Studienrichtungen, die Beurteilung der Gründungsdokumente und der Anträge auf Eröffnung von neuen Hochschulen und Universitäten, die Begutachtung von Anträgen auf ein neues Studienangebot bestimmter Richtungen und Stufen. Die Kriterien und Prozeduren zur

2 Gemäß der Verordnung vom 12. September 1990 über das Hochschulwesen wird die Beurteilung der Bildungsqualität dem Haupthochschulrat überlassen. Im Falle der Berufshochschulen wird diese Aufgabe dagegen durch den Hochschulausschuss des Berufshochschulwesens ausgeführt.

Beurteilung und Bewertung wurden veröffentlicht. Die durch den Obersten Rat für das Hochschulwesen erarbeiteten Gutachten und Empfehlungen werden dem Minister für Wissenschaft und Hochschulwesen übermittelt.

Zieht man eine vorläufige Bilanz der letzten zehn Jahre der Durchführung des Bologna-Prozesses in Polen, dann lassen sich die folgenden Ergebnisse festhalten:

- Die Einführung des dreigliedrigen Studiums in ca. 60% aller Studienrichtungen in den öffentlichen Hochschulen.
- Der Ausbau des Systems des Promotionsstudiums.
- Die Einführung der Grundsätze des Transfers von Leistungspunkten der Studenten im Rahmen des ECTS-System in 85% von 116 Studienrichtungen.
- Die obligatorische Einführung des „Diploma Supplements".
- Die Einberufung des „Staatlichen Hauptakkreditierungsrats des Hochschulwesens" und des „Universitäreren Akkreditierungsrats".
- Die Intensivierung des Studentenaustauschs und des akademischen Austausches im Rahmen der verschiedenen Programme der internationalen Zusammenarbeit, vor allem Tempus, Sokrates und Erasmus. Die Quote der Studenten, die ein Auslandsstudium in Anspruch nehmen, ist jedoch nach wie vor sehr begrenzt und liegt zwischen 1 und 3 Prozent.

Die universitäre Lehrerbildung in Polen steht heute vor neuen Problemen. Bevor diese Probleme beschrieben werden, soll zuvor kurz die Struktur der Lehrerbildung in Polen dargestellt werden.

7.2 Zur Struktur der Lehrerbildung in Polen

Die Lehrerschaft bildet die größte Berufsgruppe in Polen. Von ihr wird seit den 70er Jahren des vergangenen Jahrhunderts eine akademische bzw. universitäre Ausbildung sowie eine permanente berufliche Selbst- und Weiterbildung erwartet. Die Lehrerbildung für die Schulen der verschieden Stufen und Typen findet in Polen in verschiedener Art und Weise statt: einerseits durch die Ausbildung im Studium und anderseits durch eine nachträgliche Qualifizierung im Schulsystem selbst (in der Regel nach Absolvierung eines Fachstudiums).

Die Lehrerbildung an den Hochschulen und an den Universitäten wurde 2005 durch das Gesetz über das Hochschulwesen geregelt. Die Studiengänge für Lehrerbildung werden in verschiedenen Hochschulen angeboten. Dazu gehören die Universitäten, die Polytechnische Hochschulen, die Akademien und Berufshochschulen, die eine Befugnis zum Erteilen des wissenschaftlichen Doktortitels haben. Zum Lehrerberuf bereiten folgende Studientypen vor:

- Das Studium erstes Grades (BA-Studiengänge und Ingenieursstudium)

- Das Studium zweites Grades (MA-Studiengänge)
- Das einheitliches Studium (Magisterstudium)
- Das postgraduale Studium.

Bei der Aufnahme der Kandidaten für die Lehrerstudienrichtungen werden keine Limits für die Zahl der Studierenden gesetzt. Die Hochschulen haben in dieser Hinsicht weitgehende Autonomie. Die Anforderungen des Staates werden durch die berufliche Anforderungsfestlegung für den Beruf „Lehrer" realisiert, indem die staatlichen Organe das Minimum für die Studienprogramme in der Lehrerbildung vorschreiben.

Die Lehrerbildung an den Hochschulen bzw. an den Universitäten wird meistens in Form von verschiedenen Studienfachrichtungen, die Spezialisten für entsprechende Berufsgruppen vorbereiten, mit angeboten. Ein Beispiel: In der Studienfachrichtung Chemie werden entsprechende Absolventen für die Industrie, für die Forschung und für die Wissenschaft und eben auch für die Schule – nämlich die Fachlehrer für Chemie – ausgebildet. In der Studienfachrichtung klassische Philologie werden entsprechende Spezialisten für Verlage, für die Forschung und die Wissenschaft und auch wieder für die Schule ausgebildet – als Lehrer für Latein und Griechisch. Im Rahmen von vielen Studienrichtungen haben die Studenten die Möglichkeit, die Spezialisierung „Lehrer" zu erlangen und die pädagogischen Voraussetzungen (Pädagogik, Psychologie, Didaktik usw.) während des Studiums zusätzlich zu absolvieren. Der Studierende kann das Studium ohne Spezialisierung beenden und die pädagogische Vorbereitung zur Arbeit in der Schule erst nach dem eigentlichen Studium erlangen. Solche Möglichkeit geben postgraduales Studien oder entsprechende Qualifikationskurse. Die Hochschulen haben bis jetzt die Lehrer für ein Unterrichtsfach ausgebildet, aber in den letzten Jahren gemäß den Bildungsstandards für die Lehrerbildung das Angebot erweitert. Es wurde ein Studium mit zwei „Spezialisierungen" (Lehrer mit zwei Fächern) eingeführt, indem man, wie z. B. in Deutschland oder in anderen europäischen Staaten, naheliegende Fächer im Studium verbunden hat, z. B. Mathematik und Physik oder Chemie, Geschichte und Politische Bildung (Gesellschaftswissenschaft), Englisch und Deutsch.

Studienprogramme und Studienpläne im Hochschulwesen bestimmen die Hochschulen selbst nach dem Autonomieprinzip. Das Oberste Rat des Hochschulwesens als „übergeordnete Gewalt" gegenüber allen Hochschulen und Universitäten in Polen formuliert die Mindestforderungen in Bezug auf Studienprogramme für alle Studienrichtungen und die Mindeststundenzahl für die einzelnen Studienfächer. Die Mindeststundenzahl für ein sechssemestriges BA-Studium (das Studium ersten Grades) liegt bei 2200 Stunden; dagegen werden zehn Semester eines Magisterstudiums nach 3000 Stunden absolviert. Das Lehramtsstudium in Polen wird in der Regel in den Hochschulen erweitert. Die Hochschulen lassen sich mit Mindeststundenzahlen nicht zufrieden stellen. Jede Hochschule bietet abhängig von den Studienrichtungen mehr Stunden an. Das BA-Studium wird im Durchschnitt mit 2300 bis 2500 Stunden absolviert und im Magisterstudium werden von 3300 bis 3500 Stunden über zehn Semester realisiert.

Die Ausbildung der Lehrkräfte und die Mindeststundenzahl, die für ihre pädagogische Vorbereitung notwendig ist, beinhaltet im Einzelnen:

- BA-Studium (sechs Semester) mit der Vorbereitung auf das Unterrichten in zwei Fächern: 510 Stunden (330 Stunden Theorie und 180 Stunden Praktika)
- Magisterstudiengang (zehn Semester) mit der Vorbereitung auf das Unterrichten in einem Fach: 480 Stunden (330 Stunden Theorie und 150 Stunden Praktika)
- Magisterstudiengang (zehn Semester) mit der Vorbereitung auf das Unterrichten in zwei Fächern: 600 Stunden (390 Stunden Theorie und 210 Stunden Praktika).

Für den zweiten Weg, der Qualifizierung im Schulsystem, gelten folgende Bildungsstandards für die Lehrerbildung. In den Lehrerkollegien, die die angehenden Lehrer aufnehmen und auf das Unterrichten in zwei Fächern vorbereiten sollen, stehen Anforderungen im Umgang mit Lehrplänen, das Angebot an Unterrichtsfächern, Ausmaß und Schwerpunkte der pädagogischen Praktika sowie die erwarteten Fähigkeiten der Absolventen im Mittelpunkt. Lehrerbildung in den Lehrerkollegien wird nach den Schulfächern angeboten. Es ist ähnlich wie an den Hochschulen bzw. an den Universitäten: Durch das Ministerium werden ebenfalls die Qualifikationen, die von den Lehrern erwartet werden, und die Mindeststundenzahl, die für die pädagogische Vorbereitung in den Lehrerkollegien zu realisieren sind, bestimmt:

- Dreijährige Qualifizierung in Lehrerkollegien mit der Vorbereitung auf das Unterrichten in zwei Fächern: 540 Stunden für die pädagogische Vorbereitung (360 Stunden Theorie und 180 Stunden Praktika).
- Dreijährige Qualifizierung in Lehrerkollegien für Fremdsprachenunterricht: 510 Stunden für pädagogische Vorbereitung (360 Stunden Theorie und 150 Stunden Praktika).

Die pädagogischen Kompetenzen der Absolventen wurden in den neuesten Regelungen folgendermaßen formuliert:

- Vorbereitung im Rahmen des ausgewählten Fachs.
- Vorbereitung im Rahmen von Psychologie und Pädagogik.
- Vorbereitung im Rahmen der Fachdidaktik.
- Kompetenz im IT-Bereich.
- Sprachkenntnisse in mindestens einer Fremdsprache (Level B2).
- Fähigkeit zur Zusammenarbeit mit den Schülern, Lehrern, Eltern und mit dem außerschulischen, gesellschaftlichen Umfeld.

- Die Fähigkeit zur Übernahme von Aufgaben, die über das unterrichtete Fach hinausgehen.
- Die Fähigkeit zur Gestaltung eigener pädagogischen Arbeit, von Projekten und Mustern einer guten pädagogischen Praxis.

Personen, die über eine höhere Bildung verfügen und eine pädagogische Vorbereitung oder eine Qualifizierung in einem Lehrerkollegium absolviert haben, dürfen in einer von ihnen ausgewählten Schule oder in einer pädagogischen Institution als voll qualifizierte Lehrkraft im gesamten Land eingestellt werden. In Polen gibt es keine Endphase der Lehrerbildung, die auf der formalen Qualifizierung am Arbeitsplatz (*final on-the-job qualifying phase*) beruht. Der Absolvent wird erst auf Probezeit (ein Schuljahr) eingestellt, um Berufspraxis zu sammeln und die Beförderung zum Vertragslehrer zu bekommen. Die Lehrer-Praktikanten stellen eine breite Gruppe von Lehrern dar, die in einer vierstufigen Skala der Lehrerqualifikations-Prozedur die niedrigste Stelle einnehmen.[3] Lehrer werden vom Schuldirektor auf der Grundlage einer offenen Stellenausschreibung eingestellt.

7.3 Derzeitige Probleme und innovative Ansätze in der Lehrerbildung

Die Lehrerbildung wurde in Folge der radikalen politischen Veränderungen und der konsequenten Berücksichtigung des Bologna-Prozesses vor eine Reihe von Dilemmata gestellt. Nur die wichtigsten sollen hier kurz angedeutet werden.

Wie schon gesagt, dürfen die angehenden Lehrer in Polen gemäß der gültigen rechtlichen Grundlagen ihre berufliche Qualifikation in verschiedenen Institutionen (wie Universität, Polytechnische Hochschule, Pädagogische Akademie, Wirtschaft Akademie, Sportakademie, Akademie der Landwirtschaft, Berufshochschule und nicht zuletzt in den Lehrerkollegien selbst) erlangen. Diese Form der Lehrerbildung in verschiedenen Arten der Hochschulen und in der Praxis hat sowohl Vorteile als auch Nachteile. Als Vorteil kann man sicher die Vorbereitung schon während des Studiums auf den Berufszweck nennen. Dadurch werden die Berufschancen der Absolventen bei einer schon jetzt schwierigen Situation auf dem Arbeitsmarkt günstiger. Als Nachteil kann man dagegen das nicht so hohe Niveau und den wenig direkten Bezug zu den Veränderungen am Arbeitsmarkt bemängeln. In Polen gibt es zurzeit über

3 Gemäß des abgeänderten Lehrergesetzes aus dem Jahre 2006 wurde in Polen eine Prozedur (ranking) der beruflichen Qualifikation für die Lehrer eingeführt. Dem Lehrer können die folgenden Titel verliehen werden: Lehrer-Praktikant, Vertragslehrer, berufener Lehrer und Diplomlehrer. Es besteht die Möglichkeit dem Diplomlehrer für seine besondere berufliche Erfolge einen Ehrentitel – Professor des Bildungswesen – zu verleihen.

17 Universitäten, die in 400 Studiengängen die Lehrerbildung in verschieden Formen betreiben: Es sind kostenlose und entgeltliche Studiengänge, BA- und MA-Studiengänge, solche in Form von Direktstudium und Fernstudium, Tages- und Abendstudium usw. Betrachtet man die Lehrerbildung für alle öffentlichen (staatlichen) und privaten Hochschulen, dann verwundert die „Überproduktion von Lehrern" nicht. Die Bildungspolitiker und Bildungsforscher betonen immer wieder, dass die Aufnahme von Kandidaten zum Lehrerberuf (Lehramtsstudium) sowohl die aktuelle Nachfrage als auch die demografischen Prozesse (Prognosen) berücksichtigen sollte. Der Lehrerbedarf wird derzeit bis zum Jahr 2015 völlig gestillt. Daher lässt sich in Polen schon seit einigen Jahren eine beunruhigende Entwicklung beobachten: Absolventen der Lehramtsstudiengänge haben oft kaum Chancen für eine Einstellung im studierten Beruf und nehmen somit irgendein Stellenangebot an, meistens in der Dienstleistungsbranche.

Die meisten Experten und Schuldirektoren sprechen sich für die Übernahme der Lehrerbildung durch die Universitäten aus, weil sie erfahrungsgemäß eine hohe Bildungsqualität gewährleisten können. Das wirft aber die Frage auf, wie die Hochschule bzw. Universität – und auf welcher rechtlichen Grundlage – über die Aufnahmekriterien und die Selektion der Kandidaten für die Lehrerbildung entscheiden soll. In Polen gibt es keine Form der zentralen Steuerung und des Zugangslimitierens im Bereich des Hochschulwesens, wie etwa in Deutschland, wo für manche Studiengänge ein *Numerus clausus* gilt. In dieser Hinsicht liegt die alleinige Entscheidung bei den Hochschulen in Polen. Die Bildungspolitik des Staates stellt nur die Anforderungen in Bezug auf Qualifikationen zur Einstellung der Lehrer fest und macht Vorgaben zu den Mindestprogrammen für das Lehramtsstudium. Der freie Zugang zu den Hochschulen ist ohne Zweifel günstig für alle Interessierten an einem Studium. Aus verschiedenen Gründen (z. B. aus personellen, finanziellen und organisatorischen Gründen) wird inzwischen an vielen, vor allem staatlichen Hochschulen die Kandidatenzahl durch eine Aufnahmeprüfung reduziert. Es werden differenzierte Formen des Einschreibens durch die Hochschulen eingeführt. Im Endeffekt werden die Studieninteressierten nach verschiedenen Formen der Selektion mit unterschiedlichen Kriterien, die sich an den Hochschulen in Polen zum Teil erheblich unterscheiden können, als Lehramtsstudenten aufgenommen. Dagegen gibt es an den privaten Hochschulen gar keine Aufnahmebedingungen (außer das Abiturzeugnis), was auch wieder (allerdings in negativer Hinsicht) Einfluss auf die Auswahl der künftigen Lehrer hat (Wiłkomirska 2005, S. 3–4).

Es gibt einen dringenden Bedarf an einer Neudefinition des Lehrerprofils und der Lehrerrolle in der Wissensgesellschaft unter der Perspektive des lebenslangen Lernens. Es geht vor allem um die Schaffung von „Katalogen neuer Lehrerkompetenzen im Europa des Wissens". Diese Idee hat viele Anhänger im Kreis der EU-Politiker. Die ersten Arbeiten in dieser Richtung wurden schon zusammen mit der Schaffung von Standards für Lehrerbildung aufgenommen. Dies ist enorm wichtig, um die Lehrer direkt nach dem Studium so gut wie möglich auf die didaktisch-erzieherische Arbeit in der Schule des 21. Jahrhundert vorzubereiten. Der Lehrer von Heute soll das lebenslange Lernen akzeptieren und realisieren, weil das Wissen aus dem Studium immer schneller veraltet. Die ständige Weiterbildung gilt daher als wesentliches Element des Europäischen Hochschulraums. Der Lehrer muss in der Lage sein, sich ständig während des gesamten Berufslebens weiterzubilden. Eine besondere Stellung nehmen in der Arbeit der heutigen Lehrer die Fort- und Weiterbildungsmaßnahmen zur IT-Branche ein. Die notwendigen Fähigkeiten müssen entwickelt werden, um Selbstweiterbildung und berufliche Vollkommenheit verwirklichen zu können (Furmańska 2005, S. 14–17). Wenn aber das Erlangen von Fähigkeiten und beruflichen Qualifikationen nur durch den beruflichen Aufstieg innerhalb der beschriebenen Qualifikationstypen der Lehrer, der für Lehrer ohnehin vorgesehen ist, geschaffen wird, dann dürften die Ergebnisse nicht unbedingt zufriedenstellend sein. Das Absolvieren der zusätzlichen Weiterqualifikationen steigert nicht die Konkurrenzfähigkeit des Lehrers auf dem Arbeitsmarkt. In letzter Zeit wird daher diskutiert, dass die Evaluation von Studienprogrammen für die Lehrerbildung in den Schulen stattfinden soll, in denen die Absolventen die ersten Schritte im Lehrerberuf machen. Dort sind die Ergebnisse des Studiums deutlicher sichtbar (Wiłkomirska 2005).

Das nächste Dilemma betrifft die Heterogenität des Lehrerbildungssystems. Unterschiede entstehen, weil die Studenten in verschiedenen Hochschultypen ausgebildet werden. Es gibt staatliche und private, akademische und nicht akademische Lehranstalten, die unterschiedliche Studienprogramme in Bezug auf die pädagogische Vorbereitung und das Studienfach anbieten (Kucharska 2005, S. 208). Außerdem wird die Lehrerausbildung in jeder einzelnen Studienfachrichtung anders gestaltet, was wiederrum zur Vernachlässigung der Spezialisierung im Lehramt führen kann und die Schaffung von einheitlichen Ansätzen für eine zukünftige Lehrerbildung ohne Rücksichtnahme auf das studierende Hauptfach behindert. Immer öfter wird die Überzeugung verbreitet, dass die Lehrer der verschiedenen Unterrichtsfächer unterschiedlich auf die Berufsausübung vorbereitet sein sollten. Das ist eine ziemlich irrige Vorstellung. Wahr ist, dass die angehenden Lehrer verschiedener Schulfächer eine unterschiedliche meritorische und methodische Ausbildung benötigen. Das Wesentliche am Lehrerberuf ist jedoch stets das Gleiche: die pädagogisch-psychologische Arbeit mit den Schülern. Unter dieser Sicht gibt es neue Vorschläge für gewisse grundsätzliche organisatorische Veränderungen. Das sind z. B. die Schaffung eines interdisziplinären Studiums an den Universitäten und Hochschulen oder die Einrichtung eines Instituts ausschließlich für Lehrerbildung mit der Integration aller wissenschaftlich-didaktischen Bemühungen in dieser Hinsicht. Die Einführung solcher Lösungen wäre für Polen eine Art Meilenstein für die Entwicklung von Praxis und Theorie der Lehrerbildung (Wiłkomirska 2005).

Reflexionen über die Lehrerbildung in Polen zeigen, dass die Schaffung eines effektiven und einheitlichen Weiterbildungssystems für Lehrer in ganz Polen von Bedeutung wäre. Die berufliche Weiterbildung für Lehrer, die an den Hochschulen angeboten wird, sollte nicht nur auf Marktbedürfnisse und Einstellungsmöglichkeiten Rücksicht nehmen, sondern auch den Anforderungen entgegenkommen, vor die die Absolventen der Lehramts-Fachrichtungen in einer reformierten Schule gestellt sind. Im und durch den Prozess der Lehrerausbildung und -weiterbildung sollte der Lehrer gewisse methodische und praktische Kompetenzen erlangen, die an das Wissen der Entwicklungspsychologie und Erkenntnispsychologie angelehnt sind. Zu den Hauptaufgaben der höheren Bildung gehört die Vorbereitung der angehenden Lehrer auf das selbstständige Entscheiden und auf die Suche nach gesellschaftlich-erzieherischen Lösungen (Włoch 2005, S. 221–227). Vorliegende Untersuchungen zeigen eindeutig die mangelhafte Vorbereitung der polnischen Lehramtsstudenten auf die pädagogische Arbeit. Zusätzliche Schwierigkeit bereiten die hohen Studiengebühren für das postgraduale Studium; diese Gebühr muss sehr oft von den Lehrern aus eigener Tasche gezahlt werden, obwohl sie oft weniger als der Landesdurchschnitt verdienen (Wiłkomirska 2005).

Seit Jahren zeigen die Untersuchungen zum Lehrerberuf, dass er einem Paradoxon unterliegt: Einerseits fordern die gesellschaftlichen und kulturellen Veränderungen mit einer enormen Entwicklung der modernen Technologien von den Lehrern eine ständige Weiterbildung und das Streben nach neuen immer wichtiger werdenden Kompetenzen in verschiedenen Bereichen. Andererseits kann man eine Senkung des gesellschaftlichen Ansehens der Lehrer in Polen beobachten; hinzu kommen eine negative Selektion für den Lehrerberuf, ein relativ niedriges Gehalt und eine hohe Feminisierung dieses Berufs innerhalb der EU-Staaten. Man kann sagen, dass die Anforderungen und Erwartungen an die Lehrerschaft in Polen im Gegensatz zu ihrem wirtschaftlichen und gesellschaftlichen Profit stehen.

Die Praktika der Studenten und angehenden Lehrer und die Modernisierung in den Schulen und in anderen Bildungsinstitutionen wird als nächstes Problem angesprochen. Es scheint sich um das am meisten vernachlässigte Gebiet der beruflichen Vorbereitung der angehenden Lehrer zu handeln. Als Hauptquelle des Wissens der Studenten über die Schule dienen nach wie vor insbesondere ihre eigenen Erfahrungen aus den Zeiten, als sie selbst noch Schüler waren. Unter den Forderungen, die an die Praktikanten gestellt werden, hört man immer öfter die folgenden Vorschläge: Verlängerung der obligatorischen Praktika, Durchführung von Praktika in allen Schultypen und -arten, sowie das Kennenlernen verschiedener Bildungsinstitutionen durch die Praktikanten. Diese Veränderungen der Praktika sollen den angehenden

Lehrern vor allem die Wirklichkeit des polnischen Bildungswesens zeigen. Von Bedeutung ist vor allem die richtige Wahl der Schultypen, in denen die Studenten ihre Praktika absolvieren können. Es wird ebenfalls die Notwendigkeit der Zusammenarbeit von „Übungsschulen" und Hochschulen betont. Man möchte zur alten Tradition der Musterschulen zurückkehren, wo man die Muster guter pädagogischer Arbeit entwickeln, propagieren, präsentieren und pflegen konnte.

Zum Schluss soll noch der oft vernachlässigte Bereich der wissenschaftlichen Forschung erwähnt werden. Es geht hier vor allem ebenfalls um Untersuchungen zur Attraktivität und Wettbewerbsfähigkeit im Europäischen Hochschulraum und um die Verbindung zum Europäischen Forschungsbereich, Europäischen Bildungsraum und Lebenslangen Lernen.

7.4 Fazit

Wie die Ausführungen zeigen, wurde der Bologna-Prozess in Bezug auf Lehrerbildung in Polen in verschiedenen Bereichen unterschiedlich weit realisiert. Am Weitesten scheint auf diesem Gebiet die größte und vielleicht auch beste polnische Universität, die Universität Warschau, zu sein. Viel wurde zweifellos auch an den anderen Universitäten getan, zugleich ist in dieser Hinsicht aber noch viel zu leisten. Die bisherigen Ergebnisse der beruflichen Aus- und Weiterbildung der Lehrer in Polen weisen in die richtige Richtung.

Gleichwohl ist Polen noch ziemlich weit von einer zufriedenstellenden Umsetzung der strategischen Ziele entfernt, die in dieser Hinsicht von der Europäischen Kommission auf dem Gipfel in Stockholm im Jahr 2001 formuliert wurden. Gleiches gilt für die Realisierung der Ziele, die die Europäische Kommission auf dem Barcelona-Gipfel im Jahre 2002 formuliert hat. Trotzdem werden die Fortschritte in Polen von Jahr zu Jahr sichtbarer. Um diese Ziele weiter verfolgen zu können, sind vor allem effektive Entscheidungen auf der zentralen Ebene notwendig. Deshalb wartet die gesamte polnische Hochschulzunft ungeduldig auf das neueste Gesetz über das Hochschulwesen.

Literatur

Artikel und Bücher:

Deklaracja Bolońska – Szkolnictwo Wyższe w Europie. 19 czerwca 1999 roku, w Deklaracja Bolońska, i co dalej, UKA. Poznań 2004.

Furmańska M., Logos i Etos kształcenia uniwersyteckiego w gospodarce rynkowej, w : Polski system edukacji po reformie 1999 roku. Stan, perspektywy, zagrożenia, (red.) oder (pod red.) Z. Andrzejak, L. Kacprzak, K. Pająk, Wyd. Elipsa, Poznań-Warszawa 2005, s. 14–17.

Harmonizacja struktur kształcenia w Europie. Wkład uczelni w Proces Boloński, Eurydice, Warszawa 2006.

Kowalewski T., Szkolnictwo wyższe na przełomie stuleci – nadzieja czy zagrożenie dla Polski, W : Polski system edukacji po reformie 1999 roku. Stan, perspektywy, zagrożenia, . Z. Andrzejak, L. Kacprzak, K. Pająk, (red.) Wyd. Elipsa, Poznań & Warszawa 2005, s. 29–35.

Krasicki A., Proces Boloński – to już dziesięć lat. Fundacja Rozwoju Systemu Edukacji, Warszawa 2009.

Kucharska Cz., Nauczyciel nowych czasów, W: Polski system edukacji po reformie 1999 roku. Stan, perspektywy, zagrożenia, (red.). Z. Andrzejak, L. Kacprzak, K. Pająk, Wyd. Elipsa, Poznań-Warszawa 2005, s. 207–215.

Struktury systemów szkolnictwa wyższego w Europie 2006/2007. Proces Boloński: kierunki rozwoju w poszczególnych krajach, Eurydice, Warszawa 2008.

Szkolnictwo wyższe w Europie 2009: postęp w realizacji Procesu Bolońskiego, Eurydice, Warszawa 2010.

Waltoś S., Rozmus A. (red.) oder (pod red.), Szkolnictwo wyższe w Polsce. Ustrój, prawo, organizacja, Wyd. WSIiZ, Rzeszów 2009.

Wiłkomirska A., Ocena kształcenia nauczycieli w Polsce, ISP, Warszawa 2005.

Zapewnienie jakości w kształceniu i doskonaleniu zawodowym nauczycieli w Europie, Euridice, Warszawa 2007.

Uździcki R., Szkoła wobec wyzwań zmieniającego się rynku pracy, (w) : Szkoła w zmianie. Zarządzanie i komunikacja w sytuacjach szkolnych, (red.) W.J. Maliszewski, I. Nowosad, R. Uździcki, Wyd. Adam Marszałek, Toruń 2009, S. 109–118.

Włoch S., W poszukiwaniu innowacyjnego modelu kształcenia nauczycieli, (w): Polski system edukacji po reformie 1999 roku. Stan, perspektywy, zagrożenia, (red.). Z. Andrzejak, L. Kacprzak, K. Pająk, Wyd. Elipsa, Poznań-Warszawa 2005, S. 221–227.

Rechtliche Grundlagen:

Ustawa z dnia 12 września 1990r. o szkolnictwie wyższym.

Ustawa z dnia 26 czerwca 1997r. o wyższych szkołach zawodowych.

Ustawa z 27 lipca 2005 r. Prawo o szkolnictwie wyższym.

Ustawa z dnia 7 września 1991 r. o systemie edukacji.

Rozporządzenie Ministra Edukacji narodowej z 12 sierpnia 1997 roku w sprawie zakładów kształcenia nauczycieli.

Rozporządzenie Ministerstwa Edukacji Narodowej i Sportu z 23 lipca 2004 roku w sprawie rodzajów dyplomów i tytułów zawodowych oraz wzorów dyplomów wydawanych przez uczelnie.

Rozporządzenie Ministra Edukacji Narodowej i Sportu z dnia 7 września 2004 r. w sprawie standardów kształcenia nauczycieli.

Rozporządzenie Ministra Edukacji Narodowej z dnia 30 czerwca 2006 r. w sprawie standardów kształcenia nauczycieli w kolegiach nauczycielskich i nauczycielskich kolegiach języków obcych.

Ustawa z 26 stycznia 1982 r. Karta Nauczyciela.

Rozporządzenie Ministra Nauki i Szkolnictwa Wyższego z dnia 3 października 2006 r. w sprawie warunków i trybu przenoszenia osiągnięć studenta.

Rozporządzenie Ministra Nauki i Szkolnictwa Wyższego z dnia 19 grudnia 2008 r. w sprawie rodzajów tytułów zawodowych nadawanych absolwentom studiów i wzorów dyplomów oraz świadectw wydawanych przez uczelnie.

8. Teacher Education in Latvia – Development of Competences for Professional Activities

Inetta Nowosad, Rudīte Andersone and Lūcija Rutka

8.1 Introduction

In the 21st century, one of the aims of education becomes increasingly significant – to ensure a sustainable development of society. This is why the education paradigm has changed essentially. The program of upgrading the quality of education in Europe envisages transition from the tendency of accumulation of knowledge to the promotion of the development of the personality in the educational process, stressing the socialisation of the young generation. The main task of upgrading the quality of education is to promote the learners' and the students' acquisition of new knowledge, skills and habits in cooperation with the teacher, by encouraging their self-dependency, responsibility, self-realisation and socialization. It is in compliance with the tasks of education for the 21st century put forward by UNESCO International Commission (UNESCO Task Force on Education for the Twenty-first Century 1997, http://www.unesco.org/delors/): learning to know, learning to do, learning to live together and learning to be.

The promotion of knowledge and skills is only part of the tasks of education as knowledge does not only mean the acquisition of information and algorithms but it mainly means learning to learn, to think, to take decisions, where the process is as significant as the result. It is important for the teacher to comprehend the process of the development of the learner's personality, especially the cognition process, age peculiarities and thus be able to conduct the learning process so that the learning material should be understood and accessible by every learner. The promotion of the learners' motivation, independence and responsibility is as essential.

Learning to live together comprises communication and cooperation skills. It is to accept what is different around you and within you, the basis of which is the interaction of the cognitive and emotional processes, reflection and self-regulation. The teacher should pay attention to the development of such characteristic features as empathy, compassion, tolerance, understanding, responsibility.

Learning to be is the awareness of one's potential, needs, capabilities and the realisation of one's aim when living in a social environment and developing productive relations. It is important to speak with learners about individual attitudes to themselves, about the comprehension of one's self-confidence and one's mental potential, about emotional and behavioural self-regulation, as well as help the learners to analyse their achievements and their problems in the learning process and in their reciprocal relations.

The aforementioned tasks of education can be put into effect in a society of great achievements and rapid changes in a multi-cultural environment, in which the teacher's professional competence faces new challenges. The educational situations of today require new solutions. Today's Teacher is not the only source for promoting the learners' knowledge. Multifarious information and knowledge are found not only in text books but also in the environment of information technologies. That is why the role of the teacher is essentially changing. The teacher has become an aid, a partner and a guide in the selection and acquisition of knowledge, in the learning process. Knowledge has got a different contextual meaning. It does not only reflect the historical cultural development of society, but is also aimed at securing the vitality and sustainable development of society. There are four kinds of knowledge:

- knowledge of facts, systematized and easy to transfer to practice;
- knowledge ensuring scientific understanding of objects and processes;
- knowledge of how to accomplish definite tasks;
- knowledge about individuals, their abilities, regularities of actions.

As a result, new roles in the teacher's pedagogical activities emerge. M. Johnson (Johnson 2004) points out the following new and important roles of the teacher:

- it is the teacher himself /herself who learns;
  The teacher is in the process of lifelong education too, he (she) constantly improves his/her knowledge and skills concerning the development of the learners' abilities and the management of learning, evaluation of the problems and their solution in educational practice etc. Many investigations show that the teachers spend more and more time on learning and on the preparation for conducting lessons.

- the teacher is the producer, the stage-manager of knowledge;
  The new technologies afford an opportunity for the teacher to project the learners' knowledge not only with the help of learning literature but also with the help of information technologies. The teacher "stages" the learners' knowledge, as if collecting pieces of it in a certain system in a thematic unity. The teacher also makes use of the possibility of the learners' building and finding internet pages and using them in the learning process.

- the teacher as a business person;
  The teacher arranges the classroom, which is supplied with modern technologies, attaches means in order to supply the learners with the necessary equipment (computers, computer projectors, interactive boards, etc.). The application of the

technologies in the teaching/learning process makes it possible to diversify the scenarios in the classes for the development of the learners' skills of problem solving in the lessons. In this way the teacher has an opportunity to demonstrate his/her creativity and talents.

H. Borko and W. Whitcomb (2008) mention an important aspect in the content of the teacher's knowledge. An essential part of it is occupied by knowledge of languages, which nowadays is of particular importance. A clear and precise language should be used in class, when developing teaching /learning aids and in the study of education programs. Knowledge of languages is also indispensible for the teachers to be able to study and analyse pedagogical innovations in the globalised world and to be able to work also bilingually in case of need.

It is pointed out in the national development plan of Latvia for the years 2007 to 2013 that the challenge for the education system is to achieve the level at which educated persons are able to compete in the labour market, to develop people's initiative, enterprise and creative approach needed to ensure sustainable development of society. This goal can be achieved if the teachers are competent professionals in their spheres of activities, in which an important role is played by the teachers' pedagogical and psychological competences.

The scientific substantiation of the contemporary educational process is based on the conceptions of a humanist approach and its main task is the promotion of the learner's personality as a united, complex system. Teaching is aimed at the meeting the needs of the learner's personality and promotion of cooperation with the social environment. In this process a favorable learning environment and the teacher's professionalism play a decisive role, particularly his/her skills to solve psychologically pedagogical problems (Lefrancois 2000; Simkin 2006).

8.2 Competence Content

The notion of competence is outlined in the Explanatory dictionary of pedagogical terms (2000). It says that competence is the needed knowledge, professional experience, comprehension of a certain sphere, issue and skills to use the knowledge and experience gained in a concrete activity.

T. Koķe (2003) associates competences with knowledge-based abilities to choose means corresponding to the situation and the activity and act adequately. She concludes that competence is the result of learning. R. Melton (1997), too, confirms that competence can be obtained when learning in activity or at the workplace. A. Rauhvarger (2008) considers that competences embrace the aggregate of knowledge, skills and attitudes, which qualify people to carry out tasks of a definite kind or level.

Each person and society as such needs certain competences to ensure efficient activities and achievement (Rychen, Salganik 2001). The following is needed for the achievements characterized by economic productivity, democratic processes, social unity, justice and human rights, ecological sustainability and the achievements of the individual, which in its turn is characterized by expedient work, income, health, security, political participation, social cooperation:

- personal competences,
- institutional competences,
- application of personal competences in the realisation of common aims.

P. Perenoud (2004) classifies competences into several groups:

- disciplinary competences, which include planning, analysis, synthesis, methodology,
- professional competences, which include professional communication, activities in multicultural environment, development of abilities,
- institutional competences, which include innovative activities, implementation of innovations into practice, ability to work autonomously and in group, transformation of interdisciplinary knowledge,
- J. Valbis (2005) distinguishes between three kinds of competences:
- professional competences,
- social competences,
- individual competences.

D. S. Rychen and H. Salganik (2001) classify competences into the following groups:

- *interactive use of the means* because it is necessary to get data with the help of information technologies, to adjust the means to certain purposes, to develop an active dialogue with the world. This includes activities of using the language, symbols and texts actively and creatively, passing on one's knowledge and information by using information and communication technologies.
- *activities in heterogeneous groups* because it is necessary to co-exist in a society of pluralistic diversity, in which empathy and social capital are of great importance. It includes the ability to understand one another, to cooperate, to work in a team, to manage and solve conflicts.
- *independent activity* because it is necessary to recognise each person's individuality and the aims of society in the complicated world, to recognise one's own rights and assume responsibility, to understand any environment and its functioning. Here belongs the ability to gain a general impression, to develop and realise one's life plans and personal projects, to defend one's rights, interests and needs.

R. Melton (1997) recommends a division of competences according to four activities which are important in each person's life: management of activities, financial management, people's management and information management. Competences can be grouped as follows:

Tab. 1: Classification of competences

Activity management	Financial management	People's management	Information management
• to suggest and introduce changes and improve the work, the product and the system • to control, retain and improve the work and the product	• to manage and control the use of the resources • to ensure efficient distribution of the resources for the activities and projects	• to involve and select the staff • to involve teams and each individual in the implementation of the changes • to plan and evaluate the work also outside the team • to develop, keep and change efficient work attitudes	• to seek, evaluate and arrange information for the activity • to exchange information for the solution of problems and making decisions

The European Council (2005) has determined the basic competences of lifelong education, which each person is to develop and perfect:

- communication in the native language;
- communication in foreign languages;
- competence in mathematics, science and technologies;
- digital (computer and multimedia) competence;
- skills of learning to learn; interpersonal, intercultural, social and civic competence;
- enterprise;
- cultural expression.

The content of competences has been analysed by many researchers. As a result of these investigations one common understanding was developed (CEC 2002):

- *knowledge* of how to apply theories,
- *skills* of problem solving,
- *attitudes* which find their expression in responsibility, ability to take decisions, to manage, develop interaction with other people.

Knowledge can be acquired if one masters the skill of learning to learn, the skill of learning to teach, the skill of developing theories. Skills are acquired by formulating problems, synthesising and generalising. Attitudes are shaped by developing one's virtue, ability of critical evaluation, by developing one's comprehension of morality and values.

D. S. Rychen and A. Tiana (2004) perceive the content of competences on a wider scale. In their interpretation competences include knowledge, cognition skills, attitudes, emotions, values and ethical motivation. This classification of competences lays more stress on the role of individual competences, which is significant in any cooperation among members of a society.

8.3 Pedagogical Competence

The content of the teacher's pedagogical competences embraces knowledge, skills and attitudes which are needed in his/her professional activity.

Knowledge of one's sphere of science, the peculiarities of adults' learning, interaction and cooperation.

Skills to cooperate, motivate and support, investigate, learn and teach, solve problems, control and evaluate.

Attitude to one's profession, the learners, values and problems.

F. V. Parkay and H. T. Fillmer (1984) have defined the basic conceptions and basic skills needed in a multicultural society consisting of different people. They are essential in our contemporary teachers' work because nowadays teachers come into contact with very diverse learners with different cultural experiences.

- Knowledge in psychology;
- Capacity increase of human, emotional and critical thirst for knowledge;
- more profound knowledge of one's own culture and other cultures (supposedly there are more similarities than differences in people);
- Evaluation of differences in race and class subculture value systems;
- Ability to communicate with students from other cultural backgrounds;
- Skills to evaluate the knowledge and abilities of the learners from other cultural backgrounds;
- Receptiveness of one's own cultural values and attitudes;
- Ability to showia positive reaction to the differences in behavior in a multicultural environment.

M. A. Martinet, D. Raymond and K. Gauther (2001) remark that the teachers' pedagogical competence exists in the real world and it changes simultaneously with the changes in the world by finding its expression in the teachers' professional activity. Competence is to be perceived as a successful, efficient, productive activity of the teacher.

R. F. Melton (1997) when presenting a functional analysis of the teachers' professional competences points out some basic functions which influence the qualitative expression of competences. They are:

- *Work management* characterised by initiative and introduction of changes, in which managing, maintaining and improving the delivery of the product are of great importance;
- *Finance management*, in which it is essential to manage and control the use of the resources, to ensure their efficient distribution;
- *Management of people* in which one has to know how to involve and select the staff, develop further the improvement of the achievements of the team and the individuals, as well as to establish, retain and improve efficient work relations.
- *Information management*, in which it is important to seek, to evaluate and arrange information for the activity, exchange information for the solution of problems and adoption of decisions.

The teacher develops his/her pedagogical competence in a continuous professional activity within the limits of lifelong education. Pedagogical competence can be developed in several directions (Diez, Athanasiou & Mace 2010). They are:

- Conceptualisation
- Diagnostics
- Coordination
- Communication
- Integrative interaction

Conceptualisation is realised when the teacher models the teaching/learning process of adults, when he/she is able to choose the right strategy for any situation, shows various styles of thinking within the limit of one subject matter and acts professionally in his/her sphere.

Diagnostics improves if the teacher exhibits flexibility in search of information, diagnoses the ongoing processes, uses efficient interpersonal skills in order to select and arrange the compiled information.

Coordination develops if the teacher is training as a teacher in institutional cooperation, demonstrates high skills of adaptation in changing situations, makes use of learning which is based on experience, develops professional values, ties together the philosophy of teaching and evaluation.

Communication improves if the teacher structures physical and interpersonal environment for communication, demonstrates diversity of creative application of media, shows comprehension of the content, which is based on theory and one's experience and the teacher simulates efficient communication.

Integrative interaction finds its expression if the teacher supports the learners' motivation to learn, shows comprehension of philosophy, participates in the development of learning habits, assumes responsibility for education in its entirety.

It is indisputable that in the development of the teacher's pedagogical competences the teacher's attitude to professional activities plays a great role, as well as guidance of self-developmental professional growth both in the sphere of science and in the capacity of an educator (Pan 2010).

In Latvia, the content of the teacher's professional competences is established in the standards for the teaching profession, confirmed by order No. 116 of the Ministry of Science and Education on February 27, 2004 and it contains a group of skills:

- The skill to plan one's own work and the work of the learners.
- The skill to organise the teaching/learning work in accordance with the aims and tasks set.
- The skill to evaluate and promote the learners' growth, the learning achievements and the efficiency of one's work.

8.4 Psychological Competence

The notion of "psychological competence" has been known for a long time, but it was more frequently used in the 1980s, especially in the service industry, where service staff and managers needed psychological competence in their work with customers and subordinates. This notion also appeared in medicine concerning the doctors' psychological competence in cooperation with the patients as well as the psychological competence of the patients themselves. In the treatment of patients psychological competence finds its expression as understanding, empathy, support, a constructive vision of the recovery process and its guidance. Special attention was paid to the patient's psychological competence in the recovery process in cases of chronic and malignant diseases. The authors stress the fact that the patient's attitude to the disease, overcoming negative feelings and experience, belief in one's strength and the doctor's competence play a key role. All of this favours the cooperation of the medical staff and the patients, as well as the patient's constructive behavior during the recovery process.

A. Kotchubei (*Кочубей* 2001) considers that psychological competence of the employees is the basic element of culture and is hidden in the clarity of things of man's inner composure. The author stresses that we like colleagues we can cooperate with, discuss different things, colleagues who are pleasant in interaction, but we keep distance from the colleagues who usually complain and are dissatisfied with everything. Such people usually cause many problems to their colleagues and the management and the company cannot afford to keep employees whose behaviour is inappropriate and unpredictable.

A. Kotchubei defines the characteristic features of a psychologically competent employee:

- He /she can find a common language with people,
- He /she is a positive example to others,
- He /she is able to overcome difficulties and act constructively in stress situations,
- He /she is internally balanced.

One of the websites of psychological aid, (http://www.teenfad.ph/beintheknowcontent.php), considers psychological competence to be the most important life skill and it is defined as the individual's ability and skill to cope with everyday problems, to keep feeling fine and demonstrate adaptive, positive behavior in cooperation with other people in their cultural environment. Psychological competence is important in the preservation of one's physical and mental health, and it determines the individual's sense of feeling in the social environment as well. The structure of psychological competence consists of taking a decision, the solution of problems, creative thinking, critical thinking, efficient communication, skills of interpersonal cooperation, self-awareness, empathy, emotion management, stress control. Such structural elements of psychological competence as taking a decision, solving problems, effectual communication skills of interpersonal cooperation are components of any professional competence, whereas creative thinking, empathy, management of emotions, control of stress are features of psychological competence. In the teacher's professional activity, creative thinking would be of particular importance, which would find its expression in behavior as well as empathy and emotional self-regulation. The importance of the aforementioned components is based on the fact that nowadays the educator has not only to solve problems connected with the teaching/learning process, but he/she has to help the learners solve reciprocal problems and comprehend the peculiarities of the multicultural environment besides promoting the development of one's own personality and professional career.

P. Bluckert (2007) has studied the psychological aspects of the learning process of workers in the service domain, and he maintains that the aforementioned psychological aspects are uppermost in the professional training of these workers. P. Bluckert pays special attention to psychological competence and notes that its lack in the contemporary professional environment causes psychological problems, the development of which is enduring and unnoticed and which can be discovered by observation and reflection. Psychological problems are manifest in distress, depression, unrest, addiction, narcissism and disturbances of one's personality. The author considers psychological thinking to be the basic element of psychological competence and he discloses the mechanisms of its development (Bluckert 2007, p. 97):

1. reflection on the causes on one's own feelings and behaviour and those of the others,
2. search for the ties between the latest events and one's previous experience.

Summing up the understanding of psychological competence in different professional spheres, the conclusion could be drawn that it is connected with empathy, emotional self-control, stress management and psychological thinking.

Nowadays, high demands are placed on teacher's professional competence. In order to comprehend its essence it is necessary to know the aims of the education process and the peculiarities of the pedagogical process. Some authors (Lefrancois 2000; Zinchenko 2002; Simykin 2006) call all the problems connected with the pedagogical process psychologically-pedagogical and they treat teaching (Lefrancois 2000) as:

1. Taking decisions and solving tasks.
2. Development of the intellectual potential of the learners and the students.
3. Activity of thinking.
4. The educator's proficiency and career.

The teacher has to take decisions all the time. The decisions taken before teaching are connected with planning the teacher's and the learners' activities. The decisions taken during the teaching process refer to the correction of the activity, observation of the results, prediction and modification. The decisions taken after teaching include reflection, prediction of teaching and changes. The teacher's task is to take decisions and analyse their effectiveness. In order to make decisions efficiently the teacher has to know how to predict and discern the psychological aspects of the situation. It is only possible on condition he/she has good knowledge of the learners' cognitive spheres, emotion and behavioural idiosyncrasies at different ages, understands the way of expressing them, is sure of his /her competence, he/she is capable of analysing the losses, achievements, emotional life experience.

It is important for the teacher to understand not only the order of organising a concrete lesson and set its aims, but also the goal of education in general and the mechanisms of promoting the mental potential of the learners and students. Here it is important not only to offer them different possibilities, but also to encourage and support them. V. Zinchenko (Зинченко 2002) suggests using the notion of "mothering" alongside the notion of "teaching" thus emphasising the role of support, personal interest in, emotionality and care for the achievements of the learners and the students.

Many authors (Damon, Lerner & Eisenberg 2006) comment that today, pedagogical processes take place in a multicultural environment, which is characterised by diversity of reciprocal relations and influence. The authors state that psychological competence is determined by reciprocal affective quality (Damon et al., p. 43):

1. Identification of the physical appearance and changes of the partner's features, voice, etc.,
2. Prognosis and understanding of the partner's expectations and behaviour,
3. View of the partner as a person, (with a subjective mentality, international point of view), who is developing the quality of reciprocal relations.

The above mentioned authors add that the quality of reciprocal relations depends on the level of the individual's development, which is characterised by social skills, social expectations, emotion regulation, behavioural self-regulation, reliance upon others, social and emotional comprehension, the development of one's conscience, emotional self-feelings.

V. Simykin (Симкин 2006) deals with the notion of psychological competence within the context of psychological culture of the educational process. V. Simkin stresses that the promotion of the socialisation of the young generation is important in the contemporary educational process, where "competence" becomes the key word not only in education but in social life as well. V. Simkin calls psychological competence "social-psychological phenomenon" and underlines that the basic element of any competence is psychological competence – a definite system of psychological features, which comprises the minimum of social-psychological knowledge and the skill to apply this knowledge in interaction of different kinds with the world, other people and oneself. The author considers that lack of psychological competence causes various difficulties and conflicts in social interaction with people. Lack of psychological competence can cause stress, diseases, depression, even accidents both in the life and activities of individuals and society in its entirety.

V. Simkin accentuates that the cause of different pedagogical problems is lack of the teachers' psychological competence, as a result of which contemporary pedagogical approaches turn out to be ineffective both in the teaching/learning process and in the educational process. In schools of general education too little attention is paid to the issue of how to communicate in the right way, how to keep up a conversation, cooperate with other people, understand the emotional experience of oneself and that of others, and react to it. The author points out that lack of psychological competence can be observed not only in the pedagogical process but also in medicine, business, in the sphere of social services, etc.

In accordance with the aims of education for our century and taking into consideration that the main priority in the education process is the development of the learner's personality, the need of bringing closer the sciences of pedagogy and psychology and their integration in the further development of education emerges. Greater attention should be paid to the development of the educator's psychological competence, promoting at the same time the psychological competence of learners, their parents and that of any member of the society.

Based on an analysis of scientific literature and other sources, it could be assumed that the teacher's psychological competence is composed of:

1. Knowledge of psychology,
2. Psychological thinking.
3. Individual traits of professional importance.
4. Skills of self-analysis.
5. Empathy.
6. Skills of taking decisions.
7. Skills of rendering psychological support.
8. Emotional self- regulation.
9. Skills of stress management.

The structure of the teacher's psychological competence given above might probably be supplemented. Theoretical and practical studies of the issue under discussion are still needed, however, it is clear that psychological competence promotes not only the teacher's professional activity, but it improves anybody's quality of life.

Many authors (McCormick & Davis 2005; Loughran 2006; Senese 2007; Russel 2007; Kepalaite 2008) point out that reflection is an important mechanism for the teachers' professional development. It helps to better understand one's own behaviour and the behaviour of other people, attitudes, values, reciprocal relations and to apply this understanding in the choice of behavior models or actions.

> "Reflection is defined as the cognitive style of the awareness of the thinking process directed to the awareness of one's actions, behaviour, language, experience, feelings, situations, abilities, character, attitudes, analysis and understanding concerning other people, one's own tasks and functions, when searching for the solution of the problem" (Colman 2001, p. 624; Большой психологический словарь 2005, p. 469.

A characteristic feature of reflection is impulsivity as a tendency to search solutions spontaneously, in indefinite unclear situations, when analyzing the potentially right and erroneous steps. In the procedural and functional meaning, reflection is related to self-observation, introspection, retrospection, self-confidence. Retrospection means "looking back", it is characterised as recalling a personally observed and experienced event and analysis and introspection as if "looking into oneself", which is a particular way of the cognition regarding the phenomenon of one's consciousness and regularities.

Reflection is a very private process, closely connected with all the structural elements of the personality: cognition processes, character, temperament, emotions, attitudes, experiences, values, behaviour, social status, etc. It determines the uniqueness and singularity of any pedagogical interaction. Teaching is like a succession of behaviour and different actions, which find their expression in reciprocal interaction, during which process the educator has to answer the following questions: How to act? What to say? How to react? What to do next?

The teacher is often pressed to take a decision very quickly or even at lightning speed and only several seconds are at his/her disposal for adequate reaction. That is why most of the teacher's behaviour is based on habits and sound conviction (Lefrancois 2000). G. Lefrancois asserts that conviction is a very personal viewpoint. Unlike knowledge which is impersonal and impassive to a great extent, conviction contains an emotional component, and its development is determined by the peculiarities of one's experience. Conviction is the acceptance of an idea or position as being the only, the right one- it begins to develop in childhood and it is very stable, even strong under the influence of stress. Conviction determines thinking and actions, as well as taking decisions. Due to reflection one can take a look at one's conviction as if "from outside".

In contemporary pedagogical activity, reflection is particularly important regarding the development of a deep comprehension process. More and more authors (Russel 2007; Loughran 2006; Senese 2007) begin using the notion "reflection in action" instead of "reflective activity", stressing the necessity of reflection in the teacher's daily activity. Due to the reflection process the educator can take adequate decisions, implement them and take responsibility for the result.

Reflection is a complicated process. Its development and improvement take place step by step in the self-reflection and supervision process. Developing the teacher's reflection in activity (Loughran 2006; Senese 2007, p. 57):

- Perception of a problematic situation in the rationalisation of it.
- Development of professional knowledge.
- Searching for alternative, innovative solutions in the solution of problems.
- Collaborative sessions.
- Balancing between experiments and investigation.
- Consultating one's colleagues and administration.
- Observation and studies of the class.
- Participation in conferences and workshops.
- Analysis of the achievements and exchange of experience with others.

The analysis of the essence of reflection shows that high-quality development of psychological competence can take place only in the process of reflective activity when the teacher turns to his/her experience, knowledge, emotions, judgments, conviction, attitudes and analyzes the efficiency of their application.

8.5 Conclusion

In contemporary society, the change of the paradigm of education goes along with changes in the teacher's roles and the teacher has to keep perfecting his/her knowledge, he/she must learn himself/herself in order to organise more successfully the learners' acquisition of knowledge and mastering research and learning skills, which would afford the opportunity for the young people to join more productively in the long-term development of our economy.

Competences are abilities to accomplish definite tasks, choosing appropriate means.

The structure of the content of the teacher's pedagogical competence includes: knowledge, skills and attitudes in his/her professional activity towards the learners. The development of pedagogical competence is one of the aspects involved in the teacher's lifelong education.

The teacher's psychological competence is composed of the knowledge of psychology, psychological thinking, the person's qualities of professional importance, abilities of self-analysis, empathy, abilities of taking decisions, skills of rendering psychological support, skills of self-regulation and stress management.

Psychological competence develops in reflective activity, during the process of thinking directed to the awareness of one's actions, behavior, language, experience, emotions, abilities, character, attitudes, conviction, analysis and understanding concerning other people, one's tasks and functions in search of the solution of different problems.

References

Colman, A. C. (2001). *A Dictionary of Psychology* (p. 624). Oxford: Oxford University Press.

Bluckert, P. (2007). *Psychological Dimension of Executive Coaching* (p. 168). Open University Press.

Borko, H. & Whitcomb, A. (2008). Teachers, Teaching and Teacher Education: Comments on the National Mathematics Advisory Panel's Report. *Educational Resercher. Volume 37.*

Commission of the European Communities (2005). *Recommendation of the European Parliament and of the Council on key competences for lifelong learning.* Brussels: Commission of the European Communities.

Damon W., Lerner R. M. & Eisenberg, N. (2006). *Handbook of Child Psychology: social, emotional, and personality development* (p. 1128). Hoboken: John Wiley and sons.

Diez, M. E., Athanasiou & Mace, D. P. (2010). Expetionary Learning: The Alverno College Teacher Educational Model. *The Magazin of Higher Learning. Volume 2, Nr. 6, 2010*, p. 18–24.

James, W. (1962). Talks to Teachers. *Psychology and the Teaching Art.* Retrieved from www.des.emory.edu/mfp/303/303/JamesTTT.PDF.

Johnson, M. (2004). *New Roles for Educators.* Retrieved from www.mff.org.

European Union (2005). *Key competences for lifelong learning in Europe: Frequently asked questions.* Retrieved from www.europa.eu.

Kepalaite, A. (2008). *Peculiarities of Prospective Teachers' Reflection. Teacher of 21st Century: Quality Education for Quality Teaching* (p. 83–88). Riga: University of Latvia Press.

Koķe, T. (2003). Nepārtrauktā izglītība: galvenie uzdevumi un to īsteno ana. // Nepārtrauktās izglītības sociāli pedagoģiskie aspekti. R.: SIA Izglītības soļi.

Loughran, J. J. (2006). *Developing a pedagogy of teacher education: Understanding teaching and learning about teaching.* London: Routledge.

Martinet, M. A., Raymond, D. & Gauther, C. (2001). *Teacher Training Orientations Professional Competencies.* Canada: Gouvernement du Quebec.

McCormick & Davis, S. (2005). Developing Reflective Practice in Pre-service Student Teachers: what does art have to do with it? *Teacher Development. An International journal of teachers' development. Vol. 9, Nr. 1*, p. 9–21. Wallingford.

Melton, R. (1997). *Objectives, Competences and Learning Outcomes.* London: Kogan Page Limited.

Nastasi, B., Pluymert, K., Varias, K. & Moore, R. (2002). *Exemplary mental health programms: School psychologists as mental health service providers.* Bethesda, MD: National Association of School Psychologists (NASP).

Pan, H. L. (2010). Developing Indicators of Teachers professional Competence. Retrieved from www.worldedreform.com.

Parkay, F. W. & Fillmer, H. T. (1984). Improving Teachers Attitudes toward Minority – Group Students: An Experiential Approach to Multicultural Inservice. *New Horizons Journal of Education, November 1984*, p. 178–179.

Pedagoģijas terminu skaidrojo ā vārdnīca (2000). R.: Zvaigzne ABC.

Perrenoud, Ph. (2004). *L'universite entre transmission de savoirs et developpement de competences.* Geneve: Universite de Geneve.

Promoting Psychological Competence http://www.teenfad.ph/beintheknow_content.php.

Rauhvargers A. (2008) Boloņas procesa un ES kvalifikāciju ietvarstruktūras. kopējais un at ķirīgais. Retrieved from www.apa.lv.

Russel, T. (2007). *How experience changed my values as a teacher educator. Enacting a Pedagogy of Teacher Education. Values, relationship and practices* (p. 1182–1191). London: Routledge Taylor & Francis Group.

Rychen, D. S. & Salganik L. H. (2001). *Defining and selecting key competencies.* Göttingen, Germany: Hogrefe et Huber.

Rychen, D. S. & Tiana, A. (2004). *Developing Key Competencies in Education: Some Lessons from International and National Experience.* Geneve: UNESCO - IBE.

Senese, J. C. (2007). *Providing the necessary luxuries for teacher reflection. Enacting a Pedagogy of Teacher Education* (p. 45–59). *Values, relationship and practices.* London: Routledge Taylor & Francis Group.

Valbis, J. (2005). Skolēna personības attīstība - izglītības virsuzdevums. R.: Zvaigzne ABC.

UNESCO Task Force on Education for the Twenty-first Century (1997). http://www.unesco.org/delors/.

Friedmann & Kulagina = Фридман, Л., Кулагина, И. (1991). *Психологический справочник учителя* (186 с.) Москва: Просвещение.

Kotchubei = Кочубей, А. (2001). *Психологическая компетенция.* http://www.metaprofit.ru/?lang_sess=rus&action.

Lefrancois = Лефрансуа Г (2000). *Психология для учителя. - Санкт* (408 с.). Петербург: Прайм Еврознак.

Simkin = Симкин В. (2006). Психологическая культура. http://www.pokrov_forum.ru/science/prav_psycholog/simikin

Zinchenko = Зинченко В. (1998). *Психологическая педагогика* (296с.). Самара: Самарский дом печати.

Zinchenko = Зинченко В. (2002). *Психологические основы педагогики* (431 с.). Москва: Гардарики.

9. Teacher Education Innovation in Australia

David Beckett

Becoming a teacher is most commonly and traditionally achieved in Australia by school leavers who enter a three or four year undergraduate course in a university, which on the way through provides academic studies, pedagogical (or 'methods of teaching') studies, and some immersion in school-teaching to glue these together in practice. There is nothing very innovative in this and as a common and traditional pathway to teaching, it is in trouble. Two of the reasons for this are essential in understanding the prospects for reforms in teacher education.

9.1 Reform of Teacher Education in Australia

First, entry scores required for these very many teacher education courses have been dropping, such that there is now real concern for the basic literacy and numeracy of aspirants to teaching. This concern is exacerbated in light of particular teacher shortages in mathematics and science 'methods' (in secondary schools), and the emerging data from the international PISA surveys that Australia is starting to decline compared to the top performers in reading, such as Finland, South Korea, Canada and Hong Kong. Academically, traditional teacher education courses are not attracting the brightest minds, and clearly not the brightest minds in core subjects, where high-stakes testing is increasingly important.

Second, the career of teaching itself seems less attractive to a more mobile generation: those in their twenties who expect more flexibility about employment options, more rigorous performance appraisals, and a clearer set of differentiated rewards to make choices about the future more robust. Essentially, after about the first ten years of teaching, salaries plateau, promotion seems to be more about time served than genuine critically evaluated expertise, and there are no salary incentives to undertake work in particular subject areas (such as maths), or geographical areas (such as rural and remote schools) where the labour market shows shortages. Professional development in the form of Masters' study, after initial 'pre-service' study, does not flow through to enhanced salary or promotion. Across Australia, it is basically a 'one size fits all' teaching culture. In the state of Victoria, the government's Department of Education and Early Childhood Development quotes national research that shows: "Across Australia, teachers feel there is almost no link between evaluation, their performance, salaries and any financial bonuses or career advancement" (DEECD 2012, p. 16 citing Jensen 2010a).

The DEECD claims that "Strong action is required to raise the status of the teaching profession and make it a career of choice for high performers, including by increasing pathways into the profession and by finding the right package of benefits to attract top performers. This must be matched by higher standards across the board – for the quality of pre-service education offered by universities, for entry to pre-service education and entry to the profession itself" (DEECD 2012, p. 12).

Focussing just upon teacher education ('pre-service') courses in Victoria, the gloomy picture is laid out thus: "At present less than 30% of principals feel new teachers are well prepared to communicate with parents, manage classroom activities well, and provide effective support and feedback to students, which are all largely recognised as important skills for effective teaching and learning" (DEECD 2012, p. 11, citing McKenzie et al. 2011).

Moreover, around 15–20% of graduates are not employed as teachers following graduation and only around half report satisfaction with the preparation provided by their courses' (Ure & Gough 2009, p. 11). Then the DEECD report focuses even more acutely on the quality of the practical component – the time spend in schools whilst in a pre-service course: "A recent review of the practical component of these programs found large variability between providers, which is significant given that practical school experience has one of the greatest impacts on student outcomes, and graduates themselves regard this component of teacher education as one of the most valuable" (ibid., p. 11).

9.2 What, then, can be Done to Begin to Revitalise Teacher Education?

The main innovation starts with a re-structuring of the highly-valued, and core – the practical component. Traditionally and commonly, university education courses 'parachute' teacher education students into a series of two or three weeks' 'teaching rounds' across their course, with no integration of campus-based academic and pedagogical studies with the daily life of these randomly assigned school placements. Well-meaning, but idiosyncratic, professional experiences result, with poor levels of satisfaction upon graduation – only about 50%, across Australia, feeling prepared for their new work.

Instead, using the single pre-service course at the University of Melbourne as an example (see http://www.education.unimelb.edu.au/mteach/index.html) which began in 2008, and has an annual intake of 600–700, innovation begins with the integration of the university with the school, through a network of staffing which provides two kinds of specialists: Teaching Fellows, who are teachers in the host school, released for 50% of their workload for the year, to work intensively with the group of 10–20 teacher education students in that school for parts of most weeks, and with 'blocks' of weeks as well. Teaching Fellows work alongside university staff called Clinical Specialists, who have one day per week (29% of their work) based in that school, or a cluster of related schools, with the same students. School-based seminars, and clinical practice assessments, are embedded in this integrative structure, so that the focus of teacher formation is distributed across socially co-located experiences (the school; the university campus) with key staff who share formative and summative reflections and assessments.

There are two other equally innovative features of this innovation: the qualification itself, and the epistemology which underpins both the qualification, and the integrative structure described above.

The qualification is a Master of Teaching not a school-leavers' 'Bachelor of Education' choice. Entry to the M Teaching is by graduates of diverse bachelors' degrees (but not 'Education', of course) who wish to teach, and who can meet specified discipline pre-requisites. In this important sense, wider, deeper and potentially lifelong learning is probably more likely in such a cohort: they have already graduated in their early to mid-twenties from their first degree, and may well have had part-time time, or even full-time employment, such as in engineering or accountancy, before taking a considered choice for teaching. And the benefits of this later choice will show up in a more mature, reflective stance to pedagogical and technical knowledge and skills. Given the Masters is 1.5–2.0 years in duration, graduates from it enter teaching in their late twenties – a better match for the rigours and challenges of early childhood, primary and secondary schooling.

The other equally innovative feature is that the epistemological basis of it is 'clinical practice'. By insisting, in the structure of the M Teaching, that the school and the university equally integrate the practical (or 'practicum') component in intensive and extensive experiences which unpack the daily life of teachers and classrooms, and making these the substance of professional learning, pre-service students are immediately and seriously immersed in their own professional formation. This epistemology of (clinical) practice, for teachers, mirrors new attention in other professions where the traditional and common 'theory-practice' gap has frequently been a concern (see Scanlon 2011; Beckett 2011) and where debates about the 'graduate attributes' have raged between, on the one hand, university providers of professionals, and, on the other, the labour market's main employers of graduates, over the real implications of graduates' 'job-readiness' (Hager & Holland 2006; Beckett & Mulcahy 2006).

This epistemology requires teachers, as clinicians, to take decisions, in individual school students' situations, which will move their learning forward. The diversity of the average classroom is therefore not an excuse to 'teach to the middle', but, rather, to give substance to personalised learning. The M Teaching structure and expectations are clinical in that unique teacher interventions are required for the range of individual learners in the classroom: it is therefore essential that training in identifying what is required, how an intervention will be made, and measuring what it has achieved, are all built in to the intensive immersion focussed equally across the school and the university campus via Teaching Fellows and Clinical Specialists. As in nursing, and law, where practitioners are expected to make positive differences in unique cases, so, in classrooms, education practitioners are expected to shape interventions across the ability spectrum, and thereby uniquely moving learning along.

An independent review conducted in late 2010 showed that 90% of Master of Teaching graduates feel either 'well-prepared' or 'very well-prepared' to start teaching, compared to less than half of beginning teachers nationally. This Australian innovation is also well-supported by research evidence elsewhere. In an authoritative overview of the shape of teaching as a *clinical practice* profession, in the USA, Alter and Coggshall (2009) state that, in contrast to a craft, or a profession "Some education leaders propose a third view: that teaching instead should be properly conceived of as an academically taught clinical practice profession, similar to clinical psychology and medicine.

9.3 Characteristics of Innovations in the Australian Teacher Education

Through a systematic review … we identified … five key characteristics of a clinical practice profession:

- *centrality of clients* … the direct observation and treatment of patients or clients
- *knowledge demands* … the work … is highly complex requiring general and specialised knowledge and skills as well as the theoretical, practical and technical understandings … [and] the ability to learn from experience.
- *use of evidence and judgment in practice* … including observation, questioning and other diagnostic or evidence collection techniques … but when the evidence is incomplete, ambiguous or missing, the "unavoidable uncertainty" of non-routine elements of practice requires the exercise of expert judgement" (Schulman 1998).

- *"community and standards of practice* … [drawn from] a professional community that monitors quality, distributes knowledge and creates standards of practice (Darling-Hammond 2006).
- *education for clinical practice* … [all of the above are required in preservice training] which comprises three basic components: 1. academic grounding, 2. practice-based training, 3. on-going learning. Note importantly that clinical education extends beyond a preservice phase" (Ibid., pp. 2–3).

Other innovations across Australia also rely upon an epistemology of practice, and reflect programs elsewhere in the world, such as Teach for America. The *Teach for Australia* program takes high-achieving graduates in any discipline and gives them a salaried position in a hard-to-staff school, whilst providing some 'frontloaded' training, then continuing structured support, across two years whilst they learn to teach, on the job. A Masters of Teaching results (see http://www.education.vic.gov.au/careers/teachaus/).

The *Teach Next* program seeks professionals in various areas who can be re-trained as maths and science teachers, in similarly compressed and supportive structures (see http://www.deewr.gov.au/schooling/programs/documents/teachnextfactsheet_vic.docx).

These initiatives fit well with broader expectations of university studies in Australia. Suri and Beckett (2012) show that university students expect greater flexibility from universities, to accommodate work and life experiences, and multiple competing priorities. School-teaching is no longer regarded as an early and permanent career choice. Rather, it is an addition to a portfolio of employability, which can be configured over time as opportunities nationally and internationally present themselves. Within this 'portfolio' approach to professional formation, what counts as 'evidence-based practice' evolves as professions articulate their standards of practice (Beckett 2011). Teaching is no different from others here. A tighter focus on the decisionality of practice, as shown by the priority given to 'professional judgements' in rubrics from nursing, to engineering, to teaching and to medicine and law, is increasingly apparent, with collective accountabilities for these judgements very firmly in place. This is itself a form of 'personalised learning', albeit first and subjectively experienced in the university student's own expectations of their studies. As we claim, "[c]ampuses, debts, timetables, practicals and projects: these are increasingly what sway personal decisions to sign up for studies … [we call this] the overall growth of learner-centredness" (Suri & Beckett 2012, p. 214).

Teacher education, re-shaped as a clinical practice profession, is, I claim, an example of wider changes in the professional and university landscape. University students who wish to become teachers find the integrative and clinical focus on practice very amenable to their overall experience of learning. This is the wider epistemological innovation: universities taking learner expectations and working with them to forge new types of professionals, such as teachers, who do not just *know what* to do and apply it (the old model), but instead, *know how* (cf Aristotle's *phronesis*, or 'practical judgement' – a form of wisdom) to make differences in the individual lives of those in school classrooms across Australia.

References

Alter, J. & Coggshall, J. (2009). *Teaching as a Clinical Practice Profession: Implications for Teacher Preparation and State Policy: Issue Brief.* Washington, USA: New York Comprehensive Center, and National Comprehensive Center for Teacher Quality.

Beckett, D. (2011). Learning To Be – At Work. In L. Scanlon (ed), *'Becoming' a Professional: An Interdisciplinary Analysis of Professional Learning.* Lifelong Learning Series. Dordrecht, Netherlands: Springer.

Beckett, D. & Mulcahy, D. (2006). Constructing Professionals' Employ-Abilities: Conditions for Accomplishment. In P. Hager & S. Holland (eds.), *Graduate Attributes, Learning and Employability.* Lifelong Learning Series. Dordrecht, Netherlands: Springer.

Department of Education and Early Childhood Development (2012). *New Directions for School Leadership and the Teaching Profession.* Melbourne: State Govt of Victoria. Retrieved from http://www.education.vic.gov.au/about/directions/teachingprofession.htm.

Hager, P. & Holland, S. (eds.) (2006). *Graduate Attributes, Learning and Employability.* Lifelong Learning Series. Dordrecht, Netherlands: Springer

Jensen, B. (2010a). *What Teachers Want: Better teacher management.* Melbourne: Grattan Institute Retrieved from http://www.grattan.edu.au/pub page/report what teachers want.html.

Jensen, B. (2010b). *Investing in our teachers, investing in our economy.* Melbourne: Grattan Institute. Retrieved from http://www.grattan.edu.au/publications/057 report education investing teachers.pdf.

Linda Darling-Hammond (2006). Assessing Teacher Education: The Usefulness of Multiple Measures for Assessing Program Outcomes. *Journal of Teacher Education 2006;* 57; 120. Retrieved from http://jte.sagepub.com/cgi/content/abstract/57/2/120.

McKenzie, P., Rowley, G., Weldon, P. & Murphy, M. (2011). *Staff in Australia's Schools 2010: Main report on the survey.* Camberwell, Australia: Australian Council for Educational Research. Retrieved from http://www.deewr.gov.au/Schooling/Documents?SiASMainReport.pdf.

OECD (2011). *Building a High Quality Teaching Profession: Lessons from around the world.* Paris: OECD Publishing. Retrieved from http://www2.ed.gov/about/inits/ed/internationaled/background.pdf.

OECD (2012). *Preparing Teachers and Developing School Leaders for the 21st Century: Lessons from around the world*. Paris: OECD Publishing. Retrieved from http://www.oecd.org/dataoecd/4/35/49850576.pdf.

Scanlon, L. (ed). (2011). *'Becoming' a Professional: An Interdisciplinary Analysis of Professional Learning*. Lifelong Learning Series. Dordrecht, Netherlands: Springer.

Shulman, L. S. (1998). "*Teaching and teacher education among the professions.*" 38th Charles W. Hunt Memorial Lecture. American Association of Colleges for Teacher Education 50th Annual Meeting. New Orleans, Louisiana. Feb. 25 1998.

Suri, H. & Beckett, D. (2012): Australia: Intensifying performance and inner-centeredness in Australian higher education. In M. Slowey & H. Schuetze (eds.). Global perspectives on higher education and lifelong learners (pp. 195–216). London: Routledge.

Ure, C. & Gough, A. (2009). *Practicum Partnerships: Exploring models of practicum organisation in teacher education for a standards-based profession*. Strawberry Hills, Australia: Australian Learning and Teaching Council. Retrieved from http://www.vit.vic.edu.au/SiteCollectionDocuments/PDF/practicum%20partnerships.pdf.

10. Innovative Ansätze der Lehrerbildung im Ausland und Anregungen für die deutsche Diskussion

Hans Döbert, Botho von Kopp und Horst Weishaupt

In diesem Kapitel wird der Versuch unternommen, wesentliche Aspekte der in diesem Band vereinigten Länderberichte im Sinne übergreifender Entwicklungslinien zu synthetisieren und Anregungen für die Diskussion um die Weiterentwicklung der Lehrerbildung in Deutschland abzuleiten. Zunächst werden grundlegende Informationen zu Rahmenbedingungen der Lehrerbildung und Vorgaben an die Lehrerbildung sowie zu Struktur und Organisation der Lehrerbildung im Ausland dargestellt. Diese Informationen sind zudem die Hintergrundfolie, auf der die Aussagen der folgenden Abschnitte vorgenommen werden, die sich zusammenfassend mit internationalen Reformansätzen der Lehreraus- und -fortbildung entlang der Berufskarriere von Lehrkräften befassen. Abschließend werden die angesprochenen Anregungen dargestellt.

Da es nicht möglich ist, hier systematisch alle bisher analysierten Aspekte der Lehrerbildung in den betrachteten Staatengruppen bzw. Staaten zu berücksichtigen, sollen sich die Ausführungen auf einige übergreifende Entwicklungslinien konzentrieren. Diese sollen es gleichwohl ermöglichen, sich ein Bild von den Rahmenbedingungen, Strukturen, Organisationsformen, Inhalten und Strategien der Lehrerbildungssysteme im Ausland zu machen. Die folgende Zusammenstellung stützt sich im Wesentlichen auf die in den vorherigen Kapiteln enthaltenen Beschreibungen und Analysen.

10.1 Rahmenbedingungen und Vorgaben für die Lehrerbildung

Aufbau der Lehrerbildung

Eine grundlegende Rahmenbedingung für die Lehrerbildung stellt ihr (bildungspolitisch und historisch) gewachsener horizontaler und vertikaler Aufbau dar. In einigen Staaten (z. B. Deutschland, England und Italien) findet die Ausbildung in zwei Phasen an zwei aufeinander folgenden Institutionen statt, die verschieden organisiert sind, nämlich wissenschaftliche Einrichtungen (in der Regel Hochschulen) und staatliche Einrichtungen (außerhalb der Hochschulen). In anderen Staaten (z.B. skandinavische Staaten, Südkorea) findet die Lehrerausbildung einphasig an wissenschaftlichen Hochschulen statt. Dazwischen, gewissermaßen als „Mischform" (z.B. USA), gibt es ebenfalls zwei Ausbildungsphasen, die zeitlich hintereinander geschaltet sind, jedoch an Hochschulen durchgeführt werden (Fakultäten bzw. *Schools of Education*). Innerhalb der Ausbildung finden sich weitere Differenzierungen, zum Beispiel nach dem Ort: In England, Italien, Südkorea und den USA findet die wissenschaftliche Ausbildung an einer speziell dafür eingerichteten Hochschule oder sogar nur an einer einzigen Fakultät statt. In anderen Staaten an allgemeinen Hochschulen, in der Regel Universitäten. Aber auch hier zeigen sich „Mischformen". So gibt es in Deutschland und Österreich überwiegend eine universitäre Lehrerausbildung, zugleich existieren daneben jedoch Pädagogische Hochschulen (in Deutschland nur in Baden-Württemberg). Oder: die Schweiz war bis vor wenigen Jahren der Staat mit der größten Vielfalt an Lehrerausbildungseinrichtungen. Seit wenigen Jahren ist dort ein Prozess der Konzentration der Lehrerausbildung an Pädagogischen Hochschulen im Gang (Lehmann et al. 2006).

Steuerung der Lehrerbildung

Analog zur Steuerung von Bildungssystemen, bei denen zwischen staats- und marktorientierten Systemen unterschieden werden kann, lässt sich eine solche Kategorisierung auch für die Lehrerbildung vornehmen. Eine eher marktorientierte Lehrerbildung ist durch das Bestreben gekennzeichnet, höhere Leistungen auf Lehr- und Lernseite durch Anreize zu erreichen. Zwangsläufig bedeutet dies für die einzelnen Institutionen auch einen starken Wettbewerb untereinander. Zusätzlich lässt sich dabei zwischen Marktorientierung auf der Nachfrage- und auf der Angebots-Seite unterscheiden – soweit man bei „Quasi-Märkten" wie dem Bildungsbereich überhaupt in diesen Kategorien sprechen kann (vgl. Weiß 2002). In der Lehrerbildung bringen z. B. Studiengebühren einen Wettbewerb auf der Nachfrageseite der Studierenden mit sich (z. B. England, Südkorea, USA). Marktorientierung auf der Abnehmerseite von ausgebildeten Lehrpersonen bedeutet, dass Einstellungen in den Schuldienst weder garantiert sind noch über Verteilungsverfahren erfolgen, sondern lokal bzw. durch die Schulen vorgenommen werden (vgl. OECD 2004). Auf der Angebotsseite stellt eine individuelle und leistungsabhängige Bezahlung der Lehrenden in der Lehrerausbildung eine Marktorientierung dar (z. B. England, USA). Die Wettbewerbssituation wird hier dadurch aufrechterhalten, dass die Bezahlung der Lehrenden an generelle Leistungskriterien gebunden ist (vgl. Blömeke 2006).

Aktuelle Rahmenbedingungen und Vorgaben für die Lehrerbildung sind vor allem durch den *Bologna-Prozess* gegeben.

Alters- und Genderstruktur der Lehrerschaft

Insgesamt kann man von einer deutlichen Überalterung der Lehrerschaft in Europa sprechen, was u. a. Konsequenzen für den künftigen Nachwuchsbedarf hat. „Von den 6.25 Millionen Lehrern in der EU sind rund 30% älter als 50 Jahre, d. h. es besteht innerhalb der nächsten 15 Jahre ein Bedarf von ca. 2 Millionen neuen Lehrern" (Scheerens 2010, S. 15). Die Gewinnung eines ausreichenden Nachwuchses ist aber nicht nur ein quantitatives, sondern, angesichts der anspruchsvollen Zielvorgaben der europäischen Bildungsreform und der erhöhten Ansprüche an die Auswahl der Bewerber und an die Ausbildung insgesamt, vor allem auch ein qualitatives Problem.

Ökonomische Bedingungen des Lehrerberufs

Zu den relevanten Rahmenbedingungen des Lehrerberufs gehört die ökonomische Situation der Lehrerschaft gemessen an ihren Gehältern. Hierzu gibt es verschiedene Vergleichsmöglichkeiten, und es scheint sinnvoll, je nach Vergleichsfragestellungen, mehrere oder verschiedene Kriterien zu Rate zu ziehen. Einen relativ aussagekräftigen Vergleichswert bietet das in US-Dollarbasis umgerechnete, auf einem definierten Warenkorb bestehende Purchase Power Parity (PPP). Hier zeigen sich markante Unterschiede, die noch durch teilweise differenzierte Gehälter in den jeweiligen Schulstufen, den Abständen zwischen Eingangs- und Höchstgehältern sowie der im Beruf zu verbringenden Zeit bis zum Erreichen des Höchstgehaltes aufweisen. Ein Vergleich auf Basis des PPP mit dem ebenfalls akademischen Beruf der Ingenieure gab es nur vier Länder, in denen das Lehrergehalt höher war (vgl. Tabelle im Beitrag von Kopp in diesem Band).

Die Frage nach dem Ansehen (Status, Prestige) des Lehrerberufs muss unterschiedlich beantwortet werden und für einige Länder wurden widersprüchliche Einschätzungen explizit angeführt (*Frankreich, England, Polen, skandinavische Länder*). Zum Ausdruck kommt dabei einerseits oft ein hohes Ansehen der und hohe Erwartungen an die gesellschaftliche Rolle der Schule, andererseits eine faktisch geringe (oder lediglich rhetorische) Anerkennung der Lehrerschaft. Uneingeschränkt positiv wurde das Ansehen der Lehrer in *Finnland, Irland und Italien* beschrieben. Ein wichtiger Ausdruck des gesellschaftlichen Ansehens (freilich nicht der alleinige) spiegelt sich in der finanziellen Entlohnung. In den meisten Ländern liegt das Lehrergehalt unter dem anderer akademischer Berufe. Nur in vier europäischen Ländern liegt es darüber. Die *mittel- und osteuropäischen* Länder haben ihr historisches Muster einer rhetorischen Überhöhung des Lehrerberufs einerseits und einer faktischen gesellschaftlichen Geringschätzung andererseits in besonderem Maße gepflegt, und dieses Muster ist paradoxerweise in den neuen Gesellschaften weitergeführt und sogar wesentlich verstärkt worden, denn hier hat sich die Schere zwischen einträglicheren Berufen und dem Lehrerberuf in höchstem Tempo oft noch deutlich weiter geöffnet als in den westeuropäischen Ländern. Aber auch hier trifft ein geringes Prestige mit eigentlich hohen Erwartungen zusammen. Auf einen negativen Einfluss der Medien wird im Hinblick auf die skandinavischen Länder hingewiesen (vgl. Werler et al. 2010).

Eine gewisse „Widersprüchlichkeit" ergibt sich vor allem aus dem Nebeneinander „alter", „traditioneller" und „neuer" Anforderungen an Prestige und Status. Virulent werden Spannungen zwischen beiden in der forcierten Umsetzung „moderner" Leitbilder und Strukturen in Ausbildung und Beruf. Das „moderne" Prestige des Berufs hängt von „modernen" Kriterien wie der finanziellen Einträglichkeit und der anerkannten wissenschaftsbasierten Professionalität des Berufsstandes ab, wobei letztere aber nicht mehr wie früher als ständisch gegeben und in relativer Eigenkontrolle intern bzw. als „Staatsdiener" hoheitlich, sondern zunehmend extern und unter Bezug auf empirische Daten legitimiert und ständiger Überprüfung ausgesetzt ist. Eine solche Professionalität ist weniger stabil als die traditionelle. Gleichzeitig leitet sich allmählich aus der von nationalen und internationalen Bildungsagenturen vorangetriebenen neuen Professionalisierung die Verknüpfung eines empirisch objektivierten und damit stark legitimierten professionellen Prestiges mit hoher finanzieller Entlohnung und einem hohen Anspruch an die Ausbildung ab.

10.2 Ziele, Struktur und Organisation der Lehrerbildung

Ziele der Lehrerbildung

Die relevanten Ziele der Lehrerbildung sind in den Curricula (Programmen) festgelegt, die zunehmend auf Basis von Kompetenzdefinitionen entwickelt werden. Es ist vorgesehen, dass Nationale Qualifikationsrahmen die in den Studienzyklen und Bildungsstufen zu erwerbenden Qualifikationen nach einheitlichen Prinzipien spezifizieren. Der entsprechende Zeitplan der Einführung der Nationalen Qualifikationsrahmen bis 2010 in allen EU-Ländern konnte jedoch nicht eingehalten werden (EACEA P9 Eurydice 2010, S. 22–23). Die Studienzyklen sind in der Regel gestuft bzw. horizontal differenziert. Die zunehmende Übertragung der Verantwortung für die Durchführung der konkreten Programme an die Hochschulen ergibt zunächst eine unübersehbare Menge unterschiedlicher Modi, die über die neue Output-Philosophie dennoch in praktisch allen Ländern deutlich grundlegende Gemeinsamkeiten aufweisen. Diese Gemeinsamkeiten ergeben sich auch durch die zunehmend sich entwickelnde Kompetenzforschung, die Output empirisch messen kann, wobei die Ebene des Zustandekommens und spezifischer Organisation nur dann interessiert, wenn suboptimale oder optimale Ergebnisse einem bestimmten Muster oder einer Konstellation von Zusammenhängen zugeordnet werden können. Als zunehmend wichtige allgemeine Ziele der Ausbildung werden genannt: Steigerung des Fachwissens, Kenntnisse und Fertigkeiten im Umgang mit Heterogenität, Stärkung der Verbindung von Theorie und Praxis, Forschungsbasierung der Ausbildung, didaktischer Gebrauch der neuen Medien und eine Ausweitung der Themenfelder des Fachs „Pädagogik".

Struktur und Organisation der Lehrerbildung

Eine gewichtige „Problemzone" der gegenwärtigen Reformen ist zweifellos die organisatorische und inhaltliche Strukturierung eines Systems horizontal und vertikal aufeinander abgestimmter Studienangebote, die u. a. übergreifende Kernbereiche mit spezifischen Qualifikationsansprüchen (deren Zahl zunimmt) verknüpfen. Im Rahmen des gemeinsamen Bekenntnisses zum Bologna-Modell gibt es innerhalb mancher europäischen Länder selbst, vor allem aber auch im Vergleich der Länder untereinander eine kaum überschaubare Vielfalt von Gestaltungsmodellen der drei grundlegenden Phasen: Erststudium, Aufbaustudium (postgraduate studies), Induction (systematische Berufseinführung). Dabei zeigen sich oft deutliche Bruchstellen, etwa in den Fragen, wann eine Selektion angesetzt werden soll, welche Abschlüsse welche Berechtigungen (z. B. anerkannte Credits auf einer späteren höheren Ebene, Lehrbefähigung in welchen Institutionen usw.) vermitteln, wie, wie lange und unter welcher Verantwortung (Universität, Schule) die studienpraktischen Teile stattfinden usw. Insgesamt zeigt sich, dass die neuen Strukturen als unterschiedliche Studienphasen zu oft nicht organisch miteinander verknüpft sind, sondern im Gegenteil unverbunden aufeinander folgen. Die Erfahrungen hiermit und das Bewusstsein für notwendige Veränderungen ist offenbar weiter gewachsen, die Forderung nach einer Gesamtkonzeption anstelle von punktuellen Reformeingriffen wird zunehmend gestellt. Die entsprechende Diskussion ist zwar keineswegs neu, aber zunehmend werden in einigen Ländern systematische Modelle einer „Lehrergesamtausbildung" entworfen (z. B. Schottland und Österreich).

Im Allgemeinen dauert die Primarstufenausbildung (die in einigen Ländern mit der Elementarschulbildung zusammengefasst ist) in einer Reihe von europäischen Ländern ohne Referendariat/Induction 3 Jahre und wird mit dem Bachelor oder (Äquivalent) abgeschlossen (*Belgien*, teilweise *Irland*, teilweise *Österreich*, *Polen*). In der Mehrzahl der Länder dauert sie 4 Jahre und wird ebenfalls mit dem Bachelor abgeschlossen. In Finnland, Frankreich, Island, Italien, Kroatien, Portugal, Slowenien, Slowakei, Tschechiens und Ungarn dauert die Ausbildung 5 Jahre und wird mit dem Master abgeschlossen. Eine verpflichtende Induktionsphase bzw. ein Referendariat gibt es außer in *Deutschland,* in *Estland, Portugal, Slowenien,* dem *Vereinigten Königreich, Kroatien* und der *Türkei.*

Die Sek-I-Ausbildung ist ebenfalls stark heterogen. In der Mehrzahl der Länder ist die Studiendauer für die Sek-I und die Sek-II gleich lang. In Dänemark, den Niederlanden, Polen, Rumänien, Schweden und der Türkei, ist sie jedoch kürzer als die Sek-II-Ausbildung.

Die Sek-II-Ausbildung schließt außer in Griechenland, Italien, Lettland, Litauen, Norwegen und UK mit einem Masterzertifikat ab. Eine verpflichtende Induktionsphase bzw. ein Referendariat nur im Sekundarschulbereich gibt es in Irland und offenbar im neuen Ausbildungsmodell in Italien (Hörner 2010). Da in einer Reihe von Ländern der Studienabschluss noch nicht die endgültige Lehrbefugnis bedeutet, kann die Gesamt-Erstausbildung in diesem Sinne länger als oben angegeben dauern. Dies ist, neben Deutschland, der Fall in Luxemburg, Estland, Luxemburg, Österreich (nur teilweise Sek-I- u. Sek-II-Ausbildung), Portugal, Rumänien, Slowenien, Ungarn und der Türkei. Die längste Ausbildung findet sich neben Deutschland in Luxemburg und Rumänien (nur für Sek-II) mit jeweils 7 Jahren. Die Postgraduiertenausbildung in UK (PGCE) ist ein konsekutiver Teil der Ausbildung, gilt nicht als Master-Programm, enthält aber Credits, die für den Master anerkannt werden können. Im Vergleich mit dem Stand von vor 5 Jahren kann in vielen Ländern eine Anhebung der Mindestausbildungsdauer festgestellt werden.

Die Struktur der Lehrerbildung ist in den skandinavischen Ländern trotz der ähnlichen Schulsysteme (vgl. Werler & Rasmussen 2010, Werler & Volckmar 2010) ganz unterschiedlich ausgebildet. Gemeinsames Charakteristikum ist, dass die Lehrerbildung aus drei grundlegende Elementen besteht: Unterrichtsfächer, Professionsfach und Praxis. Diese Felder sind nicht notwendigerweise klar voneinander abgegrenzt.

Studienzulassung

Die Bedingungen der Studienzulassung sind deutlich geprägt sowohl von akuten Situationen von Angebot und Nachfrage, aber auch von längerfristigen landestypischen Mustern. Die meisten Länder praktizieren eine offene Zulassung zum Lehrerstudium (bzw. eine eingeschränkte Zulassung, die aber je nach Marktsituation eher von Marktregulativen anstatt qualitativen Gesichtspunkten bestimmt wird), wobei sie späteren drop out oder einen Überhang an Bewerbern in Kauf nehmen. Nur wenige Länder verwenden ein System, das auf Zulassungsverfahren nach bestimmten Kriterien beruht und die weitere Ausbildung für die Zugelassenen offen hält. Es scheint, dass Variationen des zweiten Modells sich vor allem in leistungsstarken Systemen finden (vgl. Schleicher 2007, S. 18). Das Schlagwort vom „select then train"-System in *Singapur* entgegen dem „train then select"-Modell etwa in *Großbritannien* und den

USA (Schleicher 2012, S. 59) bezieht sich auf die Heranbildung von pädagogischem Führungsnachwuchs, kann jedoch im vorliegenden Zusammenhang auch auf die unterschiedlichen Philosophien in der Zulassungspolitik übertragen werden.

10.3 Reformansätze zu den verschiedenen Ausbildungsphasen von Lehrkräften

10.3.1 Innovative Ansätze bei der Rekrutierung von Lehrkräften

Angesichts der Altersstruktur der Lehrerschaft in Deutschland besteht ein hoher Ersatzbedarf an pädagogisch qualifiziertem Personal, der in den Fächergruppen, Schulstufen und Regionen unterschiedlich ist. Vor allem eine in den letzten Jahren festzustellende Zunahme der Anzahl so genannter Quer- oder Seiteneinsteiger (vgl. Autorengruppe Bildungsberichtserstattung 2008, 2010 und 2012) oder von Initiativen wie „teaching first" werfen die Frage nach dem Umgang mit Quer- oder Seiteneinsteigern und ihrer Qualifikation auf. Im Folgenden sollen die dabei praktizierten Strategien in anderen Staaten, die in einer ähnlichen Situation sind, verdeutlicht werden. Besonderes Augenmerk richtet sich dabei auf die Fragen:

- Wie es gelingt, die erforderlichen pädagogischen, didaktischen und fachdidaktischen Qualifikationen zu sichern? und
- Wie kann einer Deprofessionalisierung der Lehrtätigkeit entgegenwirkt werden?

Bis auf wenige Ausnahmen besteht in den meisten europäischen Staaten ein akuter Lehrermangel. Die Ursachen dafür sind vielfältig und von Staat zu Staat verschieden. Es scheint, dass dazu u. a. die Überalterung der bisherigen Lehrerschaft in Verbindung mit zu geringen Einstellungskorridoren für neu ausgebildete Lehrkräfte in Vergangenheit und Gegenwart, geringe Karrieremöglichkeiten, das im Vergleich zu ähnlich qualifizierten Berufsgruppen geringere Gehalt und die mangelnde soziale Anerkennung des Lehrberufs beigetragen haben.

Verbreitet sind die von einem Lehrermangel betroffenen Staaten daher dazu übergegangen, Strategien zur Gewinnung und Qualifizierung von Seiteneinsteigern zu entwickeln. Diese reichen von Werbekampagnen bis zu individualisierten Qualifizierungsprogrammen. Die folgende Darstellung fasst die unterschiedlichen Strategien unter der oben beschriebenen Perspektive zusammen:

Eine erste Strategie besteht, wie vorstehend näher erläutert, darin, Werbekampagnen zu nutzen, um potentielle Studierende zu gewinnen. In den skandinavischen Staaten, in denen diese Strategie verbreitet ist, geschieht dies einerseits zentral organisiert durch die für die Universitäten und Hochschulen verantwortlichen Ministerien als auch andererseits durch die Hochschulen selbst. Die Werbekampagnen seitens des

Staates haben die Aufwertung des Lehrerberufs sowie eine Attraktivitätssteigerung zum Ziel. Diese Kampagnen werden in der Regel internetbasiert durchgeführt *(GNIST (dt. FUNKE) (N); Blivlærer! (dt: Werde Lehrer!) (DK), Fördetvidare (dt: Führe es weiter) (S))*. Die regionalen Einrichtungen der Lehrerbildung konzentrieren sich bei ihren entsprechenden Kampagnen in der Regel auf ihren „Lokalmarkt"; sie befinden sie sich dabei im Dialog mit den Schulträgern über den zukünftigen regionalen Bedarf an Lehrern; Zum anderen präsentieren sie die regionale Lehrerausbildung sowie deren Bedeutung in den weiterführenden Schulen ihrer Region. Studien zeigen (Werler 2012), dass es dadurch zwar gelingt, die Lehrerzahl, ihren Status und ihr Einkommen besonders in den Sekundarstufen I und II zu heben; doch führt dies gleichzeitig zu einer verschärften Rekrutierungssituation für die Primarstufenlehrer.

Der angesprochene Lehrermangel hat zugleich in den skandinavischen Ländern Dänemark, Norwegen, Schweden zu einer Schulpraxis geführt, bei der Lehrkräfte auf allen Niveaus als Lehrer angestellt werden, auch wenn sie keine Fachausbildung vorweisen können. Als wesentlich für die Durchführung von Unterricht wird ihr Fachwissen/ -können angesehen. Diese Lehrer werden vor Ort seitens der Schulen eingearbeitet. Abseits des „Teach First-Programms" in Norwegen gibt es dazu keine anderen offiziellen Qualifizierungsprogramme.

Eine Ausnahme macht dabei aber Finnland, das Anfang 2000 ein vom Unterrichtsministerium sonderfinanziertes Erweiterungsprogramm für die Lehrerbildung aufgelegt hat[1]. In diesem Programm finden mehrere Modelle Anwendung, die ein berufsbegleitendes Studium ermöglichen. Angeboten werden auch Umschulungslösungen für Quer- und Seiteneinsteiger, die den Wechsel aus anderen Branchen in die Schule befördern sollen. Seit Einführung des Programms gibt es kaum noch Klagen über Bewerbermangel. Auch für die als problematisch geltenden mathematisch-naturwissenschaftlichen Fächer gab es seither genügend Bewerber.

Eine gänzlich andere Strategie verfolgt, wie dargestellt, *England*: Hier wurden zahlreiche neue Möglichkeiten geschaffen, den Lehrerberuf zu ergreifen. Entscheidend war, dass an die Stelle eines Kerncurriculums für die Lehrerbildung eine Standardbeschreibung der Lehrerkompetenzen trat und damit eine Beschreibung des geforderten Wissens, Könnens und der Fertigkeiten, um so einen qualifizierten Lehrerstatus (*Qualified Teacher Status*, also die Lehrbefähigung für England und Wales) zu erhalten; dieser Status wird dann auf vier Niveaus (C, P, E, A) entsprechend dem Kompetenzumfang verliehen. Die Verleihung erfolgt nicht durch die Ausbildungsinstitutionen, sondern durch die *Teaching Agency* (TA).

Der QT-Status stellt insofern eine Lehrerlizensierung dar und bildet die Voraussetzung, um als Lehrer angestellt werden zu können. Dies gilt für „klassisch" ausgebildete Lehrkräfte ebenso wie für „Quereinsteiger". Das jeweils erreichte Niveau der

1 Vgl. Armi Mikkola: Finnische Lehrerausbildung. www.finnland-institut.de.

Lizensierung hat direkte Konsequenzen für die Bezahlung der Lehrer. Bemerkenswert dabei ist, dass TDA die Kompetenzen der Lehrer als „craft of teaching" bezeichnet (TDA 2008: 1), was das allgemeine Professionsverständnis auf ein Handwerk reduziert. Dieser Status der Lehrer in England hat scheinbar zur Folge, dass die Lehrersituation in geringerem Ausmaß von Rekrutierungsproblemen gekennzeichnet ist als vergleichsweise in Nordeuropa.

Eine dritte Strategie schließlich besteht darin, generell Quer- oder Seiteneinsteiger für den Lehrerberuf zu gewinnen und individuell gezielt zu qualifizieren. In den Staaten, die dies praktizieren und zu denen zum Beispiel *Österreich* gehört, werden Quereinsteiger von der Bildungsadministration und Vertretern der Wirtschaft als wichtige Bereicherung angesehen, die Schule lebens- und wirtschaftsnäher zu gestalten, Lebenserfahrungen sowie Kompetenzen und Knowhow aus der Wirtschaft in die Schule zu bringen.

In Österreich werden dazu an einzelnen Pädagogischen Hochschulen speziell für Berufstätige konzipierte Studienangebote angeboten und zum Teil individuell, quasi „maßgeschneidert" zugeschnitten. In gleicher Weise werden auch Angebote für diejenigen entwickelt„ die nach einer früheren beruflichen Tätigkeit und dem Ablegen einer „Berufsreifeprüfung" oder einer „Studienberechtigungsprüfung" für ein reguläres Lehramtsstudium zugelassen werden und die dabei ihre beruflichen Erfahrungen aus einem ganz anderen Bereich in die Schule einbringen. Daneben gibt es in Österreich „ungeprüfte" Lehrpersonen, die auf Basis einer dem Schulfach sehr ähnlichen fachlichen Kompetenz bei Lehrermangel herangezogen werden (z. B. aktive Künstler für das Fach „Bildnerische Erziehung"; Physiker oder Informatiker aus der Wirtschaft); diese erhalten in der Regel nach einiger Zeit die Möglichkeit, eine verkürzte pädagogische Ausbildung zu absolvieren und damit eine Lehrberechtigung zu erlangen.

In *Irland* gibt es für Quereinsteiger die Möglichkeit, einen Zusatzstudiengang an einem der Colleges zu belegen, der für Hochschulabsolventen, die in den Lehrberuf für Primarschulen wechseln möchten in der Regel 18 Monate dauert. Ein weiteres konsekutives Modell zur Lehrerbildung ermöglicht es den Absolventen von Studiengängen, die einen BSc oder BA erworben haben, im Laufe eines weiteren Studienjahres ein Postgraduierten-Diplom in Pädagogik zu erlangen.

10.3.2 Innovative Ansätze bei der Ausbildung von Lehrkräften, insbesondere im Verhältnis von Fachwissenschaft, Bildungswissenschaft, Fachdidaktik und Praxis

Das pädagogische Personal im Schulwesen wird in *Deutschland*, mit Ausnahme von Baden-Württemberg, wo Teile der Lehrerausbildung auch an Pädagogischen Hochschulen angesiedelt sind, an Universitäten ausgebildet. Lange Zeit erfolgte die Lehrerausbildung nach einem tradierten Muster in zwei Phasen: In Abhängigkeit vom Lehramt und der jeweiligen Schulstufe dauerte die Ausbildung für das Fach-, Didaktik- und erziehungswissenschaftliche Studium 6 bis 9,5 Semester, an deren Ende das erste Staatsexamen abzulegen war. Konzeptionell besteht dabei bis heute ein Spannungsverhältnis zwischen eher fachorientierten und eher fachdidaktisch-pädagogisch und bildungswissenschaftlich akzentuierten Studiengängen der Lehrerbildung. Sichtbar wurde das vor allem anhand der Aufteilung der Stundenanteile im Studium: Der Anteil der fachwissenschaftlichen Ausbildung lag deutlich über denen für die fachdidaktische und bildungswissenschaftliche Ausbildung. Zwar gab und gibt es auch in der Ausbildung der ersten Phase Praktika, deren Gewicht liegt aber in der zweiten Phase. In der zweiten Phase der Lehrerausbildung setzten die angehenden Lehrerinnen und Lehrer ihre Ausbildung mit einer 18 bis 24 Monate dauernden zweiten Phase, dem Referendariat, fort. Dieses Modell der Lehrerausbildung unterlag in den letzten Jahren einem tief greifenden Veränderungsprozess. Wichtige Elemente sind dabei die international übliche Bachelor- und Masterstruktur (einschließlich Modularisierung, CVTS usw.), eine Verstärkung der fachdidaktischen und erziehungswissenschaftlichen Ausbildungsanteile sowie eine Betonung des Praxisbezugs.

Unter dieser Perspektive soll vor allem folgenden Fragen nachgegangen werden:

- Wie ist im Ausland das Verhältnis von Fachwissenschaft einerseits sowie Fachdidaktik und Bildungswissenschaft andererseits gestaltet?
- Welche Rolle spielen (welche) Praktika bereits in der Ausbildung künftiger Lehrerinnen und Lehrer?

Hinsichtlich des Verhältnisses von Fachwissenschaft, Bildungswissenschaft, Fachdidaktik und Praxis scheinen die analysierten Staaten zwei Mustern zu folgen: einerseits findet sich eine große Betonung der Fachwissenschaft zu Lasten der Bildungswissenschaft und der Fachdidaktik, andererseits praktiziert eine Reihe von Staaten genau die entgegengesetzte Position, indem sich dort besonders hohe Anteile an bildungswissenschaftlicher und fachdidaktischer Ausbildung finden. Zwischen den Ländern gibt es diesbezüglich z.T. große Unterschiede. Diese betreffen nicht nur die Anteile, sondern auch die Konzepte besonders der berufsqualifizierenden fach- und berufswissenschaftlichen Studienanteile.

Eine wesentliche Erkenntnis aus der Evaluation der Lehrbildungsprogramme in den *skandinavischen Ländern* ist, dass mit der Reduzierung des Anteils der Pädagogik um ca. 50% die Lehrerbildung den identitätsstiftenden Kern der Professionsbildung verlor. Im aktuellen Reformzyklus verfolgen die skandinavischen Länder eine gemeinsame Entwicklungslinie und verdoppelten nunmehr den Umfang der Pädagogikausbildung um 50% (60 ECTS). Auffallend in den Dokumenten und Vorschriften über die Lehrerbildung ist, dass jetzt die Pädagogikausbildung als verbindendes Element (zwischen Fachdidaktik und Praxis) und als zentrales Element professioneller Tätigkeit angesehen wird. Für die Lehrerbildung in den skandinavischen Staaten heißt das auch, dass sie die zukünftigen Lehrkräfte mit der sozialen Situation und deren Konsequenzen bezüglich der Bildungsbeteiligung vertraut machen muss; daher sollen die Lehrer Kompetenzen und Wissen darüber erwerben, wie sie im Schulalltag darauf adäquat reagieren. Die entsprechenden Lernfelder beziehen sich auf die Bereiche Sonderpädagogik (Inklusion) und Diagnostik, altersspezifischer Unterricht, Mehrsprachigkeit, adapted teaching, Mobbing, Umgang mit nationalen Minderheiten (Sami) und *classroom mangement.*

Auch die fachdidaktische Ausbildung spielt im Studium der Fachlehrer für die Sekundarstufe I und für die Sekundarstufe II eine große Rolle. Allgemein wird in den (reformierten) skandinavischen Lehrerbildungsprogrammen die fachdidaktische Ausbildung betont, die ihrerseits in das jeweils studierte Unterrichtsfach integriert ist. Grund hierfür ist die Überzeugung, dass diese Form wesentlich dazu beiträgt, die Kompetenzen zu erwerben, die einen professionellen Lehrer kennzeichnen.

Australien kennt, wie am Beispiel der Monash Universität aufgezeigt wurde, eine große Vielfalt von Studienorganisationsformen, die sich durch eine besondere Betonung bildungswissenschaftlicher Themen auszeichnen. Die Ausbildung ist gleichwertig aufgeteilt in Bestandteile aus dem pädagogischen Bereich und geisteswissenschaftlichen Kursen (arts).

Die Gegenüberstellung entsprechender Ausbildungsteile am Beispiel der Ausbildung von Mathematiklehrern in verschiedenen Staaten verdeutlicht, dass es international sehr unterschiedliche fachdidaktische Anteile in der Ausbildung gibt. In *Südkorea* und *Taiwan* wird zwar mehr als die Hälfte der Ausbildungszeit auf Mathematik verwendet (dafür gibt es kein zweites wissenschaftliches Fach), aber immerhin 20% der Ausbildungsanteile entfallen auf Mathematikdidaktik – diese Anteile machen in Deutschland nur etwa 5% des Ausbildungsumfangs aus. Zudem geht in diesen asiatischen Staaten ein Viertel der Ausbildungszeit in der Ein-Fach-Ausbildung in pädagogisch-psychologische und allgemeinbildende Anteile.

In Bezug auf die *Rolle von Praktika* finden sich ebenfalls zwei Vorgehensweisen: Zum einen sind schulpraktische Übungen integrativer Bestandteil der Lehrerausbildung mit hohen Ausbildungsanteilen (z.T. an hochschuleigenen Schulen), zum anderen findet sich das auch in Deutschland praktizierte zeitliche Nacheinander von (überwiegend theoretischer) Ausbildung an Hochschulen und praktischer Ausbildung in verschiedenen Formen.

Dabei gibt es Staaten, die im Zuge des Bologna-Prozesses von einer gestuften Ausbildung zu einer integrierten gewechselt sind, z. B. Frankreich. In *Frankreich* war bisher die Lehrerausbildung in zwei Etappen gegliedert. Im ersten Jahr des *Instituts universitaire de formation des maîtres* (IUFM)[2], das nicht obligatorisch ist, bereiten alle Lehrerkategorien die jeweiligen Zugangswettbewerbe (*concours*) für die praktische Ausbildung (Referendariat) vor. Das zweite Jahr im IUFM ist dann der (schul-)praktischen Ausbildung gewidmet. Im Zusammenhang mit der Bologna-Reform hat es ab 2010 folgende Veränderung gegeben: die Wettbewerbsprüfung wurde an das Ende des zweiten Masterjahrs gelegt und die Schulpraktika des Referendariats bereits in die beiden Masterjahre integriert. Dadurch entfällt das Referendariat. Diese Reform steht unter dem Stichwort der Professionalisierung der Lehrerausbildung in Frankreich.

Das Ziel der Praxisausbildung in den *skandinavischen Staaten* ist darauf gerichtet, die Studierenden eigene Praxistheorien entwickeln zu lassen, indem sie über ihre Praxiserfahrungen (Unterrichten, Planen, Vorbereiten, Zusammenarbeit mit Kollegen, Schülern und Eltern etc.) reflektieren. Durch die Praxisausbildung soll die praktisch-pädagogische Kompetenz als auch die Kompetenz, den eigenen sowie den Unterricht anderer zu analysieren, gefördert werden. Um dies zu erreichen, betonen die skandinavischen Verordnungen zur Lehrerbildung, dass die Kopplung zwischen Theorie und Praxis unumgänglich ist. Die reformierten skandinavischen Programme haben als gemeinsames Merkmal, dass die theoretische Ausbildung wesentliche Prämisse zur Entwicklung eigener didaktischer Handlungen ist. Im Studium werden den Studierenden (empirische) Forschungsresultate vermittelt und diese werden im Anschluss daran in die Praxis umgesetzt. Um die didaktischen und diagnostischen Fertigkeiten der Studierenden zu verbessern, müssen z. B. die Studierenden in *Dänemark* Unterrichtstunden vorbereiten, durchführen und deren Wirkung evaluieren. Ähnlich ist dies in *Norwegen* gestaltet: die Studierenden müssen die Praxisausbildung anhand eines Leitfadens dokumentieren.

Die Lehrerbildung in Finnland geschieht nach dem „Schichttortenprinzip“: Theorie und Praxis werden laufend aufeinander bezogen. Zudem gibt es für die praktischen Ausbildungsanteile eigene Universitätsschulen. Die Ausbildung dauert mindestens fünf Jahre, es folgt aber keine „Referendarzeit“. Da es sehr viel mehr Bewerber als Studienplätze für alle Lehrämter gibt, werden die Plätze nach einem strengen Auswahlverfahren vergeben. So werden zum Beispiel an der Universität Helsinki die 1.000 besten Bewerber für ein Lehrerstudium zur schriftlichen Prüfung eingeladen. Von den besten 300 werden nur etwa 100 in Einzelgesprächen und Gruppeninter-

2 Die Instituts universitaire de formation des maîtres (IUFM) sind Lehrerbildungsinstitute.

views ausgewählt, je nach Lehrerbedarf.[3] Im Allgemeinen wird von den Bewerbern für ein Klassenlehrerstudium das Abitur, ein Berufsexamen oder eine entsprechende ausländische Qualifikation erwartet. Die Auswahl für das Klassenlehrerstudium geschieht in zwei Stufen. Der erste Schritt erfolgt landesweit auf der Grundlage des Abiturzeugnisses, des Abschlusszeugnisses der gymnasialen Oberstufe, früherer Studienleistungen und jeweils geeigneter Arbeitserfahrungen, für die es entsprechend Punkte gibt. Die zweite Auswahlphase erfolgt einrichtungsspezifisch und richtet sich nach den Aufnahmeverfahren und -kriterien der jeweiligen Universität.

Das finnische Unterrichtsprinzip „Wir unterrichten Menschen, nicht Fächer“ spiegelt sich auch in der Lehrerbildung wider. Hauptfach im fünfjährigen Klassenlehrerstudium für die Klassen 1 bis 6 der Unterstufe (ala-aste) ist Pädagogik (von theoretischen Fragen bis zum täglichen Lehrerhandeln, einschließlich *classroom mangement*). Da der Klassenlehrer[4] fast alle Fächer unterrichtet, ist das Studium „universell“. Gleichzeitig mit dem Pädagogikstudium ist ein einjähriges Unterrichtspraktikum an einer mit der Universität kooperierenden Schule zu absolvieren. Dabei erhalten die Studentinnen und Studenten Einblicke in das Schulleben und lernen zu unterrichten. Die schulischen Mentorinnen und Mentoren erhalten eine Zusatzausbildung, sie kooperieren eng mit den Lehrkräften an den Universitäten und ihre Tätigkeit wird zusätzlich honoriert.

Das dargestellte Projekt aus *Kanada*, bestätigte die Bedeutung des Praktikums im Rahmen der Gesamtausbildung sowie die Beziehung zwischen Mentoren und Praktikanten in der Praxisphase, es hob die Notwendigkeit des Feedbacks an die Studierenden sowie des Einfühlungsvermögens der Mentoren hervor: In gleicher Weise bestätigten *schottische Studenten* die positiven Wirkungen insbesondere der Praxis, von Seminaren, Gruppenstudien und des Peer Learning. Andere Studien und internationale Vergleiche deuten ebenfalls daraufhin, dass die Lehrerstudenten der möglichst frühen Praxiserfahrung eine vorrangige Bedeutung einräumen.

In *Australien* liegt sowohl für die Primarstufenausbildung als auch für die Primarstufenpädagogik, die auch als Sprungbrett in andere Berufe dienen kann und als

3 Dieses Herangehen ist jedoch ambivalent zu sehen: Schon die Philosophie, dass „nur die Besten Lehrer werden sollen“, ist hinsichtlich des Bezugsrahmens zu hinterfragen (beste Prüfungsergebnisse oder beste Eignung?). Da nur die Bewerberinnen und Bewerber mit den besten Schul- und Abiturzeugnissen zur schriftlichen Prüfung eingeladen werden, werden auch solche „ausgesiebt“, die später möglicherweise gute Lehrer wären.

4 Ein finnisches Schulkollegium, in dem der Klassenlehrer eine besondere Rolle spielt, ist ein „multikompetentes“ Team. Während in Deutschland nur Lehrkräfte, Sekretärin und Hausmeister an den Schulen tätig sind, gibt es in Finnland darüber hinaus eine Schulgesundheitsfürsorgerin – das Berufsbild existiert in Deutschland nicht –, dazu Schulpsychologen, Schulsozialarbeiter, so genannte Kuratoren, und Lehrkräfte mit Spezialausbildung für die Förderung der schwachen Schüler.

„Doppelqualifizierung" gilt, die verpflichtende Dauer der Unterrichtspraxis in einer Schule gleichermaßen bei insgesamt 80 Tagen, auf das vierjährige Studium und mit einem Schwerpunkt von 40 Tagen im letzten Studienjahr verteilt.

Praktika spielen auch in den Hauptformen der Lehrerbildung in *Österreich* eine wichtige Rolle: An den Pädagogischen Hochschulen gibt es Praktika im Rahmen der Eingangsphase des Studiums (2 Semester) sowie als „Tagespraktikum" vom 1. bis zum 5. Semester: Studierende sind einen Vormittag pro Woche an einer Schule, an der sie in der Regel dann zwei Unterrichtseinheiten unterrichten und dafür Rückmeldungen in Form einer Vor- und Nachbesprechung erhalten. Im 4. und 5. Semester gibt es zusätzlich ein Blockpraktikum, in dem sie für mehrere Wochen den Unterricht in einer Praxisklasse übernehmen. Im 6. Semester findet das Tagespraktikum in geblockter Form statt. Praktika sind hier mit pädagogischen, fachwissenschaftlichen und fachdidaktischen Lehrveranstaltungen vernetzt und werden in einem Praxisteam organisiert und betreut. Ein solches besteht aus der Praxislehrperson, einer Lehrperson an der PH sowie 1 bis 3 Studierenden. Praktika und Lehrveranstaltungen orientieren sich an einem gemeinsamen Kompetenzkatalog.

Anders ist die Situation der Praktika in der Lehrerausbildung an den Universitäten. Hier sind lediglich zwei Praktika in das Studium integriert, ein „Erkundungspraktikum" im Ausmaß von 20 Stunden in der Studieneingangsphase sowie ein „Schulpraktikum" im Umfang von 8 Wochen (90 Stunden), das idealtypisch im 5. Semester des Lehramtsstudiums angeordnet ist, in der Regel aber deutlich später absolviert wird. Das Erkundungspraktikum ist eher am Kennenlernen der Tätigkeiten von Lehrpersonen und der dafür notwendigen Kompetenzen ausgerichtet, das Schulpraktikum am Erlernen und Üben des Unterrichtens. Es wird häufig in Gruppen bis maximal 4 Studierenden absolviert und wird von Universitätslehrkräften begleitet, die dabei in Kontakt mit den Betreuungslehrpersonen an der Schule stehen. Die Art der Kooperation ist nicht explizit geregelt. Universitäre Lehrveranstaltungen werden zur Vorbereitung und zur Aufarbeitung des Praktikums angeboten.

In *Portugal* ist bei dem seit 2007 geltenden nationalen Rahmencurriculum für die Lehrerbildung für den Grundschulstudiengang der Praxisbezug von Anfang an vorgesehen. Die Lehrerstudenten erkunden zunächst außerschulische Praxisfelder, um ihren pädagogischen Horizont zu erweitern. Dann übernehmen sie schrittweise das Unterrichten, im Master-Programm widmen sie sich weitgehend der Unterrichtspraxis und übernehmen Verantwortung für den Unterricht.

In den anderen Masterstudiengängen allerdings gewinnen die Studenten keine große Erfahrung mit unterschiedlichen Gruppen auf unterschiedlichen Schulstufen, sondern beschränken ihre Unterrichtspraxis auf eine Schule und eine oder zwei Klassen.

In *Irland* variieren die Verfahren, das Ausmaß und die Art der Schulpraxis (*field experience*) während der Erstausbildung für das Lehramt, je nachdem, welches Studienmodell gewählt wurde. Das simultane Programm zum Erwerb des Bachelor of Education beinhaltet gewöhnlich Praktika an Schulen von insgesamt zwölf Wochen. Schulpraxis ist in diesem Studiengang stets von großer Bedeutung für die Vorbereitung auf den Lehrberuf gewesen und keinem Studierenden wird der Titel des BEd als „bestanden“ oder „mit Auszeichnung bestanden“ verliehen, wenn er nicht für die Schulpraxis dieselbe Note vorweist. Im konsekutiven Modell umfasst die Schulpraxis meist fünf halbe Tage in der Woche. Auch hier steht das eigenständige Unterrichten in einem der gewählten Unterrichtsfächer im Mittelpunkt

In *Malta* beinhalten die Lehramtsstudiengänge Schulpraktika in allen vier Studienjahren Um zum einjährigen Aufbaustudium (P.G.C.E.) zugelassen zu werden, müssen die Studierenden nicht nur das Bachelor-Studium abgeschlossen haben, sondern auch eine Lehrprobe und eine mündliche Prüfung zum Unterricht bzw. zur Didaktik erfolgreich bestanden haben.

Die dargestellten Herangehensweisen und Entwicklungen machen auf eine Reihe von Widersprüchen bzw. Spannungen im Verhältnis von Fachwissenschaft, Bildungswissenschaft, Fachdidaktik und Praxis aufmerksam. Diese ergeben sich u. a. aus folgenden Gesichtspunkten:

- International stellt die Einführung einer neuen integrierten Ausbildung, die gleichzeitig die Relevanz der Praxisfähigkeit berücksichtigt als auch die Bindung an die universitäre Fachwissenschaft herstellt bzw. aufrechterhält, eine verbreitete Herausforderung an die Bildungspolitik wie an die Lehrerausbildungseinrichtungen dar. Ein besonderes Problem sind dabei die Interessen der Hochschulen. Hier steht oft das Interesse der Fachdisziplinen, sich gegenüber der Bildungswissenschaft und der Fachdidaktik zu behaupten, im Vordergrund.
- Sofern die Fächer im Bachelorstudium von den bisherigen akademischen Standards der üblichen Wissenschaftsfächer abweichen, droht den Lehrenden in diesem Bereich ein Prestigeverlust. Andererseits kommt den Lehrerstudien als Massenfach möglicherweise eine große finanzielle Bedeutung für die Hochschulen zu – u. a. auch, weil sie relativ kostengünstiger sind als die rein akademischen Fachstudien. Hierauf hat, unter den besonderen Bedingungen der USA, aber mit letztlich ähnlichen Konsequenzen Mintrop hingewiesen (vgl. Mintrop 2006).
- Schließlich ergibt sich auch ein Spannungsverhältnis zwischen den generellen Forderungen nach weiterer Professionalisierung (im Sinne von professionellem Alltagshandeln) des Lehrerberufs einerseits und den vermehrten Quereinstiegsmöglichkeiten mit verkürzten Qualifizierungszeiten andererseits.

10.3.3 Innovative Ansätze bei der Berufseinmündung

Seit Jahren diskutieren Bildungsexperten in *Deutschland* über größere Praxisanteile im Lehramtsstudium, über die Ausgestaltung des Referendariats und die Bedeutung der ersten Berufsjahre. Dabei wird verbreitet davon ausgegangen, dass für die Kompetenzentwicklung einer Lehrperson die ersten Berufsjahre entscheidend seien. Weiterbildung sei in dieser Zeit ebenso unerlässlich wie konkrete Unterstützungsangebote in der Berufseingangsphase. Der Berufseinstieg ist eine entscheidende Phase in der beruflichen Tätigkeit von Lehrkräften. Nach einem formellen Abschluss der Lehrerausbildung folgt die Übernahme der vollen Verantwortung als hauptamtliche Lehrkraft. Ob es im Ausland spezielle Unterstützungsstrategien für Lehrkräfte in der Berufseinstiegsphase gibt und welche innovativen Ansätze sich dabei zeigen, soll nachfolgend betrachtet werden.

In internationaler Perspektive unterscheiden sich die Anstrengungen vieler Länder in Bezug auf die Berufseinmündung von Lehrkräften erheblich. Das Spektrum reicht von formalisierten Programmen für die Unterstützung von Lehrkräften beim Berufseinstieg bis zu völliger Abwesenheit jeglicher Unterstützungsmaßnahmen. Nach einem OECD-Bericht von 2005 verfügten nur acht Länder – darunter Deutschland und Österreich – über keine entsprechenden Programme. Zehn Länder hatten dagegen verpflichtende Einstiegsprogramme: Australien, England und Wales, Frankreich, Griechenland, Israel, Italien, Japan, Nordirland, Südkorea und die Schweiz. Diese wurden in der Regel entweder an Schulen oder in Zusammenarbeit von Schulen und den Institutionen der Erstausbildung angeboten. In sieben weiteren Ländern (z. B. Kanada, Neuseeland, China) bestand keine Teilnahmepflicht, es wurden aber Einstiegsprogramme angeboten (vgl. OECD 2005).

Laut der Zahlen von EURYDICE aus dem Jahr 2010, gibt es in weniger als der Hälfte aller europäischen Länder eine *induction phase*, im Sinne eines Referendariats, die dort auch als „*final ‚on-the-job' qualifying phase*" bezeichnet und auf Deutsch als „Einführungsprogramm" übersetzt wird: Eine „*Induction Phase*" im engeren Sinne gab es 2009 laut Eurydice, neben Deutschland, in Österreich (nur für Lehrer der Allgemeinbildenden Höheren Schule), Portugal, dem Vereinigten Königreich und der Türkei, wobei die Referendare als qualifiziert gelten, aber noch keine abschließende „Lizenz zum Unterrichten" haben.

In den Staaten, die kein obligatorisches *Induction System* eingeführt haben, gibt es in der Regel Verordnungen oder Empfehlungen, die Programme verschiedenster Art zur beruflichen Eingliederung von Junglehrern vorsehen (European Union 2010, S. 11–12).

Die berufsqualifizierende Ausbildungsphase am Arbeitsplatz Schule ist in den einzelnen Staaten unterschiedlich strukturiert. Je nach Aufbau und Art der Aufgabenerhalten die Lehrkräfte in Ausbildung eine mehr oder weniger regelmäßige Unterstützung. So werden sie etwa in allen Aufgaben, die im Zusammenhang mit ihrer Unterrichtspraxis stehen, zum Teil täglich bzw. mindestens einmal pro Woche unterstützt und müssen noch nicht die volle Verantwortung für ihre Klasse übernehmen. In die Unterstützungsangebote ist jeweils ein ganzes Netz von Akteuren eingebunden. Eine besonders wichtige Rolle spielen dabei der „Mentor/die Mentorin“[5]. Das sind in der Regel erfahrene Lehrkräfte, die mit der unmittelbaren Verantwortung für die Unterstützung der in Ausbildung befindlichen Lehrkraft während der gesamten berufsqualifizierenden Ausbildungsphase in der Schule betraut sind.

In Luxemburg wurde das Konzept der Mentorenschaft erstmals mit der Reform von 1998 eingeführt, um den Lehrkräften im Praktikum *(enseignantsstagiaires)* während ihres gesamten Unterrichtspraktikums *(stagepédagogique)* eine kontinuierliche Betreuung zusichern zu können. Das luxemburgische Konzept sieht die Mitwirkung von drei Partnern vor, die unterschiedliche, einander ergänzende Rollen übernehmen: Ein *tuteur* (Mentor), der dafür verantwortlich ist, den *stagiaire* schrittweise in die Unterrichtspraxis in der Schule einzuführen; ein *formateur* (Ausbilder), der die Aufgabe hat, die Ausbildungsmodule am *Département de formation pédagogique* des *Centre Universitaire de Luxembourg* anzuleiten und die schrittweise Einführung des *stagiaire* in die pädagogische Praxis zu gewährleisten; und ein *coordinateur* (Koordinator), dessen Aufgabe darin besteht, die theoretischen und praktischen Ausbildungskomponenten aufeinander abzustimmen, der aber auch die Funktion eines Mentors oder Beraters übernehmen kann. Mentoren oder Berater sind vollqualifizierte Lehrkräfte, Mitglieder des Lehrkörpers der betreffenden Schule und schon länger im Beruf.

Eine spezifische Ausbildung hierfür ist jedoch in den seltensten Fällen vorgeschrieben. In Europa stellt die *Schweiz* neben Frankreich eine solche Ausnahme dar. In den Kantonen Bern und Luzern beispielsweise müssen sowohl schulische Mentorinnen und Mentoren als auch pädagogische Beraterinnen und Berater Kurse durchlaufen, bevor sie ihre Aufgaben übernehmen dürfen. Pädagogische Berater werden in dreijährigen berufsbegleitenden Kursen ausgebildet, Mentoren müssen eine Ausbildung im Umfang von mehreren ganztägigen Trainings durchlaufen.

In *Nordirland* bieten die zuständigen Bildungsbehörden *(Education and Library Boards)* eine Schulung und ein Kursprogramm für Mentoren an, das sich auf Aspekte der Anleitung und der Koordinierung der Entwicklung der Berufsanfänger in der *induction stage* (Einführungsphase) bezieht. Die *Boards* bieten darüber hinaus auch an den Schulen Unterstützung für Mentoren an, insbesondere in Form von Supervisionsangeboten und Beratungen hinsichtlich der Vermittlung von Feedback.

In *Slowenien* wird eine mehrtägige Ad-hoc-Ausbildung für Mentoren an den Universitäten und am Pädagogischen Institut angeboten.

5 Auch „Berater“, „Koordinator“, „Tutor“, „Betreuungslehrer“ usw. genannt.

Gemeinsamer Ausgangspunkt für alle *skandinavischen Länder* ist nicht nur ein starkes Interesse an der weiteren Professionalisierung der Lehrer, sondern sie sind auch bestrebt, die jungen Lehrer dazu zu motivieren auf Dauer als Lehrer zu arbeiten und nicht in ein finanziell attraktiveres Berufsfeld zu wechseln. Daher haben die Länder Mentorenprogramme eingeführt, welche die Junglehrer in ihrer weiteren professionellen Entwicklung unterstützen sollen.

Besonders markant wird auf diese Programme in *Dänemark* hingewiesen, dort werden Bewerber bereits in der Stellenausschreibung auf die entsprechenden Programme hingewiesen. Diese bestehen in der Regel in Einführungskursen zu allgemeinen Fragen, Kursen zum Austausch über Erfahrungen, Mentorvereinbarungen, Kompetenzentwicklungsprogrammen aber auch höheren Gehältern und weniger abzuleistende Unterrichtsstunden. Die am häufigsten gebrauchte Form in der *folkeskole* ist jedoch die Zuweisung eines erfahrenen Kollegen (mit 10 bis 20 Arbeitsstunden) während des ersten Berufsjahres. Jene Lehrer, die in der Sekundarstufe II unterrichten, können in den ersten beiden Berufsjahren an Programmen teilnehmen, die aus einer Kombination aus Unterricht, Mentorunterstützung, didaktischer Kompetenzentwicklung, Evaluation und Fachstudium bestehen.

In *Schweden* haben seit 1995 neu ausgebildete Lehrer an allen Schulen das Recht auf eine Betreuung und auf einen Mentor während des ersten Berufsjahres. Die Verantwortung darüber obliegt der Kommune, die diese an den jeweiligen Schulleiter delegiert. In der Regel nehmen die neuen Lehrer gemeinsam mit anderen neuen Lehrern an Seminaren teil, die dem Erfahrungsaustausch dienen und praktisch-didaktische Lösungsansätze skizzieren. Problematisch kann dabei die Möglichkeit sein, dass die Mentorenschaft ihren Charakter verändert und der Mentor nicht mehr als Berater oder Unterstützer wahrgenommen wird sondern als Kontrolleur.

Im *Vereinigten Königreich* zum Beispiel wird jeweils in Absprache mit dem Junglehrer, dem *Newly qualified teacher* (England) bzw. dem *beginning teacher* (Nordirland) jeweils ein individueller Unterstützung- und Betreuungsplan für die *induction period* (England) bzw. die *induction stage* (Nordirland) ausgearbeitet, damit jedem Einzelnen auf angemessene Weise geholfen werden kann, die Anforderungen zu erfüllen, die im Laufe der Einführungsphase an ihn gestellt werden.

In den *USA* war schon 1996 angeregt worden, generell das erste Berufsjahr in den Schulen nach dem Vorbild des Assistenzarztes zu verstehen und so die Eingliederung zu betreuen und zu erleichtern. Inzwischen hat sich die sog. „residency“ nach dem Studium weiter verbreitet und es gibt vielfältige Modelle mit verschiedenen Schwerpunkten (Tapping 2004). Die Erfahrungen der Junglehrer sind denen in anderen Ländern ähnlich und hieraus ergeben sich auch die Schwerpunkte der einzelnen Programme. Immer wieder bestätigte sich in Studien, dass Junglehrer zwar meist gut auf das Unterrichten vorbereitet sind aber Schwierigkeiten haben, mit ihren Klassen zurechtzukommen. Hinzu kommt ihre radikale Vereinzelung. Deswegen werden schon seit mehreren Jahren von verschiedenen Schuldistrikten und Schulen Verfahren gefördert, wonach Junglehrer systematisch zusammengeführt werden und sich, meist unter Leitung eines erfahrenen Lehrers, über ihre Erfahrungen und Probleme austauschen, Stunden vorbereiten u.ä. In ländlichen Regionen gibt es darüber hinaus Angebote, in speziellen Foren online miteinander zu kommunizieren.

10.3.4 Innovative Ansätze bei der Professionalisierung im Prozess der Arbeit

Die Bildungsprozesse in Schule und Unterricht werden insbesondere durch die individuelle Professionalität der Lehrkräfte beeinflusst. Die Förderung der didaktischen und diagnostischen Kompetenz der Lehrkräfte, die Fähigkeit zur sozialen Interaktion und zum Umgang mit Heterogenität sind entscheidende Faktoren für die Weiterentwicklung der Qualität des Unterrichts und Ansatzpunkte während der Phase der Berufsausübung für eine erfolgreiche Steuerung des Schulwesens. Fragen der Professionalisierung des pädagogischen Personals kommt daher eine besondere Bedeutung zu. Damit eng verbunden bewegt die Frage, wie die entsprechenden Kompetenzen durch Lehreraus- und –fortbildung aufgebaut werden können. Auch wenn Befunde aktueller empirischer Studien insbesondere die Lehrerkompetenzen und die Lehrerprofessionalität als Determinanten des Schulerfolgs bereits klarer einordnen können, gibt es erhebliche empirische Defizite hinsichtlich des Zusammenhangs von Lehrerkompetenzen, Lehrerhandeln und Lernerfolg der Schüler.

Wie andere Staaten sich der Frage der Entwicklung und Sicherung von Professionalität im Lehrerberuf stellen und welche innovativen Ansätze es dabei gibt, soll im Folgenden betrachtet werden:

Die Professionalisierung im Prozess der Arbeit nimmt faktisch in allen Staaten einen großen Raum ein. Professionalisierung umfasst je nach konkreter Situation in den Staaten unterschiedliche Facetten. Dazu gehören die Motivierung junger Lehrerinnen und Lehrer, im Beruf zu verbleiben, ebenso, wie die Fortbildung der Lehrkräfte und ihre Unterstützung bei der Bewältigung schwieriger pädagogischer Alltagssituationen.

Sehr unterschiedlich sind die Befunde über Teilnehmerquoten und den Umfang der für Fortbildung aufgewendeten Zeiten; Studien verweisen auf hohe Beteiligungsquoten, die von 73% in der Slowakische Republik bis zu 100% in Spanien reichen; die Mehrzahl der erfassten EU-Länder lag bei knapp unter oder über 90%. Die Intensität der Teilnahme variierte deutlich nach verschiedenen Charakteristika wie Unterrichtsfach, Alter und der Zahl der Weiterbildungstage.

Eine spezifische Form von Weiterbildung stellen Gruppen-Weiterbildungsformen in *Japan, China* und anderen asiatischen Ländern dar, an denen Lernende, Junglehrer,

Lehrer in der Weiterbildung und Mentoren gemeinsam Unterricht entwerfen, durchführen und evaluieren. In diesem Kontext sind auch Internet-Plattformen zu nennen, wie sie etwa in *Kanada* und in den *Niederlanden* eingerichtet wurden, auf der Lehrer einen systematischen Erfahrungsaustausch praktizieren.

Zugleich zeigen Studien, etwa aus *Deutschland* (vgl. Autorengruppe Bildungsberichterstattung 2010), dass es auch eine nicht geringe Gruppe von Lehrkräften gibt, die nach eigener Einschätzung in den letzten fünf Jahren keine Fortbildung zu zentralen Fragen der Unterrichtsgestaltung wie neue Lehr- und Lernformen, Arbeit mit leistungsheterogenen Gruppen und differenzierter Unterricht oder Aufstellen von individuellen Förderplänen und Fördermaßnahmen besucht haben.

Unklar ist, ob die teilweise obligatorischen Vorgaben – wie z. B. in den *Niederlanden*, wo zehn Prozent der jährlichen Arbeitszeit eines Lehrers für Qualifizierungszwecke genutzt werden sollen – tatsächlich erfüllt werden. Einige Länder setzen an die Stelle von verbindlichen Vorgaben (mittelbare) Anreize in Form von positiven Auswirkungen auf das berufliche Fortkommen und die Gehaltsentwicklung.

10.4 Anregungen für die Weiterentwicklung der Lehrerbildung in Deutschland

Entsprechend der bisherigen Darstellung entlang der beruflichen Entwicklung von Lehrkräften werden im Folgenden Anregungen zur Diskussion für die vier Aspekte Rekrutierung von künftigen Lehrkräften, Verhältnis von Fachwissenschaft, Bildungswissenschaft, Fachdidaktik und Praxis, Berufseinmündung in die Lehrertätigkeit, Professionalisierung im Prozess der Arbeit dargestellt.

Lehrerbildung und Lehrerprofessionalisierung entwickeln sich, wie die internationalen Analysen zeigen, in einer Interdependenz der Verfahren der Auswahl von Personen, der wissenschaftlichen Ausrichtung und der Praxisbezüge im Zusammenhang mit der Qualifizierung zukünftiger und praktizierender Lehrpersonen. Die drei genannten Bezugssysteme stellen auch den Rahmen der folgenden Anregungen dar. Sie gelten gleichermaßen für die beiden in den vorherigen Abschnitten immanent beschriebenen Grundszenarien der Lehrerbildung: das konsekutive und das integrative Szenario.

Anregungen zur Rekrutierung von künftigen Lehrkräften

Bis auf wenige Ausnahmen stehen die meisten europäischen Staaten vor den Problemen eines akuten Lehrermangels. Relativ verbreitet sind die von einem Lehrermangel betroffenen Staaten daher dazu übergegangen, Strategien zur Gewinnung und Qualifizierung von Seiteneinsteigern zu entwickeln. Diese Maßnahmen reichen von bloßen Werbekampagnen bis zu individualisierten Qualifizierungsprogrammen.

Nicht zuletzt angesichts der Altersstruktur der Lehrerschaft in Deutschland besteht auch hier ein hoher Ersatzbedarf an pädagogisch qualifiziertem Personal. Auch in Deutschland ist in den letzten Jahren eine Zunahme der Anzahl so genannter Quer- oder Seiteneinsteiger festzustellen. Der entscheidende Anspruch dabei ist, das erforderliche pädagogische, didaktische und fachdidaktische Niveau der Quereinsteiger zu entwickeln bzw. sichern und einer Deprofessionalisierung der Lehrtätigkeit entgegenzuwirken.

In diesem Sinne stellen Ansätze, die auf eine Reduzierung des Niveaus der Qualifikation künftiger Lehrkräfte hinauslaufen, wie dies etwa in den skandinavischen Staaten und in England praktiziert wird, keine für Deutschland vertretbare Lösung dar. Das Faktum, dass es voraussichtlich auch in Deutschland über längere Zeit hinweg zur Deckung des Personalbedarfs der Quereinsteiger bedarf, muss anerkannt werden. Unter dieser Voraussetzung stellen maßgeschneiderte Ausbildungskonzepte (z. B. berufsbegleitende Kurse für in den Lehrerberuf wechselnde Berufstätige, Kurse für Frauen, die nach einer Familienphase in einen neuen Beruf wechseln wollen) eine wichtige Anregung dar. Insbesondere speziell für in den Lehrerberuf wechselnde Berufstätige konzipierte, berufsbegleitende Studien- und Unterstützungsangebote, die noch dazu individuell zugeschnitten sind, scheinen hier erfolgversprechend zu sein.

Anregungen zum Verhältnis von Fachwissenschaft, Bildungswissenschaft, Fachdidaktik und Praxis

Hinsichtlich des Verhältnisses von Fachwissenschaft, Bildungswissenschaft, Fachdidaktik und Praxis zeigen sich international zwei Muster: Einerseits findet sich eine große Betonung der Fachwissenschaft zu Lasten der Bildungswissenschaft, der Fachdidaktik und der Praxis. Andererseits praktiziert eine Reihe von Staaten die genau entgegengesetzte Position, indem sich dort besonders hohe Anteile an bildungswissenschaftlicher und fachdidaktischer Ausbildung mit hohen Anteilen an Schulpraktika finden.

Auch wenn die Lehrerausbildung in Deutschland in den letzten Jahren einen tiefgreifenden Veränderungsprozess vollzogen hat, zu dem die international übliche Bachelor- und Masterstruktur (einschließlich Modularisierung, CVTS usw.) ebenso gehören wie eine Verstärkung der fachdidaktischen und erziehungswissenschaftlichen Ausbildungsanteile sowie eine Betonung des Praxisbezugs, so bleibt gleichwohl die Frage des Verhältnisses von Fachwissenschaft, Bildungswissenschaft, Fachdidaktik und Praxis weiterhin von hoher Aktualität.

Aus den internationalen Analysen geht hervor, dass eine Reihe anderer Staaten

- in der jeweiligen Fachwissenschaft eine wichtige Grundlage für den Lehrerberuf sieht, gleichwohl deren Anteile an der Lehrerausbildung weniger als 40% ausmachen,
- der bildungswissenschaftlichen, vor allem der pädagogischen und psychologischen Ausbildung angehender Lehrerinnen und Lehrer zunehmende Bedeutung beimisst, diese Ausbildungsbestandteile erhöht, einschließlich sozialbetreuerischer bzw. fürsorgerischer Elemente, und zum Teil sogar Bachelor-Arbeiten ausschließlich zu einem pädagogischen Thema vergibt,
- der didaktisch/fachdidaktischen Ausbildung hohe Aufmerksamkeit schenkt, mit Anteilen an der Lehrerausbildung von 20–30%,
- sowohl hinsichtlich des Umfangs als auch der Funktion von Schulpraktika deutlich über das in Deutschland Übliche hinausgeht.

Insgesamt leiten sich daraus Anregungen für die Diskussion um die Weiterentwicklung der Lehrerbildung in Deutschland ab. Dabei wird in den untersuchten Ländern häufig eine Differenzierung der Ausbildungsinhalte und -schwerpunkte nach Schulstufe angesprochen. Diese Hinweise gestatten aber keine systematische Differenzierung der Darstellungen und führen zu entsprechend allgemein gehaltenen Schlussfolgerungen:

Dass die jeweilige Fachwissenschaft eine grundlegende Voraussetzung und ein entscheidender Bestandteil der Lehrerausbildung ist, steht außer Zweifel. In der Lehrerbildung geht es nicht um Fachwissenschaft oder Berufsvorbereitung und Berufspraxis, sondern um beides gleichermaßen. Eine wichtige Anregung aus den internationalen Analysen stellt dar, dass die fachwissenschaftliche Ausbildung nicht mehr als 40% der gesamten Lehrerausbildung ausmacht, und dass die Anteile bildungswissenschaftlicher und fachdidaktischer Ausbildung etwa den gleichen Umfang haben. Damit würden sich für das Verhältnis von Fachwissenschaft, Bildungswissenschaft und Fachdidaktikanteile von je etwa einem Drittel an der gesamten Ausbildung ergeben, wobei die bildungswissenschaftliche und die fachdidaktische Ausbildung durch vielfältige, regelmäßige und integrativ gestaltete schulpraktische Übungen und Praktika angereichert sein sollten. Damit ist nicht die Funktion der 2. Phase der Lehrerausbildung, das Referendariat, in Frage gestellt, sondern es erfährt durch integrative schulpraktische Übungen in der unmittelbaren Verbindung von Theorie und Praxis eine andere Grundlage.

Anregungen zur Berufseinmündung

Die vergleichenden Analysen zeigen, dass für die Kompetenzentwicklung einer Lehrperson die ersten Berufsjahre entscheidend sind. Weiterbildung ist in dieser Zeit ebenso unerlässlich wie konkrete Unterstützungsangebote in der Berufseingangsphase. Der Berufseinstieg stellt damit eine, wenn nicht die entscheidende Phase in der beruflichen Tätigkeit von Lehrkräften dar.

In internationaler Perspektive unterscheiden sich die Anstrengungen vieler Länder in Bezug auf die Berufseinmündung von Lehrkräften erheblich. Das Spektrum reicht von völliger Abwesenheit jeglicher Unterstützungsmaßnahmen bis hin zu formalisierten Programmen für die Unterstützung von Lehrkräften beim Berufseinstieg. Je nach Aufbau und Art der Aufgaben erhalten die Lehrkräfte regelmäßige Unterstützung. So werden sie etwa in allen Aufgaben, die im Zusammenhang mit ihrer Unterrichtspraxis stehen, zum Teil täglich bzw. mindestens einmal pro Woche unterstützt und müssen noch nicht die volle Verantwortung für ihre Klasse übernehmen. In die Unterstützungsangebote ist jeweils ein ganzes Netz von Akteuren eingebunden. Eine besonders wichtige Rolle spielen dabei der „Mentor"/die „Mentorin". Hier handelt es sich in der Regel um erfahrene Lehrkräfte, die mit der unmittelbaren Verantwortung für die Unterstützung der in Ausbildung befindlichen Lehrkraft während der gesamten berufsqualifizierenden Ausbildungsphase in der Schule betraut sind.

Gerade dieses systematische (und entsprechend honorierte) Mentorensystem dürfte eine entscheidende Anregung für die weitere Diskussion der Lehrerausbildung und der Lehrerprofessionalisierung in Deutschland sein. Hier kann vor allem auf die diesbezüglichen Erfahrungen in den skandinavischen Staaten und in Luxemburg zurückgegriffen werden. Möglicherweise ließe sich auch ein Modell entwickeln, das einer auf die Qualifizierung zukünftiger Lehrpersonen in der schulischen Praxis hin orientierten, erfahrenen Lehrkraft diese Aufgabe als eine spezifische Funktion zuweist und insoweit eine neue Gruppe innerhalb der Lehrerprofession begründet.

Anregungen zur Professionalisierung im Prozess der Arbeit

Die Qualifizierung von Lehrkräften im Prozess der Arbeit nimmt faktisch in allen Staaten einen großen Raum ein. Professionalisierung umfasst je nach konkreter Situation in den Staaten unterschiedliche Facetten. Dazu gehören die Motivation junger Lehrerinnen und Lehrer, im Beruf zu verbleiben, ebenso wie die Fortbildung der Lehrkräfte und ihre Unterstützung bei der Bewältigung schwieriger pädagogischer Alltagssituationen.

Eine besondere Rolle spielen dabei Gruppen-Weiterbildungsformen und Internet-Plattformen, die einen systematischen Erfahrungsaustausch pflegen, wie sie etwa in Kanada, in den Niederlanden, in Japan und China eingerichtet wurden. Gerade von Lehrern in der Berufseinstiegsphase und den ersten Berufsjahren wird ein solcher internetbasierter Erfahrungsaustausch angenommen und als Unterstützung wahrgenommen.

Wie die Entwicklungen in Finnland zeigen, ist es besonders wichtig, ein Kontinuum zwischen der Grundausbildung und der Fortbildung der Lehrkräfte zu entwickeln. So werden die im Hinblick auf die Unterrichtsarbeit zentralen Inhalte der Aus- und Fortbildung zweckmäßig aufgeteilt, miteinander verbunden und aufeinander bezogen. In der Konsequenz heißt das, dass Hochschulen mehr Verantwortung bei der Planung und bei den Inhalten der Fortbildung übernehmen.

Eine wichtige Erkenntnis stellt auch dar, dass international ein definiertes Volumen an Arbeitszeit einer Lehrkraft für Fortbildung genutzt und „abgerechnet" werden muss (z. B. in den skandinavischen Staaten). Am ehrgeizigsten ist man in den Niederlanden, wo zehn Prozent der jährlichen Arbeitszeit eines Lehrers für Qualifizierungszwecke genutzt werden und die Lehrer die Maßnahmen in Gesprächen mit ihren Arbeitgebern auswerten.

Interessante Anregungen für die deutsche Diskussion stellen insbesondere diese drei Aspekte dar:

- der Erfahrungsaustausch über eine Internetplattform,
- die zunehmende Verantwortung der Lehrerausbildungseinrichtungen auch für die Fortbildung der Lehrerinnen und Lehrer (Aus- und Fortbildung „aus einer Hand"),
- der Nachweis der Nutzung eines definierten Volumens der Arbeitszeit der Lehrkräfte für ihre Qualifizierung.

Literatur

Autorengruppe Bildungsberichterstattung (2008, 2010, 2012). *Bildung in Deutschland.* Bielefeld: W. Bertelsmann.

Blömeke, S. (2006). Struktur der Lehrerausbildung im internationalen Vergleich. Ergebnisse einer Untersuchung zu acht Ländern. *Zeitschrift für Pädagogik, 52* (3), 393–416.

EACEA P9 Eurydice (2010). Fokus auf die Hochschulbildung in Europa 2010. Die Auswirkungen des Bologna-Prozesses. Verfügbar unter http://eacea.ec.europa.eu/education/eurydice/documents/thematic_reports/122DE.pdf [Juni 2012].

Hörner, W. & Many, G. (2010). Frankreich. In H. Döbert u. a. (Hrsg.), *Die Bildungssysteme Europas* (S. 239–262). Baltmannsweiler: Schneider-Verlag Hohengehren.

Mikkola, A. (o.J.). Die Finnische Lehrerausbildung. Verfügbar unter http://www.finnland-institut.de/fileadmin/content/de/Publikationen/PDFs/Armi_Mikkola.pdf [März/April 2012].

Mintrop, H. (2006). Einen qualifizierten Lehrer für jede Klasse – Neuere Ansätze der Lehrerausbildung in den Vereinigten Staaten von Amerika im Zuge der StandardsBewegung. Verfügbar unter http://www.lbz.uni-koeln.de/download/isbn_3_932174__70_4/6_Mintrop.pdf und http://www.mendeley.com/research/

einen-qualifizierten-lehrer-fr-jede-klasse-neuere-anstze-der-lehrerausbildung-den-vereinigten-staaten-von-amerika-im-zuge-der-standard-bewegung/ [März/April 2012].

OECD (2004). *Education at a Glance. OECD Indicators 2004.* Paris: OECD.

OECD (2005). *Teachers matter. Attracting, Developing and Retaining Effective Teachers. Overview.* Verfügbar unter http://www.oecd.org/dataoecd/39/47/34990905.pdf [...].

Portugal. Verfügbar unter https://webgate.ec.europa.eu/fpfis/mwikis/eurydice/index.php/Portugal:Initial_Education_for_Teachers_Working_in_Early_Childhood_and_School_Education [Juni 2012].

Scheerens, J. (Hrsg.). (2010). *Teachers' Professional Development. Europe in international comparison. A secondary analysis based on the TALIS dataset.* Luxembourg: OECD, European Union: Commission Education and Training. Verfügbar unter http://ec.europa.eu/education/school-education/development_en.htm [März/April 2012].

Schleicher, A. (2007). *How the best performing school systems come out on top. McKinsey.* Verfügbar unter http://mckinseyonsociety.com/how-the-worlds-best-performing-schools-come-out-on-top/[März/April 2012].

Schweizerische Koordinationsstelle für Bildungsforschung (2006). *Bildungsbericht Schweiz.* Aarau.

Scotland. Verfügbar unter https://webgate.ec.europa.eu/fpfis/mwikis/eurydice/index.php/United-Kingdom-Scotland:%27Education_and_Training_2020%27_Strategic_Framework#Improving_the_Quality_and_Efficiency_of_Education_and_Training.C2.A0 [Juni 2012].

Alliance for excellent education (2004). *Tapping the Potential: Retaining and Developing High Quality New Teachers.* Verfügbar unter http://all4ed.org/reports-factsheets/tapping-the-potential-retaining-and-developing-high-quality-new-teachers/ [Juni 2012].

Weiß, M. (2002). Neue Steuerungsmodell im Bildungswesen - Internationale Befunde. In Deutsche Gesellschaft für Bildungsverwaltung (Hrsg.), *Neue Steuerungsmodelle im Bildungswesen - Folgen für Aufgaben und Qualifizierung von Bildungsverwaltern* (21–37). Frankfurt a.M.

Werler, T. & Rasmussen, P. (2010). Dänemark. In H. Döbert u. a. (Hrsg.), *Die Bildungssysteme Europas* (S. 155–174). Baltmannsweiler: Schneider Verlag Hohengehren.

Werler, T., Volckmar, N. (2010). Norwegen. In H. Döbert u. a. (Hrsg.), *Die Bildungssysteme Europas* (S. 526–542). Baltmannsweiler: Schneider Verlag Hohengehren.

Autorinnen und Autoren

Prof. Dr. Rudīte Andersone, Latvijas Universitāte /Universität Lettland, Riga

Prof. Dr. David Beckett, University of Melbourne, Melbourne Graduate School of Education, Australien

Sara-Julia Blöchle, Bundesinstitut für Berufsbildung, Bonn, Deutschland

Prof. Dr. Hans Döbert, Deutsches Institut für Internationale Pädagogische Forschung, Berlin, Deutschland

Prof. Dr. Ferdinand Eder, Universität Salzburg, Österreich

Prof. Dr. Carlos Furio, Universidad de Valencia, Spanien

Prof. Dr. Wolfgang Hörner, Universität Leipzig, Deutschland

Dr. Botho von Kopp, Deutsches Institut für Internationale Pädagogische Forschung, Frankfurt am Main, Deutschland

Prof. Dr. Wolfgang Lippke, Universität Siegen, Deutschland

Dr. Guillaume Many, Universität Leipzig, Deutschland

Prof. Dr. Inetta Nowosad, Uniwersytet Zielonogórski, Zielona Góra, Polen

Prof. Dr. Lūcija Rutka, Latvijas Universitāte, Riga, Lettland

Prof. Dr. Jesus Maria Sousa, Universidade da Madeira, Portugal

Prof. Dr. Horst Weishaupt, Deutsches Institut für Internationale Pädagogische Forschung, Frankfurt am Main, Deutschland

Prof. Dr. Tobias Werler, Hochschule Bergen, Norwegen

17
Übergänge in die
Hochschule und
aus der Hochschule in
den Arbeitsmarkt
WAXMANN

Esther Dominique Klein

Statewide Exit Exams, Governance, and School Development

An International Comparison

Studien zur International und Interkulturell Vergleichenden Erziehungswissenschaft, Band 18
2013, 400 pages, pb, € 39,90
ISBN 978-3-8309-2900-0
E-Book: € 35,99; ISBN 978-3-8309-7900-5

In a comparison of Finland, Ireland, and the Netherlands, the study investigates how different exam systems and their functions, the conditions at school level, and the use of the exams for school and classroom development are associated. The study uses expert interviews and a questionnaire survey with principals and teachers. The role statewide exit exams can play in education systems is analyzed from a governance perspective and a school development perspective and discussed with an international comparative view.

WAXMANN